BTS 예술혁명

BTS 예술혁명(개정증보판)
방탄소년단과 들뢰즈가 만나다

초판 1쇄 펴낸날 2022년 7월 20일

지은이 이지영
펴낸이 이건복
펴낸곳 도서출판 동녘

책임편집 구형민
편집 정경윤 김혜윤
마케팅 임세현 박세린
관리 서숙희 이주원
등록 제311-1980-01호 1980년 3월 25일
주소 (10881) 경기도 파주시 회동길 77-26
전화 영업 031-955-3000 편집 031-955-3005 **전송** 031-955-3009
블로그 www.dongnyok.com **전자우편** editor@dongnyok.com
페이스북·인스타그램 @dongnyokpub
인쇄 새한문화사 **라미네이팅** 북웨어 **종이** 한서지업사

ISBN 978-89-7297-053-8 (03100)

이지영 지음

BTS 예술혁명

[개정증보판]

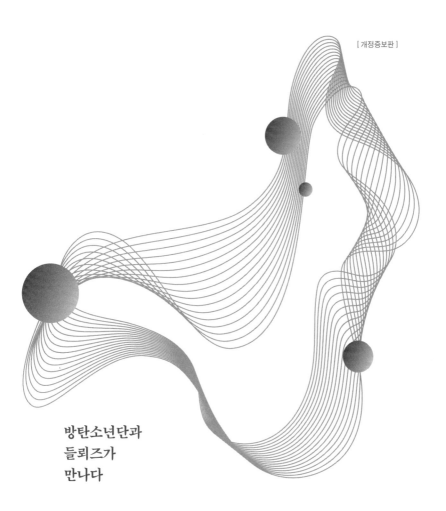

방탄소년단과
들뢰즈가
만나다

동녘

일러두기

1. 앨범 제목, 단행본·정기간행물에는 겹화살괄호 《 》를, 노래, 논문, 영화, 미술 작품 제목에는 홑화살괄호 〈 〉를 사용했다.
2. 외국어 고유명사는 2002년 국립국어원에서 펴낸 외래어 표기법을 따라 표기하되, 관례가 굳어서 쓰이는 것들은 관례를 따랐다.
3. 본문에서 '방탄소년단'을 문맥에 따라 '방탄'이라는 약칭이나 'BTS'라는 영문 명칭을 사용하기도 했다.
4. 저자가 설명하는 BTS의 곡 및 뮤직비디오를 BTS 유튜브 공식 채널 〈BANGTAN TV〉와 〈HYBE LABELS〉 등의 동영상 QR코드로 정리해 수록했다. 저자가 특정 부분을 설명하는 곳은 그 시간대에 해당하는 구간으로 링크한 QR코드를 수록했다.
5. 스마트폰으로 QR코드를 스캔하면 언제 어디서든 음악을 들으며 책을 즐길 수 있다. QR코드를 스캔하는 방법은 다음과 같다.
— '네이버' 앱에서 검색창 오른쪽의 카메라 아이콘을 눌러 '스마트렌즈' 혹은 'QR/바코드'로 스캔한다.
— '다음' 앱에서 검색창 오른쪽의 아이콘을 눌러 '코드검색'으로 스캔한다.
— 스마트폰 기본 카메라 앱에서 '스마트렌즈'가 지원되는 기종은 카메라 앱에서 바로 스캔이 가능하다.
— 각종 QR코드 스캐너 앱에서도 스캔이 가능하다.

개정증보판 서문

방탄학BTSology, 이론을 통해
실천적 변화를 꿈꾸는 하나의 작은 시도

2018년 4월 《BTS 예술혁명》이 출판된 이후 4년 이상의 시간이 흘렀고, 그동안 개정증보판을 내야만 할 만큼의 많은 변화가 있었다. 방탄소년단의 기록이나 성취들은 말할 것도 없고, 방탄소년단과 그들의 팬덤 아미A.R.M.Y.를 중심으로 이루어지는 사회문화적인 현상들도 다양한 영역에서 가시화되었다. 당시로서는 그저 짐작만 할 수 있었던 가능성들이 실질적 변화로 구체화된 사례들도 많았다. 대표적으로 코로나 팬데믹 기간 중 흑인 인권운동 BLACK LIVES MATTER과 아시안 혐오 반대운동STOP ASIAN HATE에 방탄소년단과 아미가 참여했던 사례들을 들 수 있다. 그리고 방탄소년단 팬덤이 인종 문제 및 여성혐오와 관련된 여러 사건에서 목소리를 높이며 참여했던 일들, 그리고 홍콩, 그리고 바이든 미국 대통령의 초청으로 백악관에서 아시안 혐오 범죄에 대해 논의하게 된 방탄소년단의 상징적 의미와 위상을 통해 미얀마 등지의 민주화 운동에 지지를 보냈던 여러 사례들, 그리고 바이든 미국 대통령의 초청으로 백악관에서 아시안 혐오 범죄에 대해 논의하게 된 방탄소년단의 상징적 의미와 위상을 통해 《BTS 예술혁명》을 쓰던 2017년과 2018년 초에는 조심스레 짐작만 했던 가능성이 현실 속에서 모습을 드러내었던 시간을 경험했다.

방탄소년단조차 예외일 수 없는 인종 문제뿐 아니라, 아미는 자연재해, 전쟁, 정치적 문제 등 다양한 어려움을 함께 살아 내는 공동체로서의 삶의 방식을 갖추어가게 되었다. 세계 각지에서 기부를 조직하여 서로를 도우며, 이전까지 잘 알지 못했던 각국의 역사를 서로에게 가르쳐주며 배우고, 기성세대가 젊은 세대를 위해 재능 기부를 하고 있다. 어려움에 부딪혔을 때 국가적·민족적 경계를 뛰어넘어 서로를 '우리'로 인식하며 함께 싸우고, 함께 공부하고, 함께 즐기고, 서로의 안부를 궁금해하는 거대한 공동체를 형성해가고 있다. 이 공동체 안에서 아미들은 월드 뉴스 코너에 짧게 소개되는 나라 바깥의 참담한 소식들에 대해 더는 이전처럼 잠깐 애도하고 곧 잊는 방식의 반응에서 벗어나 서로의 안부를 진심으로 걱정하며 나눈다. 이렇게 아미는 일상의 차원에서 '세계시민Global Citizenship'으로 성장하고 있다고 할 수 있지 않을까.

공동체로서의 아미의 변화는 한국에서 2022년에 개최되는 제3회 BTS 국제 학술대회The BTS Global Interdisciplinary Conference에 접수된 발표 토픽들 중 아미들의 공적 개입engagement에 대한 발표 신청들이 많다는 점에서도 확인할 수 있었다. 이는 더 인간다운 세상에 대한 아미의 연대와 이들의 실천적 참여가 대안적인 정치활동으로까지 확장되고 있음을 의미한다고 볼 수 있다. 특히 2년 전 개최된 제1회 BTS 국제 학술대회에서의 토픽들과 비교했을 때 아미 공동체의 정치적 가능성에 대한 연구가 훨씬 더 늘었다는 점에서도 그러한 변화를 확인할 수 있다.

'방탄 현상'에 대한 학문적 접근들 역시 초판이 출판되었던 4년 전과는 비교가 되지 않을 만큼 성장하였다. 국내외에서 발표되는 석·박사학위논문 및 연구논문들은 이제 그 숫자를 전부 헤아리기 힘들 정도로 많아졌다. 연구의 양적 증가 외에도 연구의 경향이 주로 방탄 현상을 마케팅 전략의 성공 정도로만 다루던 초기 연구와 비교해 다각화되었다고 할 수 있다. 연구 분야의 다각화는 2020년부터 개최되고 있는 BTS 국제 학술대회에서 단적으로 확인할 수 있다. 2020년 영국 런던 킹스턴대학교에서 제1회 국제 학술대회를 시작으로 2021년 미국 노스리지 캘리포니아 주립대학에서 제2회가 개최되었고, 제3회는 2022년 7월 13~16일 서울 한국외국어대학교에서 열렸는데, 학술대회에서 다루어지는 연구의 범위는 철학·문학·음악학·미술학·문화연구·젠더 연구·심리학·교육학·경영학·미디어 연구·고전학·종교학·빅데이터·영화학·정치학·역사학·인류학 등 인문·사회과학 및 예술 전 분야를 망라했다. 단일 대중예술가에 대해 이렇게 폭넓은 연구가 집중적으로 이어진 경우는 역사상 존재한 적이 없었다.

'방탄학BTSology'은 수많은 연구 분야에 방탄소년단과 '아미'라는 연구 대상 하나가 추가된 것에 그치지 않는다. 이는 여타의 사회 분야와 마찬가지로 학술연구에도 존재하는 권력구조에 변화가 일어나고 있음을 의미한다. 첫째, '어린 여자애들이나 좋아하는 음악'이라고 무시당했던 아이돌 보이밴드에 대한 진지하고 본격적인 연구가 이루어진다는 것은 지금까지 강력하게 유지되었던 여성혐오적 편견에도 일정 정도 금이 가고 있음을 보여준다. 사실 팝 음악의 레전드라 불리는 비틀즈조차 많은 여성 팬들이 열광하던 초기엔 그저 더벅머리를 하고 이상한 음악을 하는 곱상한 외모의 '보이밴드'라고 비하당했다. 하지만 이후 남성 팬들이 늘어나고 나서야 세상은 그들의 음악을 제대로 들어주기 시작했다. 이렇게 보이밴드 혹은 아이돌에 대한 편견은 성차별적 사고방식의 표출이다. 따라서 방탄 현상을 정당한 사유의 대상으로 정립한다는 것만으로도 이런 뿌리 깊은 여성혐오적 편견에 균열을 내는 계기가 될 수 있다.

둘째, 제1회 BTS 국제 학술대회에 참석했을 때 필자의 흥미를 가장 크게 끌었던 점 중 하나는 학회에 모인 아미 학자들이 지금까지의 지배적 담론이었던 '서구—백인—남성—영어 중심주의'에 대한 비판을 너무나도 당연하게 공유하고 있었다는 점이다. 그들 중 상당수가 서구—백인—영어권 학자들이었음에도, 학문적 담론에서의 지배적 헤게모니에 대한 비판적 인식이 아미

학자들 사이에서, 나아가서는 아미들 사이에서도 공유되고 있다는 점은 이미 거대한 변화가 시작되고 있음을 분명 느끼게 했다. 콘퍼런스에서 만났던 한 중국계 미국인 아미가 나에게 말했다.

> 지금까지 우리의 연구 대부분은 서양의 백인 남성 학자들의 연구를 인용하며 이뤄져왔지만, 당신이 방탄에 관한 연구를 책으로 발표해줘서 이제는 모든 세션에서 당신의 연구가 인용되며 발표가 이뤄지고 있어요. 당신의 존재가 수많은 어린 아미 학자들을 키워낼 수 있어요.

나에게 이 말은 오래도록 마음에 남아 있다. 현대 프랑스철학과 영상미학을 전공한 필자처럼 평생 서양 남성 학자들의 담론을 바탕으로 연구할 수밖에 없었던 대부분의 국내 학자들에게 이런 변화는 사실 꿈조차 꾸기 힘든 일이었기 때문이다.

이제 이 변화들을 이해하려 노력하고 인정하자. "혁명은 일으키는 것이 아니라 눈앞에서 일어나고 있는 일을 인정하는 것이다"[1]라는 말처럼 이렇게 우리 삶에 깊숙이 다가온 변화를 부인하지 않고 인정하는 것이야말로 혁명이라는 말에 포함된 하나의 의미가 아닐까. 오랫동안 사회운동에 참여해온 일본 가수 가토 토키코가 인터뷰에서 말했다는 이 문장은 언젠가 칼럼에서 읽은 후에도 오래도록 마음에 남아 있던 말이었다. 사실 많은 이들은 대체로 눈앞에서 일어나고 있는 변화가 존재한다는 사실조차 받아들이지 않고, 나아가 자신들이 이해하지 못하는 현상에 대해서는 무시하는 태도로 일관하는 경우가 많지 않은가. 이런 비겁한 방어막을 버리고 우리는 변화하는 현실을 인정해야 한다.

그런 의미에서 이 책은 우리를 관통하고 있는 변화들을 감지하고자 하는 시도이다. 프랑스의 경제학자인 자크 아탈리의 "음악 소비 변화는 미래 소비문화 변화 예측을 위한 지표"라는 주장을 따르자면, 방탄소년단과 아미를 둘러싸고 벌어지고 있는 놀라운 현상들은 단지 음악 산업 분야에만 한정되지 않는다고 할수 있다. 즉 '방탄 현상'은 현재의 세계가 어떤 미래로 변해가고 있는지 파악할 수 있게 해주는 지진계 역할을 한다. 바로 이러한 이유로 다양한 분야에서 방탄소년단에 관한 학문적인 연구들이 활발히 이루어지게 된 것이다. 2022년 5월 현재 4600만 명 정도의 트위터 팔로워를 가진 방탄소년단, 이 수많은 사람들은 과연 무엇을 열망하는 것일까. 그들의 이 집단적 욕망은 과연 어디를, 무엇을 향하고 있을까.

2018년에 출간되었던 《BTS 예술혁명》은 크게 1부에서는 팬덤의 탈중심적 구조를, 2부에서는 새로운 예술형식의 구조를 다루었다. 방탄소년단의 기록 및 성과의 차원에서 4년 반 동안 변화한 것들은 많지만, 팬덤 및 새로운 예술형식에 대한 구조적 층위에서의 분석과 제안은 여전히 유효하다고 생각한다. 이 구조적 분석이 내포하고 있는 의미, 즉 여러 층위에서 보다 수평적인 방향을 향하고 있는 구조적이고 집단적인 욕망의 생산 구조가 가지는 의미는 뱁새underdog였던 방탄소년단이 글로벌 슈퍼스타가 된 현재 상황에도 여전히 유의미하게 유지되고 있다. 또한 이 구조를 통해 표출되는 방탄소년단을 중심으로 한 팬들의 집단적 욕망, 말하자면 일종의 시대정신이라 할 수 있는 수천만 명의 집단적 욕망은 여전히 우리에게 현재의 세상이 변화하고 있는 방향성을 파악할 수 있게 해주는 일종의 지진계의 역할을 하고 있다. 따라서 기존에 출판되었던 내용 대부분은 개정증보판에서도 유지가 되고, 업데이트가 필요한 부분들에 한해서는 그동안 발표해왔던 글들을 바탕으로 새로운 내용이 추가되었다.

이 책을 통해 많은 사람을 만났고 새로운 일들을 경험했다. 평생 전공과 관련된 사람들 속에만 파묻혀 학교와 집을 오가는 삶을 살아왔던 나에게, 이 책은 새로운 사람들과의 다양한 만남을 선물했다. 그들을 통해 다른 세상들을 만났고, 그들에게 배우며 조금은 더 넓어진 내가 되었다. 이 과정에서 나는 그들을 통해 희망을 말하게 되었다. 실체 없는 거창한 희망이 아니라, 이 다양한 '우리'가 결국은 '함께' 세상을 조금씩이나마 바꾸어나갈 수 있다는 작은 희망들을 순간순간 목격했고 경험했다. 이 작고 구체적인 실천들을 통한 희망은 나에게 어떤 거창한 담론보다도 희망을 꿈꿀 수 있게 해주었다. 공동의 목표를 향해 사람들과 함께하는 경험은 보다 나은 세상을 꿈꾸게 하고, 그를 이룰 수 있다는 자신감도 주면서, 나약하고 작은 개인으로서의 나의 한계를 넘어서게 도와주었다.

　그래서 이 책은 이론을 통해 실천적 변화를 꿈꾸는 하나의 작은 시도이다. 혹자는 이렇게 말한다. '팬덤에는 부정적인 측면도 있는데, 왜 당신은 긍정적인 부분만 이야기하느냐', '객관성과 소위 비판적인 거리를 보다 더 갖춘 입장을 취하라'고. 이러한 비판들 역시 한편으로는 여전히 유의미하기도 하다. 팬덤은 대체로 시끄러운 곳이며 이러한 시끄러움이 언제나 생산적이기만 하지도 않기 때문이다. 거짓 정보와 선동이 벌어지기도 하고 가끔은 팬덤 내에서 다툼이 일기도 한다. 하지만 모든 집단은 서로의 다른 의견으로 시끄러울 수밖에 없는 것이 당연하다. 게다가 부정적 측면이 없는 집단이라는 것이 역사상 존재하기나 한 적이 있었던가. 모든 사회와 집단에는, 다소간의 차이는 있겠지만, 언제나 문제적인 구성원들이 존재하고, 내가 보기엔 팬덤보다는 오히려 일반 사회와 여타 집단에 존재하는 문제 있는 사람들의 비율이 대체로 더 높다. 그런데도 늘 팬덤에 대해 이야기할 때에는 부정적인 측면부터 비판할 것을 요구하는 것이 과연 그렇게도 중립적이고 객관적인 태도인지 사실은 의문스럽다. 또한 시끄러운 것을 부정적으로만 보는 것도 정당하지는 않다. 모든 민주주의는 시끄럽다. 아무런 다툼이 없는 집단은 사실 특정한 누군가의 권력에 의식/무의식적으로 종속되고 포섭당한 집단일 가능성이 높다. 건강한 집단은 갈등과 다툼을 대화와 합의를 통해 해결하는 과정을 중시하고, 대화와 합의를 통해 성장 발전할 수 있는 가능성이 있는 집단이 아닐까.

또한 소위 '중립적이고 객관적인 태도'가 아니면 '주관적인', 즉 보다 의미를 정확하게 표현하자면 '과도하게 편파적인' 태도만이 존재한다고 믿는 사람들의 지적 소박함에 대해 의문을 제기하고 싶다. 세상이 그렇게 단순하게 '객관 대 주관'의 두 영역으로 나누어지는가. 사람들이 대체로 동의하는 이 두 영역은 사실 객관적 경향성 혹은 주관적 경향성의 양극단의 지점을 의미할 뿐이다. 그 누구의 주관성도 개입되지 않은 객관성이란 개념은 관념적 판타지에 가깝고, 객관적 요소를 전혀 고려하지 않은 주관성 역시 비현실적 극단이다. 우리의 인식은 객관성이라는 판타지와 극단적인 주관성 사이의 스펙트럼에 존재한다. 모든 입장은 정도상의 차이만 있을 뿐 다소간 객관적이고 동시에 다소간 주관적이다. 따라서 자신의 입장에 필연적으로 스며들어 있는 주관성을 인정하지 않고 자신의 입장을 객관적, 중립적이라 자신 있게 주장하는 비평가를 나는 기본적으로 신뢰하지 않는다. 그들은 자신이 어디에 위치하고 있는지조차 인지하지 못하는 지적으로 정직하거나 성실하지 못하며, 성찰성을 갖추지 못한 이들이기 때문이다.

더불어 우리가 무언가에 대해 깊이 있게 이해하고 파악할 수 있는 것은 그 대상에게서 멀리 떨어져 소위 '객관적이고 중립적인' 저 높은 곳에서 관조하듯 내려다볼 때라기보다는, 베르그손 Henri Bergson의 직관intuition처럼 그 대상으로 깊이 파고들어 대상의 흐름과 나의 흐름이 합치하는 순간이 아닐까. "비판론의 힘은 대상에 대한 친밀한 이해에서 나온다"[2]는 에바 일루즈의 말처럼, 대상에 대한 깊은 이해를 바탕으로 하지 않는 비판은 이를 통해 무언가를 변화시킬 수 있는 생산적인 힘을 가진 비판이 아닐 것이다. 그저 비판만 하는 것은 상대적으로 쉽다. 우리에게 필요한 것은 어쩌면 사랑이라는 감정과 태도에 기반을 두었을 때만 획득 가능한 어떤 앎knowledge이다. 사랑은 이제 그저 개인적인 감정의 차원에만 머무는 것이 아니라, 인식론적 조건이자 실천과 연대의 조건이다. 이 새로운 조건을 기반으로 하는 사유는 우리에게 우리가 살아가는 세상에 대한 새로운 가능성을 발견하고 발명하게 해준다. 사랑이 세상에 가져올 수 있는 변화와 희망에 대해 경험할 수 있게 해준 전 세계 아미와 방탄소년단에게 감사와 존경을 다시 한 번 전하고 싶다.

나는 가급적 내가 위치하는 주관적인 지점을 정확히 인지하며 내 글이 어떤 변화를 야기할 수 있을까를 생각하며 글을 쓰려고 노력했다. 이 책뿐 아니라 일간지에 칼럼을 쓸 때에도 마찬가지였다. 내가 어떤 글을 쓰는 것이 이 세상에 조금이라도 더 긍정적이고 생산적인 귀결을 가져올 수 있는지를 고민하는 것이 나에게는 중요한 기준이었다. 인용을 통해 나의 글쓰기의 목적을 다시 한 번 분명히 제시하고자 한다.

"설령 온라인 플랫폼과 덕질이 모두 '오염된 도구'라 할지라도, 나는 그곳의 "나쁜 사람들을 (한 번 더) 들추고 비난하기보다는 더 많은, 평범한 사람들, 혹은 개선의 의지를 가진 사람들에게 영향을 주어 그들을 연결"하고 싶다. 여전히 그곳에도 사람들이 존재하니까. 새로운 세계를 만들어나가기 위한 실마리는 어디서든 찾을 수 있다. 희망을 버리지만 않는다면."[3]

개정증보판에 새로 포함되는 부분들은 다음과 같다. 서론에서 간략히 소개된 방탄소년단의 기록들을 현재 시점에 맞게 변경하였고, 1부 1장의 가사 분석 부분에 이후 출시된 LOVE YOURSELF와 MAP OF THE SOUL 시리즈 앨범들에 대한 분석을 포함했다. 이전 앨범들의 메시지 분석에 기반하여 LOVE YOURSELF와 MAP OF THE SOUL 앨범의 메시지가 어떤 의미를 지니는지 그 의미를 해석해보았다. 그리고 아미라는 리좀적인 탈중심적 공동체의 특성에 대한 분석이 이루어진 3장에 이어 집단지성으로서의 아미 공동체의 정체성을 다루는 1부 4장이 새로이 추가되었다. 그리고 부록에는 네트워크−이미지에 대한 학술적 연구논문 성격을 띠고 있던 기존의 부록 외에 2020년 1월에 개최된 제1회 BTS 국제 학술대회에서의 기조 강연문의 번역본과 2020년부터 국내 일간지에 발표했던 칼럼들을 함께 수록했다. 구체적인 시기별로 당시에 논쟁거리가 되었던 사안이나 논점들을 통해 방탄소년단과 관련된 문제들에 대해 그 의미와 흐름을 파악해볼 수 있으리라 생각한다.

방탄 현상×리좀적 혁명 39

2부 새로운 예술형식으로서 네트워크-이미지 153

서론

BTS×리좀적 혁명×새로운 예술형식:
방탄과 질 들뢰즈 철학의 만남

나는 연예부 기자도 대중음악 평론가도 아니다. 철학, 그중에서도 대부분의 독자들에게는 생소할 영화철학을 연구하는 사람이다. 영화철학 연구자가 왜 방탄소년단에 대한 책을 쓰는가? 영화철학과 '방탄소년단' 사이에 어떤 접점이 있는가? 뮤지션으로서의 '방탄소년단' 자체는 영화철학과는 무관하다. 하지만 내가 보기에 '방탄소년단'은 아이돌 그룹을 넘어 오늘날 사회 구조, 미디어, 예술형식 등에서 일어나고 있는 근본적인 구조 변화의 징후적 표현의 상징이다.

방탄, 세계를 휩쓸다

평소에 아이돌 그룹에 별 관심이 없는 많은 이들에게도 이제는 방탄이 그래미Grammy Music Awards에 후보로 오르고, 빌보드Billboard Music Awards 및 아메리칸 뮤직 어워드AMA, American Music Awards 등 해외의 유수 대중음악 시상식에서 수년간 연속 수상을 하고, 한 해에 3관왕, 4관왕을 차지하며 상을 휩쓰는 광경은 이제는 너무나 당연하게 받아들여지고 있다. 대한민국 가수 최초, 아시아 가수 최초라는 수식어는 언제나 따라붙는 수식어가 되었고, 빌보드 싱글 차트인 HOT 100과 앨범차트인 빌보드 200 부문에서의 다수의 1위 역시 매번 기록이 경신되고 있다. 신곡이 공개될 때마다 최단시간 1억 뷰 스트리밍 등의 기록을 갈아치우는 것은 일상이 될 정도로 그들의 인기와 영향력은 상상을 뛰어넘을 만큼 거대해졌다. 우리 대부분이 소식을 들을 때마다 깜짝깜짝 놀라던 이런 놀라운 성과들을 몇 년 사이에 벌써 '당연하게' 받아들이고 있다는 사실에 주목하자.

불과 4~5년 전만 하더라도 쇼크라는 표현을 쓸 만큼 놀라웠던 일들이 이제 당연하게 받아들여지게 된 것은 한편으로는 방탄이 매번 세우는 놀라운 기록들에 무뎌지기도 한 탓이겠지만, 다른 한편으로는 이러한 성과가 당연할 만큼 몇 년 동안 벌써 세상이 놀랍게 변해왔음을 반영하기도 한다. 미국 아카데미 시상식에서 한국 영화 〈기생충〉이 4관왕을 차지하고, 한국의 배우가 아카데미 시상식에서 여우조연상을 받고, 한국의 드라마들이 OTT 서비스에서 1위를 차지하는 일 등이 이어지고 있다. 마치 예전에 할리우드에서 흥행에 성공한 영화가 전 세계 박스 오피스의 성공으로 당연히 이어졌던 것처럼, 지금은 한국에서 인기 있는 드라마를 전 세계 시청자들이 실시간으로 즐기며 인기 순위 1, 2위를 다투는 일이 비일비재하게 벌어지고 있다. 이러한 현재의 K-콘텐츠의 열풍에 한발 앞서 그 변화를 선도하며 길을 만들어간 것이 바로 방탄이었다.

방탄의 열거하기도 힘들 만큼의 기록들도 놀랍지만, 사실 방탄의 투어 영상에 비하면 이는 충격이라고 하기도 힘들다. 열광적인 함성과 함께 한국어 가사를 떼창하고 그들의 춤을 따라 추면서 방탄 멤버들의 한국어 이름을 연호하는 외국 팬들의 모습은 불과 몇 년 전만 해도 믿기 어려웠을 모습이다. 아시아권을 중심으로 한국의 아이돌이 큰 인기를 끌고 있다는 것은 제법 역사가 오래된 사실이다. 하지만 유럽과 영미권에서까지 명실상부한 성공을 거둔 한국의 아이돌 그룹은 방탄이 최초라고 할 수 있다. 특히 아시아의 뮤지션이 진입 장벽이 높기로 악명이 자자한 미국 시장에서 성공을 거두는 것은 사실상 불가능한 일처럼 보였었다. 그런데 그 불가능한 일이 현실이 되는 기적이 벌어지고 있다.[1] 이러한 현상을 통해 우리는 오랜 시간 전 세계를 지배하고 있던 사회문화적 헤게모니에 변동이 생기고 있음을 확인할 수 있다.

탁월함을 동반한 진정성

이 글로벌한 성공의 원인들을 분석한 기사들이 그동안 국내외에서 많이 쏟아졌고, 여러 권의 단행본들도 출판되었다. 좋은 음악, 파워풀한 칼군무, 수준 높은 뮤직비디오, 트렌디 한 패션 감각과 외모, 젊은 층의 공감을 이끌어 내는 노래 가사(사랑, 돈,

파티 이야기가 아니라 학교 및 사회에 대한 비판적 메시지), SNS(소셜네트워크서비스)를 통한 활발한 커뮤니케이션 등을 방탄의 성공 요인으로 꼽고 있다.

실제로 이런 요인들이 없었다면 방탄의 성공은 가능하지 않았을 것이다. 하지만 그중에서도 핵심적인 요인은 무엇보다도 음악적 탁월성일 것이다. 강렬하면서도 심장에 팍팍 꽂히는 트렌디하면서도 중독성 강한 리듬과 멜로디. 공감을 자아내는 의미와 진정성을 보여주는 가사. 리듬, 멜로디, 가사와 혼연일체를 이룬 듯한 신선하고 놀라운 퍼포먼스. 게다가 영화에 버금가는 이미지와 복잡한 의미를 보여주는 뮤직비디오까지. 음악적 탁월성에 후광을 더해주는 것은 멤버들 모두가 작사, 작곡에 프로듀싱까지 가능하고 대부분의 무대를 격렬한 안무와 함께 라이브로 노래한다는 사실이다. 특히 이들의 라이브가 너무 완벽한 탓에 무대가 끝난 후 립싱크 논란이 격렬하게 일었고, 영국의 한 연예 신문이 방탄이 AMA 무대에서 립싱크가 아닌 라이브를 했다는 기사를 싣는 해프닝이 벌어지기도 했다.[2] 체인스모커스The Chainsmokers를 비롯한 외국의 유명 뮤지션들도 말하고 있듯이, 방탄은 지금까지 거의 볼 수 없었던 수준의 음악적 탁월함을 보여주고 있는 세계적 수준의 뮤지션이라고 할 수 있다(빌보드는 아예 '슈퍼스타'라는 표현을 넘어 '메가스타'라는 표현까지 쓰기도 한다). 새로운 유형의 '아이돌 아티스트'의 출현이라고 할 수 있다.

그러나 이러한 음악적 탁월함도 진정성이 없었다면 전 세계 팬들의 마음에 울림을 주고 그들이 연대를 통해 행동에까지 나서게 하지는 못했을 것이다. 방탄의 진정성은 다른 '누구'가 아닌 자신들이 삶에서 느끼는 시련과 아픔, 절망, 두려움, 희망들을 표현하는 가사 그리고 그들의 작품에서 표현되고 있는 삶과 음악에 대한 태도에 담겨 있다.

한편 방탄 멤버들의 실제 모습을 담은 영상들은 음악 외적인 면에서 그들의 인간적 진정성을 보여준다. 방탄은 일상생활이나 무대 뒤 모습, 오락 프로그램 등의 다양한 콘텐츠를 만들어 SNS를 통해 팬들과 소통한다. 일상 속 자신들의 솔직하고 유쾌한 모습을 팬들과 공유한다. 그들이 생산한 방대한 양의 콘텐츠를 통해 시청자들은 방탄 멤버들의 인간적인 매력에 빠져들게 된다. 연출된 모습이나 캐릭터로서가 아니라 각자의 자유로운 개성이 살아있고 솔직하고 성실하고 서로를 아끼는 멤버들의 모습은 그들이 음악을 통해서 전달하는 메시지의 진정성에 대한 믿음을 증폭시킨다.

그런데 진정성의 원천은 자발성과 개성이다. 스스로 생각하고 그것을 표현할 수 있는 자발성과 개성 없이 어떻게 진정성이 가능하겠는가. 어떤 음악을 할지 스스로 생각하고, 자신들이 말하고자 하는 것을 진정성 있게 노래하고 있다는 것, 이것이 바로 그들의 음악이 가진 힘의 진정한 근원일 것이다. 그리고 이러한 진정성이 그들의 음악을 국경을 넘어 전 세계의 다양한 팬들의 마음에 울림을 준 것이리라. 진정성이라는 어쩌면 너무도 진부하게 들릴 수 있는 이 요소가 방탄의 놀라운 성공의 이유를 궁금해 하는 사람들에게 제시할 수 있는 가장 단순하지만 중요한 진실 이 아닐까.

한마디 덧붙이자면, 방탄의 소속사 하이브(구 빅히트 엔터테인 먼트)의 방시혁 대표의 공을 이야기하지 않을 수 없다. 방시혁 대 표의 언론 인터뷰를 보면, 대표는 이 소년들에게 자신들에게 정 말 중요한 것이 무엇인지를 스스로 생각하고 행동할 수 있는 자 유를 주었던 것 같다.[3] 치열한 음악 시장에서 아이돌에게 이런 자 유를 주는 선택은 사실 무모하다고 해도 과언이 아닐 만큼 용기 있는(당사자가 실제로 직면하고 이겨내야 했을 온갖 현실적, 심적 굴곡을 생각하면 턱없이 모자란 상투적 표현일 테지만) 선택이었다고 할 수 있 다. 하지만 바로 그런 위험을 감수한 선택이 방탄이 각자 자율성 과 개성을 지닌 채 자신들의 이야기를 음악으로 표현하는 아티 스트로 성장하는 데 결정적인 밑거름이 되었다고 할 수 있다.

세렌디피티Serendipity: 방탄과 아미의 만남

그런데 너무도 당연한 사실이지만, 그들의 진가를 알아보고 사랑과 지지를 헌신적으로 보내는 팬들이 없었다면 방탄의 글로 벌한 성공은 가능하지 않았을 것이다. 사실 방탄에서 아미라는 팬덤을 분리하는 것은 불가능하다고 해도 과언이 아니다. 탁월성 을 동반한 진정성에 매료된 방탄의 팬들은 자신들이 사랑하는 아티스트가 많은 사람들에게 알려지고 그들의 가치가 제대로 인정받게 하고 싶다는 강렬한 욕구를 갖게 되었고, 그 결과 자발적으로 다양한 온라인, 오프라인 활동을 벌여 방탄을 각종 무대에서 성공하게 만들었다. SNS를 통한 팬들의 활동은 팬클럽의 이름인 A.R.M.Y.(Adorable Representative M.C. for Youth의 약자로 '청춘의 사랑스러운 대변자' 정도로 옮길 수 있다)에 걸맞게 방탄을 세계로 전진시키는 강력한 군대의 역할을 했다. 방탄의 콘텐츠는 아무리 작은 기사라도 번역을 담당하는 팬들이 자신의 시간과 노력을 들여 거의 실시간으로 영어로 번역하고, 그 번역은 각각 다른 수십 개의 언어로 재번역되어 전 세계 팬들에게 공유된다. 팬들의 헌신적인 지지와 애정이 없이는 불가능한 부분이다.[4] 그 결과 방탄은 아시아와 남미 대륙 뿐만 아니라 미국과 유럽 시장도 지배하기 시작하였고, 이제는 전 세계 음악시장을 명실상부하게 지배하고 있다.

전 세계 음반 및 음원 판매량과 스트리밍 수치로 순위를 매기는 국제음반산업협회(IFPI, International Federation of the Phonographic Industry)의 리포트를 보면, 단일 가수 기준으로 본다면 방탄은 2018년부터 2021년까지 4년간 전 세계에서 가장 많은 음반을 판 가수이다. 2021년 글로벌 아티스트 차트에서 방탄은 4년 연속 10위권 안에 들었고, 2년 연속 1위를 차지했다. 디지털부터 LP에 이르기까지 모든 종류의 판매량과 스트리밍까지 포함한 이 차트에서 방탄은 전 세계에서 가장 많은 판매고를 올린 가수가 되었다. 지금까지 2년 연속 1위를 한 가수는 방탄이 전 세계 최초이다.

그런데 세상에는 음악적 탁월성과 진정성을 갖추고 SNS 활동도 하는 다른 뮤지션들도 있고 그들의 진가를 알아보는 팬들도 있지 않은가? 그렇다면 왜 그 뮤지션들은 전 세계의 아미들의 열광적이고 전폭적인 지지를 받지 못하는가? 왜 그 뮤지션들의 음악적 탁월성과 진정성 그리고 소통은 아미와 같은 팬들을 만들어내지 못하는가? 음악적 탁월성과 진정성, 소통은 방탄과 아미의 만남의 필요조건일 뿐 충분조건은 아니다. 음악적 탁월성과 진정성, 소통 그 자체만으로는 아미와의 만남을 통한 방탄의 글로벌한 성공을 설명하기에 충분하지 않다. 정말로 중요한 것은 방향이다. 방탄의 음악적 탁월성과 진정성, 소통이 지향하는 방향과 아미가 원하는 방향 간의 조응 내지 공명이 방탄의 성공을

전 세계 음반 및 음원 판매량과 스트리밍 수치로 순위를 매기는
국제음반산업협회(IFPI, International Federation of the Phonographic Industry)의 리포트
©IFPI

가능하게 한 가장 근원적인 요인일 것이다.

그렇다면 방탄과 아미가 추구하거나 원하는 방향이 무엇인가? 그것은 우리가 살아가고 있는 현실과 결코 무관할 수 없다. 신자유주의적 질서가 지배하고 있는 오늘날의 세계에서 이윤 증대를 위한 자본의 세계화와 자동화 기술은 고용 없는 성장으로 이어지고, 이는 극심한 경쟁, 승자 독식, 소외, 빈부 양극화로 이어지면서 힘없는 다수에게 패배 의식과 불안, 외로움, 절망감 등의 고통을 안겨주고 있다. 이러한 흐름에서 특히 직격탄을 맞고 있는 대표적인 계층이 청년들이다. 누구나 알고 있듯이, 오늘날 청년 실업은 전 세계에 걸친 보편적 현상이다. 다시 말해 적어도 미래가 불투명하거나 아예 캄캄해 보인다는 점에서 전 세계의 젊은이들은 비슷한 처지에 있다. 최소한 전 세계의 도시화된 지역에 사는 청년들은 비슷한 문제에 직면하고 있고, 따라서 알든 모르든 간에 사회 현실과 관련해 비슷한 문제의식과 감정 및 희망을 갖고 있다고 할 수 있다. 동북아시아에 있는 한국이라는 나라의 한 젊은이의 고민과 고통, 희망이 곧 동남아시아, 유럽, 남미, 북미 등 전 세계의 젊은이들의 고민과 고통, 희망일 수 있는 시대가 된 것이다. 그런데 인터넷과 SNS라는 새로운 기술의 발달로 인해 주 이용자인 젊은이들은 어떤 계기가 주어지기만 하면 그러한 문제의식과 감정과 희망을 실제로 공유할 수 있게 되었다(물론 너무도 당연한 이야기지만, 이는 전 세계의 청년들에게만 국한된 이야기가 아니다. 연령이나 세대 혹은 계층을 뛰어넘어 한 사회의 전체 구성원들이나 전 세계의 모든 사람들도 특정한 문제의식과 감정, 희망을 얼마든지 공유할 수 있다). 방탄의 음악은 전 세계의 젊은이들에게 그러한 계기를 제공한 대표적 사례라고 할 수 있다.

방탄은 한국 사회에 존재하는 구조적 억압, 불평등, 편견 등의 문제들을 자신들 세대의 눈으로 읽어내고 그러한 문제들로 인한 고통스러운 감정들을 자신들의 목소리로 표현하고 부정의한 현실을 바꾸기 위해 연대하자고 외쳤다. 방탄이 음악을 통해 전한 메시지는 한 나라의 젊은이들의 메시지였지만 전 세계 젊은이들의 공감을 획득했다. 방탄의 현실 진단과 그에 기초해 희구하는 사회 변화의 방향이 보편성을 갖고 있었기 때문이다. 한마디로 말해, 방탄과 아미가 추구하거나 원하는 방향은 현재의 세계에서 인간다움의 실현을 억누르는 구조적 요소들을 떨쳐내고 해방적 잠재력을 구현하는 방향이라고 할 수 있다. 방탄과 아미의 만남의 폭발성의 비밀은 바로 여기에 있다. 그것은 현재의 세계가 바뀌어야 할 필요성과 그 변화의 방향이 더 많은 자유와 해방, 더 나은 세상이어야 한다는 것에 대한 감응과 공명이다. 이러한 변화의 필요성과 방향에 대한 감응, 공명이야말로 방탄의 세계적 성공에서 결코 빼놓을 수 없는 요인이다.

물론 방탄의 세계적 성공이 모두 이러한 감응, 공명 때문인 것만은 아니다. 방탄의 놀라운 성공은 방탄의 성공 요인들로 이야기되는 모든 요소들이 지금 이 시대, 이 세계에 요구되고 있고 또 부분적으로 실현되고 있는 방향의 변화와 우연히 마주침으로써 비로소 가능했다고 봐야 할 것이다. "우연히 좋은 쪽으로 사건이 발생하고 전개되는 것"[5]이라는 뜻의 방탄의 노래 제목 〈Serendipity〉처럼, 방탄의 성공이야말로 세렌디피티라고 해야 할 것이다.

방탄 현상

　방탄의 음악과 메시지에 공감한 전 세계 팬들은 단순히 공감하는 데 그치지 않고 연대를 형성해 방탄을 널리 알리고 인정받게 하기 위한 활동을 적극적으로 펼치기 시작했다. 그러한 활동은 예기치 못한 변화들을 만들어냈다. 미국 출신도, 백인도 아닌 한국 출신의 아이돌의 노래, 더욱이 영어도 아닌 한국어 노래를 미국 시장에 진출시키는 것은 수많은 장벽과 마주해야 하는 일이었다. 게다가 자본과 미디어를 움직일 수 있는 권력을 가진 메이저 기획사 출신도 아닌 방탄을 세계 무대의 중심에 세우기 위해서는 기존의 홍보 방식으로는 가능하지 않았다. 그리하여 아미들은 기획사의 방송이나 행사 홍보와 같은 기존의 홍보 방식이 아니라 팬들의 사랑과 지지를 바탕으로 한 자발적인 홍보 운동과 캠페인을 조직하기 시작했다. 방탄 팬들이 벌이고 있는 온라인과 오프라인에서의 풀뿌리 활동은 기존의 음악 시장을 움직이던 자본과 미디어 권력의 바깥에서 사회적이고 문화적인 변화들을 야기하게 되었다. 팬들이 직접 의도한 것이든 아니든 간에, 이러한 변화는 단지 음악 산업 분야만이 아니라 사회의 여러 분야에 걸친 중대한 전 세계적인 사회 변화의 연장선상에 있는 것으로 보인다.

나는 방탄과 팬덤 아미가 만나서 이루어내고 있는 놀라운 사회적, 문화적 변화와 미학적 변화를 '방탄 현상'이라고 부르고자 한다. 그렇다면 방탄이 어떻게 성공했는가라는 질문은 성공적 마케팅의 비결 내지 비밀이 무엇인가라는 측면보다는 현재 세계 전체를 억압하고 있는 것들, 그 억압하에서 사람들이 겪는 고통과 단절, 외로움, 그리고 사람들이 세상을 어떠한 방향으로 바꾸기를 욕망하는가라는 전 지구적 변화의 방향성의 측면에서 새롭게 제기되어야 한다. 이런 측면에서 방탄과 팬덤 아미가 야기한 문화적, 사회적인 변화가 어떤 정치적인 함의들을 담고 있는지, 방탄의 예술이 어떠한 변화의 힘들을 드러내고 있는 것인지를 간략히 살펴보자.

'방탄 현상'은 크게 두 가지 부분으로 나눌 수 있다.

첫째, 방탄과 아미가 이루어 낸 사회적, 문화적 변화다. 이 변화는 방탄이 진정성 있는 음악과 훌륭한 퍼포먼스로 팬들을 사로잡으며 공감할 수 있는 메시지를 제시한 데서 출발한다. 방탄의 메시지에 촉발된 팬들의 반응은 예상 경로를 벗어나 사회의 기존 위계질서들을 침식, 해체하는 방향으로 나아간다. 팬들이 방탄을 지지하는 방식은 온라인상의 강력한 연대라는 집단적 실천의 방식으로 진행되었고, 이는 오프라인의 현실 공간에 침투하여 현실 공간의 위계질서에 균열을 만들어내기 시작했다. 모바일 네트워크는 온라인의 연대와 실천이 오프라인 현실을 변화시키며, 온라인의 위력이 현실 공간으로 섞이는 혼종적 공간을 발생시킨다. 이러한 사회적, 문화적 변화는 무엇보다도 미디어 권력과 인종적, 언어적 권력 관계에 대한 침식으로 나타난다. 팬들의 연대가 직접적으로 정치적 변화를 목적으로 하고 있지는 않지만, 그들이 야기한 사회적, 문화적 변화에서 리좀적 혁명으로서의 정치적 함의를 발견할 수 있다.

둘째, 방탄과 아미가 함께 만들어내고 있는 예술형식의 변화다. 방탄의 뮤직비디오 및 관련 영상들은 단순히 노래의 홍보 매체에 그치는 것이 아니라 노래가 지닌 메시지와 의미를 다양하게 확장한다. 몇 년에 걸쳐 공개되고 있는 그들의 뮤직비디오들과 관련 영상들은 내용상 서로 관련되어 있기 때문에 각기 별개로 분리해서 이해할 경우에는 오독의 가능성이 높다. 온라인 공간에 펼쳐져 있는 그들의 영상들은 그러한 관련성 때문에 관객의 참여를 소환한다. 관객들은 나름의 방식으로 영상들을 관련지으며 자신의 해석을 동영상 생산을 통해 그 영상들 사이에 추가한다. 끝없이 생산되는 방탄과 팬들의 생산물들이 미리 정해질 수 없는 네트워크를 이루며 의미를 확장하고 변형한다. 나는 전례를 찾아보기 힘들 만큼 새로운 이와 같은 영상들의 배치를 '네트워크-이미지'라고 부르고자 한다. 방탄과 팬들은 새로운 예술형식인 '네트워크-이미지'를 함께 생산함으로써, 지금 시대가 요구하는 예술의 역할이라 할 수 있는 '공유가치'를 제시한다고 할 수 있다. 이전처럼 예술가가 생산한 작품을 수용자가 단순히 받아들이는 방식이 아니라 예술 생산자와 소비자의 경계가 끝없이 가로질러지면서 네트워크와 작품의 경계가 유동적으로 변하는 예술 생산의 형식 속에서 예술가와 수용자가 함께 생산하고 실현해나가는 것이 바로 공유 가치라고 할 수 있다.

지진계로서의 방탄 현상

방탄 현상의 두 가지 부분 모두에서 볼 수 있는 위계 해체적인 수평성이라는 특징은 현대 사회에서 일어나고 있는 근본적인 변화의 방향성을 보여준다고 할 수 있다. 이런 점에서 예술은 땅 위의 우리에게는 아직 감지되지 않는 저 깊은 곳의 변화와 균열을 온 몸으로 표현하는 지진계라는 생각을 다시금 하게 된다. 예술가가 아닌 우리는 이 세계가 변화하고 있다는 것을 단편적으로 느끼고는 있지만, 파편적으로 드러나는 그 모습들과 여전히 너무나 굳건히도 변화를 거부하는 땅 위의 현실의 모습들 때문에, 그 변화의 모습을 제대로 포착하기란 쉽지 않다. 아직은 논리적 언어와 체계로 포착되지 않은 그 세계의 변화들은 저 깊은 곳의 미세한 진동을 감지해 내는 예술가들에 의해 포착되어오곤 했다. 뛰어난 예술가들이 창조해낸 새로움은 그 변화의 흐름과 관련되어 있었다. 그저 처음 보는 새로운 것이라서 뛰어난 작품이 되는 것이 아니라, 우리에게 기저의 꿈틀대는 변화의 에너지가 흐르는 방향을 감지할 수 있는 새로운 관점을 감각적으로 제시해주기 때문에 예술이 인류의 역사와 함께 존속해왔으며 돈이 되지 않으면 모든 것을 무가치한 것으로 판단하는 현재에도 끈덕지게 살아남아 있는 것이라고 할 수 있다. 어쩌면 그래서 예술은 구원의 빛을 던져준다고 말하는 것이 아닐까.

사람들은 세상은 변하지 않는다며 자조적인 말을 내뱉곤 한다. 하지만 시야를 좀 더 멀리하여 과거의 시간들을 생각해보면 세상은 분명 변해왔음을 확인할 수 있다. 예를 들어, 여성의 사회적 지위는 얼마나 변해왔는가. 물론 아직도 가야 할 길은 멀지만 말이다. 나의 어린 시절만 떠올려 봐도 세상은 분명 달라졌다. 그 변화의 속도가 우리에게 느껴질 만큼 충분히 빠르지 않았을 뿐. 세상의 변화가 가시적인 방식으로 주어지기까지 우리는 오랜 시간을 인내하며 절망에 빠지지 않도록 무던히도 애쓰고 버텨야만 했다. 역사상 그 어떤 변화도 쉽게 주어진 적은 없었다. 변화는 언제나 현실이라는 강한 저항에 부딪혀왔다. 많은 사람들의 죽음과 끝나지 않을 것만 같은 두려운 시간들을 비가시적인 변화의 시간 속에서 견뎌야만 했다. 이 시간 동안 지진계만이 감지할 수 있을 저 깊은 곳에서는 세상의 변화를 생성시킬 수밖에 없는 갈등과 모순들이 에너지로 응축되어오고 있었다. 그 응축된 에너지는 오랜 시간을 견디어오던 어느 날 예상치 못했던 곳에서 파열음을 내며 터져 나오게 된다. 이때에야 비로소 사람들은 세상이 변하고 있다는 것을 확인하고, 그제야 받아들이게 된다. 중요한 것은 세상의 변화가 실상은 사람들이 확인하기 한참 전에 이미 시작되었으며, 그 에너지들이 꿈틀거리며 지하에서 굉음을 내고 있었다는 점이다. 우리 귀에는 들리지 않는 그 굉음과 우리에겐 비가시적이었던 응축된 에너지를 포착하여 감각적인 것들을 통해 우리에게 전달하는 것, 그것이 바로 예술의 존재 방식이라 말할 수 있을 것이다.

나는 왜 이 글을 쓰는가

세상의 근본적인 변화를 지진계처럼 포착하는 예술의 이러한 역할을 방탄에게서 목격한 것은 나로서는 정말 기쁜 경험이었다. 방탄 현상은 나 자신이 한동안 진행하다가 멈춘 모바일 네트워크 시대의 예술형식에 대한 연구를 재개할 수 있게 해주었기 때문이다. 분명 이 시대의 생산양식이 변하고 있고 그에 따라 예술의 새로운 역할과 형식이 요구되고 있다는 것을 느끼고 있었지만, 그러한 변화에 걸맞은 사례를 제시하는 것은 쉽지 않은 일이었다. 단지 이론적 가설만을 제시한 상태에서 연구가 진전되지 못하고 있었다. 그런데 방탄의 뮤직비디오와 관련 영상들, 그리고 그와 더불어 생산되고 있는 관객들의 영상들의 배치로서의 네트워크-이미지가 확장적으로 생산하는 의미를 목격하게 되었고, 이는 내가 수년 전에 제시했던 이론적 가설을 확증해주는 사례라는 확신이 들었다. 연구자로서 가슴 뛰는 연구 대상을 만난 것은 기쁜 일이었다. 그러면서도 나의 이론이 한창 성장 중인 아티스트들에게 혹여 좋지 않은 결과를 초래하는 것은 아닐까 조심스러운 마음도 들었지만 용기를 내어보기로 했다. 왜냐하면 내가 방탄 현상에서 느꼈던 감탄과 전율은 그저 나라는 한 개인의 취향이나 해석에서 비롯된 것이 아니라 이 세상의 근본적인 변화의 구조를 보여주는 사회적, 문화적 현상이자 정치적이면서 미학적인 현상을 맞닥뜨린 데서 비롯된 것이라는 확신이 들었기 때문이다.

아이돌 가수에 대한 열광이 어떻게 사회적, 문화적 현상이자 정치적 미학적인 사태가 될 수 있느냐고 의문을 가질 수도 있을 것이다. 그런데 생각해보면, 기존의 예술 개념에 부합하지 않는 새로운 예술형식의 등장은 언제나 저항에 부딪혀왔다. 사진은 지금은 당연히 예술의 하나로 인정되지만, 과거에는 회화와의 비교 속에서 과연 사진이 예술이냐 아니냐를 두고 많은 논쟁이 벌어졌다. 벤야민Walter Benjamin에 의하면, 당시의 사람들은 인식하지 못했지만 이러한 논쟁은 그저 예술을 둘러싼 논쟁에 그치는 것이 아니라 더 나아가 세계사적 변혁의 표현이었다. 기술복제시대가 예술을 종교의식적 토대로부터 분리시키게 되면서, 예술의 자율성이라는 가상을 사라지게 만든 세계사적인 변혁의 표현이었다.

비틀즈의 음악이 1960년대 소비에트 연합의 철의 장막 안으로 흘러 들어가 당시의 사람들에게 자유에 대한 갈망을 불어넣었고, 이러한 갈망이 야기한 균열이 이후 소비에트 연합의 붕괴로 귀결되었다는 분석을 생각해보자. 전직 스파이인 레슬리 우드헤드가 2013년에 발표한 《비틀즈는 어떻게 크렘린을 뒤흔들었는가: 떠들썩한 혁명의 말해지지 않은 이야기》How the Beatles Rocked the Kremlin: the Untold Story of a Noisy Revolution 는 비틀즈 음악이 어떻게 소비에트 체제와 냉전을 종식시키는 데 기여했는지를 분석하고 있다. 이러한 분석에서 정치 체제의 변화와 직접적 연관이 없어 보이는 음악적 현상이 궁극적으로는 사회의 구조적 변화와 맞물려 있었음을 알 수 있다. 방탄 현상 역시 비슷한 맥락에서 볼 수 있는 많은 근거들이 있다.

방탄 현상을 통해 이러한 거대한 변화를 추적해나가는 이 책은 크게 2부로 이루어진다. 1부에서는 방탄 현상의 사회적, 문화적 변화의 측면들을 다룬다. 방탄이 전달하는 메시지가 팬들에게 어떠한 행동을 야기했고 팬들의 행동들이 어떠한 사회적, 문화적 변화를 야기했는가를 다룬다. 1장에서는 방탄이 팬들에게 전달하는 메시지를 특히 사회비판적인 측면을 중심으로 살펴본다. 왜냐하면 팬들이 이루어낸 변화들이 기존의 사회 질서를 가로지르며 그 위계를 해체하는 방식으로 이루어졌기 때문이다. 2장은 바로 방탄과 팬덤이 연대를 통해 이루어 내고 있는 기존 사회의 위계와 질서들을 무력화하고 해체하는 현상들을 다룬다. 3장에서는 이러한 변화가 함축하고 있는 혁명적 의미들을 철학자 질 들뢰즈 G. Deleuze의 리좀Rhizome 개념을 통해 자세히 살펴본다. '리좀'은 중심과 주변이라는 위계질서 없이 끝없이 다른 것들과 연결접속되어 생성하는 네트워크 구조라고 할 수 있다. 이 철학적 개념은 지금 우리 사회에 변화를 야기하는 기술적 근간인 모바일 네트워크 플랫폼에서 일어나고 있는 사회적, 문화적 변화와 그것이 오프라인 세계로 침투해 야기하는 혼종적hybrid 변화를 설명할 수 있는 개

넘이기 때문에, 방탄 현상의 의미를 이해하는 데 도움을 줄 것이다. 4장에서는 들뢰즈의 개념들을 바탕으로 방탄 현상의 핵심이라고 할 수 있는 아미의 정체성에 대해 다루어보고자 한다. 특히 저항적인 활동들을 중심으로 스스로의 정체성을 형성하는 아미 공동체의 사회적인 역할에 대해 다루어볼 것이다.

2부에서는 방탄 현상의 두 번째 측면인 새로운 미학적 형식의 출현과 그 사회적 역할에 대해 다룰 것이다. 1장에서는 방탄이 공개하고 있는 뮤직비디오들과 관련 영상들의 구조적 특징에 대해 살펴보려고 한다. 방탄의 비디오들은 서사적 연속성을 파괴하고 있는 뮤직비디오의 일반적 특징에서 더 나아가 상호 열린 구조를 형성하면서 영상들 간의 상호참조적 관계를 더욱 증폭시키며 새로운 의미를 생성한다. 여기서 팬들은 단순히 방탄의 예술을 감상하는 수용자를 넘어 스트리밍과 공유, 분석 영상, 리믹스 영상, 리액션 영상 등을 생산하며 방탄의 예술 세계를 재생산하는 구성원이기도 하다. 2장에서는 이러한 구조적 특징을 바탕으로 방탄의 영상들과 팬들의 영상들이 함께 결합해 형성하고 있는 새로운 예술형식을 '네트워크-이미지'라는 새로운 개념을 통해 이해해보고자 한다.

부록 1에서는 '네트워크-이미지'에 대한 보다 자세한 이론적 설명을 시도한다. 발터 벤야민의 예술 변화에 대한 역사적 인식을 바탕으로 질 들뢰즈의 영화철학의 시대적 한계를 넘어보려는 시도라고 할 수 있는 부록은 독자들에게 다소 생소하게 느껴질 수 있는 매체 철학적인 논의다. 이론적이고 전문적인 내용이 전개되는 까닭에, 부록이라는 형식으로 분리시켰다. 방탄 현상에 대한 일반적 이해를 위해서는 본문만 읽은 것으로도 충분하다. 하지만 방탄 현상에서 볼 수 있는 새로운 영상 예술형식의 미학적 측면에 좀 더 관심이 있는 독자들에게는 부록이 가장 흥미로운 부분이 될 수도 있다. 부록을 읽을지 여부는 독자의 선택에 맡긴다.

지난 제1회 BTS 국제 학술대회에서 발표되었던 기조발제 강연문 번역도 부록 2로 수록했다. 다학제적 연구인 방탄학BTSology이 본격적으로 가시화되었던 2020년 1월의 강연문은 방탄학의 의미를 살펴볼 수 있는 글이라 나름의 의미를 가지리라 기대된다. 그리고 부록 3은 초판이 출판된 이후에 일간지 지면에 썼던 짧은 칼럼들의 모음이다. 여기에서는 시기별로 방탄을 둘러싼 구체적인 사회적 이슈들이 어떻게 진행되었는지를 볼 수 있을 것이다. 따라서 다양한 사례들을 통해 방탄 현상의 구체적인 의미들을 파악할 수 있는 기회가 될 것이라 생각한다.

방탄 현상은 급격히 변화하고 있는 사회 속에서 예술이 어떠한 역할을 수행하는지를 새롭게 재확인하게 된 현상이자 상투적으로 들렸던 '사랑이 세상을 변화시킨다'는 말의 엄청난 위력을 확인하게 된 현상이기도 했다. 이 놀라운 현상 앞에서 철학 연구자가 할 수 있는 일은 책을 쓰는 것 외엔 달리 없었다.

어느 시대, 어느 역사적 시퀀스이건 우리에게 중요한 것은
우리의 가능성들을 뛰어넘는 것과의
관계, 이념으로서 인간 동물의 자연적 필요들 저편에 존재하는 것과의
관계를 유지하는 데 있다. 사랑의 구축, 예술적 창조,
과학적 발견들, 정치적 시퀀스들과 같은 경험의 틀 안에서
삶의 결정, 사회적인 결정들의 한계를 넘어서는 가능성이 우리에게 주어진다.
우리의 고유한 인간사의 틀 안에서, 우리는 인간이 타고난
비인간성의 요소, 명석하고 평화로운 동시에 모호하고
폭력적인 비인간성의 요소와 대결해야 한다.
그것이 바로 장-프랑수와 리오타르가 그 유명한 '인간의 권리'란
사실상 '무한의 권리'라고 쓸 수 있었던 이유이다.

- 알랭 바디우, 《투사를 위한 철학》, 서용순 옮김, 오월의봄, 73쪽

1부

방탄
현상

×

리좀적
혁명

1

BTS가 당긴 방아쇠

가사 분석의 제한성

영화를 줄거리만 갖고 분석한다면 얼마나 빈약하고 재미없겠는가. 사운드와 이미지와 서사가 결합되어 있는 (경우에 따라서는 서사가 없는 영화도 있다!) 영화에서 줄거리만 떼어내어 분석하는 것은 영화를 소설과 같은 것으로 만들어버리는 부당한 일이다. 매체 이론적 입장에서의 부당함까지 거론할 필요도 없다. 사람들이 영화에 흥미를 가지는 것은 단지 줄거리 때문이 아니라 줄거리가 시청각적 이미지와 함께 펼쳐지기 때문이 아닌가.

음악도 마찬가지이다. 노래에서 가사는 분명 중요한 메시지와 의미들을 담고 있지만, 노래는 가사만으로 이루어져 있지 않으며 가사가 가장 중요한 요소도 아니다. 노래는 사운드와 가사가 결합된 예술이다. 그런 점에서 가사만 놓고 노래의 의미가 무엇이다라고 단정 짓는 것은 성급한 일이 되기 쉽다. 더군다나 노래 가사의 경우에는 영화만큼의 서사적 구성도 찾아보기 힘들다. 노래 가사는 서사가 있는 문학이나 영화에 비해 언어적으로 의미를 확정 짓기가 어려워서, 해석의 자유도가 높다. 물론 모든 단어나 문장에는 일정한 정도로 의미가 침윤된 밀도 있는 공간으로서의 의미의 자장(磁場)이 있기 때문에, 해석의 자유가 많다고 해서 모든 해석이 정당화될 수 있는 것은 아니다. 하지만 노래 가사가 상대적으로 해석의 자유를 많이 허용한다는 것은 분명하다.

방탄의 가사에 대한 분석도 기본적으로 이러한 한계를 피할수 없다. 더욱이 방탄의 많은 곡들은 뮤직비디오와 기타 영상들을 통해 의미를 확장하기 때문에, 가사만을 분석해 그들의 메시지를 이야기하는 것이 더더욱 한계를 가질 수밖에 없다. 따라서여기에서 제시하는 가사 분석은 방탄이 전하는 전체 메시지의일부일 뿐이고 제한적 해석이라는 점을 밝혀둔다.

그럼에도 불구하고 방탄의 가사를 분석하는 것은 방탄이 글로벌한 성공을 거두는 데 가사가 전달하는 메시지가 소리와 춤, 영상 못지않게 중요한 역할을 했기 때문이다.

공감을 불러일으키는 가사

방탄 음악의 가사들은 여타 아이돌 그룹들의 것과 확연히 다르다. 몇몇 아이돌 그룹과 방탄의 노래 가사를 빅데이터로 분석한 한 언론의 기사는 방탄의 솔직한 이야기에서 나온 사회 비판적 메시지가 주 팬층인 10대와 20대에게 공감과 위로를 전하고 있는 점을 성공의 주요한 요인으로 꼽고 있다. 방탄과 빅뱅 그리고 트와이스의 가사에 자주 등장하는 단어들을 빅데이터로 분석한 아래의 표는 다른 아이돌 그룹들과 달리 방탄의 노래에는 사회적 메시지가 강하게 담겨 있다는 것을 단적으로 보여준다.[1] 국내외를 막론하고 상당수 언론이 방탄의 의미 있는 사회적 메시지가 팬들의 공감을 끌어내는 매우 중요한 지점이었음을 지적하고 있다.[2] 방탄이 난공불락처럼 여겨지던 미국 음악 시장을 뚫고 들어갈 수 있었던 데는 가사가 전달하는 메시지의 힘이 컸다는 것은 미국의 음악 잡지들도 인정하는 바다.

그룹	사용 단어(반복 횟수)	주요 가사
방탄소년단	- 노력(38), 인생(17) 등 청춘의 화두 - 부조리 비판 노(No), 롱(Wrong)등 넘치는 부정어(166) * 최다 반복 '나'(1,000)	-"맨날 몇 포 세대, 노력 노력 타령 좀 그만 둬"〈뱁새〉 "똑같은 꼭두각시 인생"〈N.O〉 -"우린 다 개돼지"〈Am I Wrong〉 "장래 희망 넘버원, 공무원?" 〈No More Dream〉
빅뱅	- 사랑(235), 재미(35), 행복(29) * 최다 반복 '베이비'(Baby·450)	
트와이스	- 스위트(Sweet·12), 치어(Cheer·11) * 최다 반복 '베이비'(144)	

방탄의 사회비판적 메시지가 미국을 비롯한 전 세계의 팬들의 공감을 일으킨 것은 무엇보다도 신자유주의적인 경쟁 체제가 전 지구적인 양상을 보이고 있는 현실 때문이라고 볼 수 있다. 점점 심화되는 경쟁, 일자리 부족, 정의롭지 못한 부의 분배, 그로 인한 삶의 불안과 우울은 결코 우리나라를 비롯한 소수의 문제가 아니라, 과거 어느 때보다도 보편적인 현상이다.

또한 방탄은 전 곡의 90% 이상을 멤버들 스스로가 직접 쓴다고 한다. 이는 사실 우리나라의 아이돌 시스템에서는 예외적이라 할 수 있는데, 수많은 회의를 거쳐 프로듀서와 멤버들이 공동 작업을 하는 방식으로 이루어지는 방탄 음악의 가사들은 멤버들이 생각하고 느끼는 것들을 위주로 구성된다.[3] 그래서 방탄의 가사는 특히 방탄과 비슷한 세대에게 더욱 큰 공감을 불러일으켰을 것이다. 왜냐하면 급격한 기술 발전으로 인해 사회가 변화하는 속도는 기하급수적으로 빨라졌고, 그에 따라 세대 간의 삶의 방식과 사고방식의 차이는 그 어느 때보다 크기 때문이다. 현재의 젊은 세대는 SNS를 통해 외국의 친구들과 실시간으로 연결되어 있고, 외국의 문화 콘텐츠를 즐기는 것도 실시간으로 가능하다. 또한 그들이 일상에서 듣는 음악과 즐기는 게임 등에서 국가와 민족의 경계는 흐릿해진 지 오래이다. 국가와 민족 간의 문화 차이보다 어쩌면 한집에 살고 있는 가족 간의 세대 차이가 훨씬 크다고 해도 과언이 아니다. 그렇기에 방탄의 노래들은 한국적 맥락에서 등장한 특정 단어들과 문제의식에서 출발하지만 그 맥락과 의미는 노래를 통해 국경을 넘어 보편적으로 소통될 수 있었다고 말할 수 있다.

소년들, 다른 꿈을 꾸다

데뷔 앨범에서부터 방탄은 어른들이 강요하는 성공, 좋은 대학, 꿈이 없는 세대 등을 직설 화법으로 비판한다.

> 얌마 니 꿈은 뭐니 […] 지옥 같은 사회에 반항해, 꿈
> 을 특별사면/자신에게 물어봐 니 꿈의 profile/억압
> 만 받던 인생 니 삶의 주어가 되어봐/왜 자꾸 딴 길
> 을 가래 야 너나 잘해/제발 강요하진 말아줘
> -〈No More Dream〉

특히 데뷔 초반에 발표한 학교 3부작 앨범들은 10대가 느끼는 절망, 두려움, 사회와 어른들에 대한 비판과 분노 등을 이야기한다. 1등을 하지 못한다 해도, 당장 희망이 보이지 않더라도 꿈을 포기하지 말고 자신이 원하는 걸 찾으라고 외친다. 그러면서도 꿈을 지키며 사는 것이 얼마나 두렵고 답답한 일인지도 토로한다. 하지만 그럼에도 결코 꿈을 버리지 말자고 노래한다. 자신들도 느끼고 있는 절망, 불안, 좌절 등을 이야기하면서 함께 꿈을 펼쳐가자는 외침은 현재를 살아가는 많은 10대와 20

대가 공감할 수밖에 없는 이야기일 것이다.

물론 꿈을 간직하고 노력한다 해서 언제나 꿈을 실현할 수는 없다. 어른들 말처럼 한편으로는 꿈을 지키는 것이 철없는 한때의 몽상일지도 모른다. 하지만 그것이 설령 허무맹랑한 몽상이라 할지라도 그것조차 없다면 삶을 대체 어떻게 살아낼 수 있을까. 결국 한 번뿐인 우리 삶을 더 이상 남의 기준에 맞춰 내 꿈을 미루고 참는 것은 이제 그만하라고 방탄은 외친다.

1등하면 성공한 가수인가요/그런 것도 좋지만 음악이
하고 싶어요
- 〈2학년〉

갈 길은 먼데 왜 난 제자리니/답답해 소리쳐도 허공의 메아리/내일은 오늘보다는 뭔가 다르길/난 애원할 뿐야/니 꿈을 따라가 like breaker/부서진대도 oh better/니 꿈을 따라가 like breaker/무너진대도 oh 뒤로 달아나지마/never/해가 뜨기 전 새벽이 가장 어두우니까 […] 삶은 살아지는 게 아니라/살아내는 것 그렇게 살아내다가/언젠간 사라지는 것
- 〈Tomorrow〉

Nothing lasts forever/You only live once […] So live
your life/Not any other's lives
 -〈INTRO: O!RUL8,2?〉

더는 나중이란 말로 안 돼/더는 남의 꿈에 갇혀 살지
마 […] 정말 지금이 아니면 안 돼/아직 아무것도 해본
게 없잖아 -〈N.O〉

살아가는 법을 몰라/날아가는 법을 몰라/결정하는
법을 몰라/이젠 꿈꾸는 법도 몰라/눈을 눈을 눈을 떠
라 다 이제/춤을 춤을 춤을 춰봐 자 다시/꿈을 꿈을
꿈을 꿔봐 다
 -〈No More Dream〉

방탄은 10대들이 살아가는 법도, 날아가는 법도, 결정하는
법도, 이젠 꿈꾸는 법도 모른 채 남의 기준에 맞춰 살아갈 수밖에
없게 만든 기성세대의 약육강식 논리를 비판한다. 물질적 풍요와
학벌이 최고의 가치이고 일등을 제외한 모두는 낙오자로 취급되
는 잔인하고 불행한 세상을 만든 '어른들', 그 '어른들'의 말대로
살다가는 내 삶은 결코 행복해질 수 없다고 소리친다.

좋은 집 좋은 집 좋은 차 좋은 차/그런 게 행복일 수 있을까/In Seoul In Seoul to the SKY/부모님은 정말 행복해질까/꿈 없어졌지 숨 쉴 틈도 없이/학교와 집 아니면 PC방이 다인/쳇바퀴 같은 삶들을 살며/일등을 강요받는 학생은/꿈과 현실 사이의 이 중간첩/우릴 공부하는 기계로/만든 건 누구/일등이 아니면 낙오로 구분 짓게 만든 건 틀에 가둔 건/어른이란 걸 쉽게 수긍할 수밖에 단순하게 생각해도/약육강식 아래/친한 친구도 밟고 올라서게/만든 게 누구라 생각해 what/어른들은 내게 말하지/힘든 건 지금뿐이라고/조금 더 참으라고 나중에 하라고
-〈N.O〉

벌써 삐딱한 시선/막연함뿐인 통장/내 불행은 한도초과지/공부하는 한숨 공장/계속되는 돌려막기/어른들이 하는 고백/너넨 참 편한 거래/분에 넘치게 행복한 거래/그럼 이렇게도 불행한 나는 뭔데/공부 외엔 대화주제가 없어/밖엔 나 같은 애가 넘쳐/똑같은 꼭두각시 인생/도대체 누가 책임져줘
-〈N.O〉

"황새들은 원해 원해 maintain"

학교 3부작에서 이루어졌던 어른들에 대한 비판 의식은《화양연화》앨범에서 더욱 성숙해진다. 어른들의 말대로 살기엔 세상이 너무 끔찍하고 불행하기에 꿈을 꾸며 우리가 원하는 대로

자신의 삶을 살자고 외치던 소년들이 청년으로 돌아온 《화양연화》 앨범에서는 비판이 더 심화된다.

그들은 말한다. 어른들이 만들어 놓은 약육강식의 무한 경쟁 사회는 자연적인 것이 아니고 공평하지도 정의롭지도 않은 비정상적인 계급 사회다. "21세기 계급은… 있는 자와 없는 자"로 나누어진다. "있는 자"에 해당하는 "황새"들은 "뱁새"들에게 마치 경쟁이 공정하게 이루어지고 있고 경쟁에서 성공할 가능성이 있는 양 거짓 희망을 불어넣는다. 그들은 현재의 체제와 상태를 계속 유지하기를 원한다. 그들은 억압과 착취를 가능하게 하는 구조를 재생산하고 지속시키기 위해 기울어진 운동장을 마치 평평한 운동장인 양 호도하면서 현재 세대가 N포 세대가 된 것은 개인의 노력이 부족했기 때문이라고 매도한다. 그들 기득권 세력에게는 이 세상이 왜 이렇게 점점 끔찍해지고 있는지에 대한 어떠한 구조적 이유도 알지 못하는 사람들은 그저 먹고 살게만 해주면 별 생각 없는 "개돼지"일 뿐이다. 그야말로 거침없고 통렬한 비판이고 야유다.

They call me 뱁새/욕봤지 이 세대/황새들은 원해 원해 maintain/난 뱁새다리 넌 황새다리/걔넨 말하지 내 다린 백만 불짜리/내 게 짧은데 어찌 같은 종목하니/They say 똑같은 초원이면 괜찮잖니/Never Never Never/이건 정상이 아냐/이건 정상이 아냐
- 〈뱁새〉

금수저로 태어난 내 선생님/알바 가면 열정 페이/학

교 가면 선생님/상사들은 행패/언론에선 맨날 몇 포

세대

 -〈뱁새〉

언론과 어른들은 의지가 없다며 우릴 싹 주식처럼

매도해

 -〈쩔어〉

귀가 있어도 듣질 않어/눈이 있어도 보질 않어/다 마

음에 물고기가 살어/걔 이름 SELFISH SELFISH/우

린 다 개 돼지 화나서 개 되지

 -〈Am I Wrong〉

온 천지 사방이 HELL YEAH/온라인 오프라인이

HELL YEAH

 -〈Am I Wrong〉

이 지옥에서, 출구 없는 불평등한 계급의 구조 속에서 젊은
세대는 다른 세상의 가능성을 꿈꾸지 못하게 차단당한 채 기성
언론과 어른들이 주입해온 틀에 박힌 선택을 받아들이며 온갖
시련을 견디는 수밖에 없게 된 것이다.

경쾌한 비웃음으로 진격!

방탄은 이른바 '헬조선'을 만든 언론과 어른들 그리고 부정
의한 구조적 문제를 아주 경쾌하게 비웃음으로써 기존의 권위를
무력화시킨다. 기득권의 논리와 비난을 '적enemy'으로 규정하고
그에 정면으로 맞선다. 그리고 한 걸음 더 나아가, 이제 가려졌던
눈을 떠 희망을 가지자고 한다. 우리는 결코 혼자가 아니니 서로
의 에너지를 받아 새로운 춤을 추고 새로운 꿈을 꾸자고 한다.

아 노력 노력 타령 좀 그만둬/아 오그라들어 내 두 손발도/아 노
력 노력 아 노력 노력/아 노랗구나 싹수가/역시 황새/노력 타령
좀 그만둬

-〈뱁새〉

3포 세대? 5포 세대?/그럼 난 육포가 좋으니까 6포 세대/왜 해
보기도 전에 죽여 걔넨 enemy enemy enemy/왜 벌써부터 고개
를 숙여 받아 energy energy energy/절대 마 포기 you know you
not lonely/So can I get a little bit of hope? (yeah)/잠든 청춘을 깨
워 go

-〈쩔어〉

사실 기득권 세력에게 정말 위협이 되는 것은 수많은 잠든
청춘이 깨어나 모두 함께 그들과는 다른 꿈을 꾸고, 다른 춤을 추

는 것이다. ("눈을 눈을 눈을 떠라 다 이제/춤을 춤을 춤을 춰봐 자 다시/꿈을 꿈을 꿈을 꿔봐 다" 〈No More Dream〉) 사회에 의해 주어진 선택을 거부하고 다른 꿈을 꾸는 것은 기존 권력의 지배력을 벗어나 그 질서를 무력화하며 균열을 만드는 것이기 때문이다. 사회학자 지그문트 바우만Zygmunt Bauman에 따르면 사회는 고분고분히 말을 잘 듣는 사람들에게 보상을 주고 순응하지 않는 사람들에게 대가를 치르게 한다. 중요한 것은 이러한 순응으로 이득을 보는 것은 말을 잘 들은 사람이 아니라 불평등한 사회 구조에서 이득을 얻는 특정한 사람들이라는 점이다.

> 사회적 비용이 큰 선택일수록 선택될 확률이 낮다. 그리고 선택하는 사람들이 고분고분히 선택할 때 받게 되는 보상처럼 압력을 받고 있는 선택을 거부할 때 드는 비용도 주로 사회적 용인, 지위, 위신이라는 소중한 통화로 지불된다. 우리 사회에서 이 비용들은 불평등과 불평등의 공적, 사적 결과들에 대한 저항을 매우 어렵게 만들고 따라서 저항하기보다는 체념하고 얌전히 굴복하거나 아니면 자발적으로 협력하는 길을 시도하고 추구하게 만드는 방향으로 조정된다. 자본주의적이고 개인주의화된 소비자 사회의 주민인 우리가 인생이라는 게임의 전부 혹은 대부분에서 계속해서 던질 수밖에 없는 주사위들은 대부분의 경우에 불평등에서 이익을 얻거나 혹은 이익을 얻기를 희망하는 사람들에게 유리하게 정해져 있다.[4]

따라서 기존 사회가 강요하는 삶의 방식에 순응하지 않고 다른 세상을 생각하고 꿈꾼다는 것은 그 자체가 기존 사회에 위협이 되는 것이다. 이것이 바로 세상을 바꾸는 출발점이고, 혁명적 생성이다. 즉 기득권 세력이 건설한 "세계 속에서 이미 나 있는 길을 […] 가로지르면서, [그들의] 의지를 항상 훼방하고 거스르는 것"이기 때문이다. 질 들뢰즈Gilles Deleuze의 용어로 표현하자면, 사회의 요구를 거부하고 다른 길을 가는 것 자체가 "기존에 파인 홈을 가로지르면서 매끈한 공간으로 만들려는 실천"[5]인 혁명적 생성인 것이다. 주어진 기준이나 가치에 따르는 것이 아니라 자신의 선택에 따라 사는 것이 들뢰즈에게는 혁명적 실천의 시작이라 할 수 있다.

남의 기준이나 가치에 휘둘리며 살지 않는다는 것은 기존 사회에 대한 저항과 도발의 의미를 가진다. 그래서 "얌마 네 꿈은 뭐니"라는 방탄의 처음 질문은 도발적일 수밖에 없다. 원래 '개돼지'는 꿈을 꾸지도 생각을 하지도 하지 않는 존재이니까. 이제 더 이상 우리가 '개돼지'가 아니라면, 즉 이 사회의 문제가 무엇인지 알았다면, 불공평하고 부정의한 그 구조를 지배하는 규칙을 바꾸는 것이 다음 단계이다. 그 지배적인 룰을 바꾸고 파괴하기("BANG BANG") 위해서는 일단 그것을 무력화시켜야 한다. 돈에 따라 계급을 구분하는 그들의 인식과 이 사회의 절대선(善)인 양 자리하는 경쟁의 가치를 무력화해야 한다. 그들의 기준에 맞춰 살 필요 없고, 우리는 그냥 우리가 원하는 대로 살아도 된다는 이야기는 그러므로 상당한 파괴력을 갖는다.

룰 바꿔 change change / 황새들은 원해 원해
maintain / 그렇게는 안 되지 BANG BANG

-〈뱁새〉

그냥 살아도 돼 우린 젊기에 / 그 말하는 넌 뭔 수저길
래 / 수저수저 거려 난 사람인데 / So what / 니 멋대로
살어 어차피 니 꺼야 / 애쓰지 좀 말어 져도 괜찮아

-〈불타오르네〉

차라리 걍 깨버려 / 걱정만 하기엔 우린 꽤 젊어 / 오늘
만은 고민보단 Go해버려 / 쫄면서 아끼다간 똥이 돼버
려 / 문대버려

-〈고민보다 GO〉

부친 살해

기존의 사회 질서의 부정의함과 구조적 폭력에 대한 방탄의
비판은 '부친 살해'라는 은유로 요약할 수 있다. '부친 살해'는 세
계의 많은 신화와 문학에서 등장하는 서사 구도다. 그리스 신화에
서 크로노스는 아버지인 우라노스를 거세해 쫓아내고 제우스는
전쟁을 통해 아버지인 크로노스를 쫓아낸다. 오이디푸스 신화에
서도 오이디푸스는 자신의 부모인지 모른 채 아버지인 테베의 왕
라이오스를 살해하고 어머니인 이오카스테 왕비와 결혼한다. 서

구의 대표적인 문학 작품이라고 할 수 있는 소포클레스의《오이디푸스왕》, 도스토예프스키의《카라마조프가의 형제들》, 셰익스피어의《햄릿》도 부친 살해를 작품의 주요 모티프로 하고 있다.

부친 살해가 많은 이들의 관심을 끌게 된 데는 프로이트의 정신분석학의 영향이 크다. 프로이트는 어린아이의 정신 발달에서 중요한 전환점이 되는 무의식적 갈등으로 오이디푸스 콤플렉스를 제시했다. 그에 따르면, 어머니에 대한 욕망과 관련해 아버지에 대해 갖게 되는 동경과 증오라는 양가적 심리 상태인 오이디푸스 콤플렉스는 개인적 자아의 형성과 사회화 과정에서 중요한 역할을 한다. 그러나 이 글에서 말하는 '부친 살해'는 프로이트가 오이디푸스 콤플렉스를 설명하면서 이야기하는 무의식적 욕망의 하나로서의 부친 살해가 아니라 사회적 차원에서의 집단적 '부친 살해'이다. 이때 '아버지'는 물론 생물학적인 아버지를 의미하는 것이 아니라 상징, 은유다.

> 역사적 단절과 변혁의 사건은 '아버지'로 상징되는 구질서와 구체제, 다시 말해 기존의 법·규범·윤리·도덕을 '살해'하는 과정을 거쳐 새로운 체제와 가치 규범을 건설한다. '부친 살해' 서사가 상징하는 것은 생물학적 아버지의 살해, 혹은 생물학적 아버지와의 단절이 아니라 공동체가 금과옥조로 수호하는 가치 체계와 규범적 질서에 대한 전면적 반성이며, '아버지'로 표상되는 낡은 체제의 변혁과 그 체제를 대표하는 정치권력의 극복이다. 단선적으

로 이야기할 수는 없지만, 추상적이고 상징적인 수준에서 역사를 논구할 때 '아버지'를 살해하는 과정 없이 진보나 변화는 존재할 수 없는 것이다.[6]

기존 사회의 질서와 규범을 '살해'하는 과정 없이 변화나 진보는 가능하지 않다. 이는 많은 영웅 서사를 바탕으로 하는 서구의 신화나 소설에서 '부친 살해'의 모티프가 자주 등장할 수밖에 없었던 이유이기도 하다.

그런데 《한국 구전서사의 부친 살해》에서 지적하듯이, 한국의 구전 서사에는 '부친 살해' 서사가 거의 등장하지 않고, 대신 '자식 살해'의 모티프가 훨씬 자주 등장한다. '자식 살해'는 주로 효행담(孝行談)에서 부모에 대한 효를 위해 자식을 희생양으로 삼는 이야기들에서 많이 나타나는 모티프이다. 저자 김영희에 따르면 이 '자식 살해'의 서사는 공동체적 가치와 규범을 실행하면서 공동체적 결속과 기존 체제로의 동화와 순응이라는 효과로 나타날 수 있다. "'자식 살해'의 서사는 집단 동일성에 대한 순응과 기존 질서 및 관념의 존중, 다시 말해 '아버지'로 표상되는 법·권위·질서·가치에 대한 순종과 헌신을 지시한다."[7]

이렇듯 우리의 문화적 전통에서 찾아보기 힘든 '부친 살해' 서사가 21세기에 접어들면서 대중적인 영화와 드라마에서 심심찮게 등장하기 시작했다. 그중에 2013년 장준환 감독의 영화 〈화이: 괴물을 삼킨 아이〉는 흥미로운 사례이다. 이 영화에서 주인공 화이는 1명의 친부와 5명의 계부를 모두 살해한다. 사회적·정치적으로 억압된 에너지가 한참 응축되어 있던 2013년에 개봉된 이 영화에서 화이에 의해 죽임을 당하는 (친부 한 명을 제외한) 다섯 명의 가짜 아버지들은 이제는 없애버려야 할 과거의 유산들을 의미하고 부친 살해는 곧 새로운 시대를 세우기 위한 출발을 의미하는 것으로 해석할 수 있다.

영화보다 보수적인 성향을 보이는 텔레비전 드라마에서도 '부친 살해'가 서사의 주된 골격을 이루는 작품들이 등장하고 있다. 2017년 말 tvN에서 방영했던 로맨틱 코메디 드라마 〈변혁의 사랑〉에서는 철부지 재벌 3세인 주인공이 똑똑한 생계형 프리터 족(フリーター, freeter는 일본에서 정규직 이외의 아르바이트나 파트 타이머 등으로 생계를 유지하는 사람을 가리키는 일본식의 조어다. '프리아르바이터라고' 도 불린다. 자유롭게 살기 위해 아르바이트로 생계를 해결한다는 의미로 최근 한국에서는 취업하기 힘들어 프리터족이 되는 경우가 많아지고 있으며 중장년층까지 확산되고 있다)인 여주인공을 만나 세상에 눈을 뜨고 자신의 아버지가 저지르는 부정의한 기업 경영과 기성세대의 권위와 질서에 반항하며 세상을 바꾸어간다. 비슷한 시기에 방영된 JTBC의 드라마 〈언터처블〉도 가상의 도시인 북천시를 3대째 지배하고 있는 장씨 일가의 차남인 주인공이 아내의 살해 사건을 파헤치다가 결국 아버지와 아버지의 대리인인 형이 지배하고 있던 정치권력, 자본, 언론 등의 기득권 세력을 처단하는 이야기를 그리고 있다. 2021년 방영되었던 드라마 〈괴물〉 역시 유

사한 맥락에서 볼 수 있다. 이 드라마에서는 가까이 지냈던 친구가 알고 보니 연쇄살인범이고, 친구의 전남편은 여러 건의 살인자이며, 친구의 어머니는 살인의 흔적을 지우고 수사를 방해하는 등 드라마 속 작은 마을에서는 범죄자와 이웃의 경계가 완전히 무너진다. 범죄자과 이웃의 경계, 그리고 적과 가족의 경계마저 무너진 혼돈 속에서 모든 범죄의 마지막 퍼즐은 '아버지'이고, 주인공 한주원(2013년 작 〈화이: 괴물을 삼킨 아이〉에서 화이를 연기한 여진구라는 점이 흥미롭다)은 자신의 아버지의 범죄를 폭로하고 법의 심판을 받게 한다.

'부친 살해'가 아버지로 상징되는 기성세대, 기존 체제의 억압적인 질서, 가치, 권위에 대한 비판과 극복이라고 한다면, 방탄의 사회 비판적인 메시지는 기존의 불합리한 사회질서와 권력에 저항하고 새로운 세계로 나아가기 위한 사회적 차원의 '부친 살해'라 할 수 있다. 놀라운 점은 방탄 역시 이 '부친 살해'의 모티프를 〈I NEED U〉 뮤직비디

오에 직접적으로 등장시키고 있다는 점이다. 여기에서는 뷔가 아버지를 찔러 죽이는 장면이 직접적으로 등장한다. 구체적인 상황은 알 수 없지만 누나를 살리고 자신을 지키기 위해 자신들을 괴롭히는 아버지를 죽일 수밖에 없었던 것으로 보인다. 이후 쇼트 필름 〈STIGMA〉에서 경찰서에 잡혀간 뷔가 취조당하는 신(scene)에서 인상적인 대사가 자막으로 등장한다. "부모님은?"이

라고 형사가 묻자, 뷔는 고개를 돌리며 "그런 거 없어요"라며 부모의 존재를 부정한다. 《화양연화》와 《WINGS》 두 앨범에서 '부친 살해'는 소년이 청년으로 성장하며 겪어야 했던 부정, 저항, 불안, 고통, 두려움 등으로 나타나고, 이는 《WINGS》의 모티브가 된 헤르만 헤세의 《데미안》에서 새가 알을 깨고 나오는 성장 과정과 일맥상통한다.

이러한 성장을 방탄의 사회비판적인 저항의 메시지와 더불어 생각해볼 때, 방탄의 메시지를 부정의하고 불공정한 사회의 억압적 질서에 대한 저항과 부정, 즉 사회적 아버지에 대한 살해라고 보는 것은 무리한 해석이 아닐 것이다. 아버지를 죽이고 난 후, 영상들에서 뷔의 자살을 암시하는 듯한 이미지들의 등장 이후 물속에서 뷔가 다시 일어나 살아나듯이, 부친 살해는 파괴로만 끝나는 것이 아니라 새로운 시작과 새로운 탄생으로 이어진다. 따라서 방탄에게 '부친 살해'의 모티프는 '저항과 비판'의 측면과 동시에 그들의 '성장'을 의미하는 상징적인 이미지로서 방탄의 부조리한 사회에 대한 저항과 극복 및 이를 통한 성장을 의미한다고 말할 수 있다.

연대를 요청하는 진격의 방탄

그들의 메시지는 '부친 살해'에 그치지 않는다. '부친 살해'는 새 세상을 건설하기 위해 거쳐야 하는 파괴의 과정일 뿐이다. 방탄은 괴롭고 힘든 모든 이를 불러 모아 '함께라면' 더 이상 겁

날 게 없는 진군하는 발걸음으로 싹 다 불태우라고 소리친다. 그리고 〈불타오르네〉의 이 진군하는 발걸음은 〈Not Today〉에서 '전 세계의 약자들All the underdogs in the world'의 전투로 이어진다.

> 싹 다 불태워라 Bow wow wow/Fire 겁 많은 자여 여기로/Fire 괴로운 자여 여기로/Fire 맨주먹을 들고 All night long/Fire 진군하는 발걸음으로/Fire 뛰어봐/미쳐버려 다/싹 다 불태워라 Bow wow wow
>
> -〈불타오르네〉

> All the underdogs in the world/A day may come when we lose/But it is not today/Today we fight!
>
> -〈Not Today〉

〈Not Today〉는 2016년 발매된 《WINGS》 앨범의 외전에 해당하는 《YOU NEVER WALK ALONE》이라는 2017년 초에 발매된 앨범에 수록된 곡이다. 앨범 제목에서 분명히 드러나듯, 이 전투에 참가하는 언더독은 결코 혼자가 아니다. 방탄이 요청하는 것, 혹은 그들이 제시하는 대안이 바로 이러한 '연대'라고 할 수 있다. 언더독이 자기만이 아니고, 함께 한다면 절대 실패하지 않고 새로운 세상을 열 수 있다는 믿음을 공유하는 것. 언더독들 혹은 뱁새들 각자 혼자서는 결코 어떤 것도 바꿀 수 없지만 모두가 연대를 통해 함께 나아간다면, 우리는 새로운 세상을 만들기에 결코 약한 존재가 아니라는 것을 강력하게 호소한다. 모두 함께 두려움을 버리고 한계를 넘어 우리가 원하는 새로운 세상을 위해 승리할 때까지 무너지지 말고 함께 싸우자며 방탄은 우리의 마음에 불을 지른다.

> 우린 할 수가 없었단다 실패/서로가 서롤 전부 믿었기에/What you say yeah not today yeah/오늘은 안 죽어 절대 yeah/너의 곁에 나를 믿어/Together we won't die/나의 곁에 너를 믿어/Together we won't die/함께라는 말을 믿어/방탄이란 걸 믿어
> -〈Not Today〉

> Hey 뱁새들아 다 hands up/Hey 친구들아 다 hands up/Hey 나를 믿는다면 hands up
> -〈Not Today〉

> 빛은 어둠을 뚫고 나가/새 세상 너도 원해/Oh baby yes I want it/날아갈 수 없음 뛰어/Today we will survive/뛰어갈 수 없음 걸어/Today we will survive/걸어갈 수 없음 기어/기어서라도 gear up/겨눠 총 조준 발사
> -〈Not Today〉

"빛은 어둠을 뚫고 나가"에서 지난 2016년 겨울부터 2017년 봄까지 전국 곳곳을 비췄던 촛불이 떠오르는 것을 그저 나의 개인적이고 감상적인 연상 작용의 산물로 치부할 수는 없을 것이다. 〈Not Today〉 트랙 바로 앞에 세월호 참사를 연상하게 하는 노래 〈봄날〉이 실린 것 역시 우연이라고 보기 힘들다. 노란 리본, 죽은 친구들, 'Don't forget' 스티커 등 2017년 봄에야 겨우 지상으로 올라오게 된 잊을 수 없는 세월호 참사에 대한 기억들이 여러 가지 상징 이미지들로 영상 전체에 녹아들어 있는 〈봄날〉 뮤직비디오가 연대와 투쟁을 촉구하는 〈Not Today〉 앞에 실려 2017년 초에 발표된 것은 분명한 메시지를 담고 있다고 보지 않을 수 없다.

광화문 거리에서 함께 불렀던 "어둠은 빛을 이길 수 없다 / 거짓은 참을 이길 수 없다 / 진실은 침몰하지 않는다 / 우리는 포기하지 않는다"라는 윤민석의 노래 〈진실은 침몰하지 않는다〉가 〈Not Today〉의 강렬한 사운드와 전투적인 퍼포먼스와 더불어 떠오를 수밖에 없다. 추운 겨울의 광장에서 끝이 보이지 않게 모인 사람들이 저 노래를 함께 부르며 행진할 때, 누구도 더 이상 두렵지 않았다. 함께한다는 기쁨과 변화에 대한 희망이 한 겨울의 추위마저 녹여 주었던 기억이 생생하다. 모두가 함께했던 촛불의 연대는 일단은 성공적이었다. 물론 아직도 변화시켜야 할 것들이, 불태워야 할 것들이 많이 남아 있지만 말이다. 그리고 거리에서 보았던 가장 강력한 희망은 교복을 입은 아이들과 부모님 손을 잡고 나온 아이들이었다. 그들이 함께하는 연대의 기쁨을 그리고 연대가 만들어낸 승리의 경험을 기억하게 될 것이라는 점이었다. 우리에게 필요한 것은 방탄의 노랫말처럼 두려움이나 한계 따위 떨쳐버리고 싸우는 것이다. 아주 즐겁고 신나고 아름답게, 그리고 무엇보다도 '함께' 싸우는 것이다.

> 니 눈 속의 두려움 따위는 버려/Break it up Break it up/널 가
> 두는 유리천장 따윈 부숴/Turn it up Turn it up/Burn it up
> Burn it up/승리의 그날까지 fight/무릎 꿇지 마 무너지지 마
> -〈Not Today〉

이 연대의 테마는 가장 최근 발매된 앨범인 〈Love Yourself: 承 'Her'〉에서 더욱 다채롭게 등장한다. 이 앨범의 타이틀곡인 〈DNA〉와 인트로intro 인 〈Serendipity〉는 사랑에 대한 이야기인 듯 보이기도 하지만, 여기에서 사랑은 개인 간의 사랑의 이야기로만 머물지 않는다. 방탄과 팬들 간의 사랑이기도 한 이 사랑은 우주적 차원으로, 그리고 DNA에도 새겨진 사랑으로 확장된다. DNA에서부터 우주적 차원까지 확장되는 사랑은 영원한 연대라는 운명으로 모두에게 주어진다.

우주가 생긴 그 날부터 계속/무한의 세기를 넘어서 계속/우린 전생에도 아마 다음 생에도/영원히 함께니까/이 모든 건 우연이 아니니까/운명을 찾아낸 둘이니까

- ⟨DNA⟩

이러한 전 지구적 연대의 메시지는 뮤직비디오의 이미지들에서도 두드러지게 나타난다. ⟨Love Yourself: 承 'Her'⟩의 트레일러인 ⟨Serendipity⟩와 ⟨DNA⟩에서는 우주의 이미지가 반복적으로 등장한다. 우주가 멤버들의 눈동자로 연결되며, 이는 다시 손가락 끝의 작은 핏방울과 DNA를 통해 우주로 확장된다. 전 세계, 더 나아가 지구를 넘어선 우주까지도 우리를 구성하는 가장 작은 단위와 연결되는 수준의 강력한 연대의 표현이다. 특히 이 앨범은 이전과는 달리 다양한 종류의 화려한 색감을 강조하는데, 마치 무지개색이 다양한 정체성을 가진 사람들의 연대를 상징하듯 서로 다른 색깔들이 조화롭게 공존하는 연대의 메시지를 강화시켜 주고 있다. 이렇게 그들의 메시지는 자신들 주변의 억압에 대한 저항에서 출발하여 사회 비판과 저항 그리고 전 지구적 연대까지 성장, 확장되어 간다. 이런 아름다운 연대로 끝까지 우리 자신의 삶과 행복을 위해 싸워 나가자는 제안과 가슴 떨리는 혁명적인 노랫말들이 심장을 두드리는 비트와 눈을 의심하게 하는 압도적인 퍼포먼스와 더불어 펼쳐지는데, 어찌 전 세계의 팬들이 응답하지 않을 수 있었겠는가. 그 가장 빛나는 응답은 바

로 아미들이 보여준 사랑과 연대 및 실천이었다.

Speak Yourself로서의 LOVE YOURSELF

비판으로서의 '부친 살해'는 한편으로는 전 지구적인 연대로 나아가고, 또 다른 한편으로는 LOVE YOURSELF라는 메시지로 이어진다. 많은 이들은 이 메시지는 이미 여러 사람들이 말한 적 있지 않느냐, LOVE YOURSELF가 뭐 그리 새롭고 대단한 메시지냐며 반문하기도 한다. 중요한 점은 이 메시지의 새로움 혹은 독창성의 여부가 아니라, 이 메시지가 얼마나 보편적이고 구체적인 의미를 획득하고 있고 사람들에게 실질적으로 영향을 주고 있느냐에 있다고 본다.

2017년부터 2018년까지 세 장의 앨범을 통해 전개된 LOVE YOURSELF라는 메시지의 의미는 이전 시기의 사회비판적인 메시지들과 심층적으로 연결되어 있다고 볼 수 있다. 왜냐하면 자신이 자신을 사랑할 수 없게 만드는 여러 가지 이유들, 예를 들면 외모, 재산, 학벌, 직장 등의 요인들은 사회적으로 구조화된 문제들이고, 이는 자본주의 사회에서 그 사람의 사회적 계급을 규정하며 개인들로 하여금 자신을 사랑하지 못하게 하는 주된 이유들로 작용하고 있기 때문이다. 이를테면, 사람들이 선호하는 특정한 직장을 얻기 위해 좋은 학벌이 필요하고, 그러한 직장을 통해 부를 축적하고, 그 부는 다시 그들의 자녀들의 계급재생산을 위해 사용되며 계급세습을 더욱 공고히 하게 된다. 이러한 과정에 사람의 외모 또한 매력 자본으로서 큰 역할을 하기도 한다. 이 뿐 아니라 외모를 평가하는 미적 기준 역시 자연적인 것이라고 할 수 없다. 시대나 문화에 따라 미적 기준도 사회적으로 구성되는 측면이 있다는 점을 생각한다면 우리가 우리 자신을 사랑하지 못하는 것은 나 자신만의 개인적이고 내면적인 문제들 때문이라기보다는 사회적으로 구조화된 요인들 때문인 경우가 더 많다고 할 수 있다.

하지만 많은 경우 개인 안에 공존하는 사회적으로 구조화된 요인들과 개인적인 문제들을 구분하지 않고 뒤섞곤 한다. 사회적인 요인들을 개인적인 문제로 오인하는 경우 부당하게 자신을 탓하고 스스로를 받아들이지 못하게 되는 경우들이 발생한다. 이런 맥락을 고려한다면 LOVE YOURSELF의 실천은 사회적으로 구조화된 다양한 모순들이 자신 안에서 어떻게 중층적으로 관계 맺으며 자아를 형성하고 있는지에 대한 비판적 시선을 바탕으로 해서만 진정으로 가능할 수 있다. 나 자신을 소중하게 여기고 아껴준다는 의미에서 나 스스로에게 좋은 옷 하나 선물하고, 맛있는 음식을 먹게 해주는 것도 자신에 대한 사랑을 실천하는 한 부분일 수 있으나 만일 이 정도의 피상적인 의미에만 그치는 것이었다면, 방탄의 LOVE YOURSELF라는 메시지가 그토록 큰 파급력을 가지지는 못했을 것이다.

2018년 LOVE YOURSELF에 대한 UN 연설에서 언급했던 Speak Yourself, 즉 '자신에 대해 이야기하라'는 메시지는 바로 이러한 맥락에서 이해될 수 있다. RM은 연설에서 "당신이 누구이든, 어디 출신이건, 피부색이 어떻든, 성적 정체성이 어떠하든 간에, 당신 스스로에 대해 이야기하세요.No matter who you are, where you're from, your skin color, gender identity, speak yourself"라고 말했다. 이는 당연히 호구조사를 하듯 자신에 대한 피상적인 정보들을 말하라는 것이 아니다. 앞서 언급한 재산, 성적, 외모, 직장보다도 더 근본적인 인권의 차원에서 출신, 피부색, 성 정체성 등은 사람들을 편 가르기 하고, 혐오를 조장하며, 자신을 떳떳하게 받아들이지 못하게 하는 주요한 빌미가 되는 사회적 요인들이다. 피부색만으로, 성 정체성만으로, 출신 지역 혹은 출신 민족이 어디인가라는 사실만으로도 수많은 사람들이 폭력과 억압과 편견에 고통받으며 희생당해 왔다는 것은 잘 알려진 사실이다. 바로 이런 사회적으로 구조화된 요인들이 사람들로 하여금 자신을 부정하고 받아들이지 못하게 하여 결과적으로 자신을 사랑하는 것을 어렵게 한다. 따라서 그러한 것에 대해 발화하라는 것은 자신의 정체성을 이루고 있는 사회적 요인들을 스스로 인지하면서 그러한 요인들은 결코 억압, 차별, 편견과 같은 폭력의 이유가 될 수 없음을 말하라는 강력한 정치적 의미를 담고 있다고 생각한다.

UN 연설에서 보다 직접적으로 표현되었던 LOVE YOURSELF의 의미는 〈Answer: Love Myself〉라는 곡에서 다양한 맥락에서의 문제의식과 주제들을 제기하고 있다. 먼저, "그저 날 사랑하는 일조차 누구의 허락이 필요했던 거야"에서, '누구'는 결국 사회적으로 구성된 기준들이고 타인의 시선으로 해석할 수 있다. 이 기준들이 자신 안으로 내면화되어 마치 내 무의식 안의 초자아처럼 기능하면서 자신을 옭아맨다. 그래서 "어쩌면 누군가를/사랑하는 것보다/더 어려운 게 나 자신을/사랑하는 거야/솔직히 인정할 건 인정하자/니가 내린 잣대들은 너에게 더 엄격하단 걸"이라며 우리 안에 내재화된 사회적 기준들이 우리 안에서 자신에게 더 가혹하게 작동하고 있음을 말한다.

무의식 안의 초자아가 무서운 것은 그것이 외부로부터 온 기준이라고 받아들여지는 것이 아니라, 마치 내 안의 고유한 양심의 목소리처럼 작동하기 때문이다. 그러한 기준들이 외부에서 유입된 사회적 가치 기준이라는 사실을 우리가 인지라도 할 수 있는 경우에는 우리는 비교적 그에 대해 거리를 두고 그 외적인 기준에 내가 동의할 것인지 아닌지 생각해볼 여지가 생긴다. 하지만 내 안에서 나에게 명령하는 그 목소리들을 나의 본래적인 것으로 오인할 경우, 자아의 분열과 고통은 심해질 수밖에 없다. 그래서 진정한 LOVE YOURSELF가 가능하기 위해서는 사회적 차원과 개인적-실존적인 차원을 구분하여 서로 다른 맥락에서 접근하는 것이 매우 중요하다.

나를 받아들이는 것이 타인에게로 가는 길

사회적인 차원에 대한 인식과 더불어 개인적이고 실존적인 맥락에서도 방탄은 당시 자신들의 고민들을 통해 나 자신이 누구이며, 그런 자신을 사랑하는 법을 배워가고 있음을 노래한다. '나'는 누구인가, 수많은 사회적 차원들이 나라는 존재를 중층결정하고 있는 것처럼, '나'는 또한 시간의 흐름 속에서 지속하면서 변화하고 있는 '나'들의 총체이기도 하다. 그래서 "내 숨 내 걸어온 길 전부로 답"할 수밖에 없는 것이 바로 나이다. 결국 "어제의 나 오늘의 나 내일의 나/I'm learning how to love myself/빠짐없이 남김없이 모두 다 나"라며 시간의 흐름 속에서 변화하지만 지속하는 존재인 나는 자신 안에서 "내 실수로 생긴/흉터까지 다 내 별자린데"라고 스스로를 수용하게 된다.

　단일하고 통일된 주체로서의 자아가 아니라 변화하는 다양한 얼굴들을 가진 자아에 대한 성찰은 〈IDOL〉에서도 선명히 나타난다. "내 속 안엔 몇 십 몇 백 명의 내가 있어/오늘 또 다른 날 맞이해/어차피 전부 다 나이기에/고민보다는 걍 달리네/Runnin' man/Runnin' man/Runnin' man, bluh"라며 사람들은 누구나 다양한 사회적 페르소나Persona들을 가지고 있음을 말한다. 그런데 사람들은 많은 경우 다양한 자아들 가운데 '본질적인 나' 혹은 '진짜 나'는 누구인가라는 식의 잘못된 물음으로 인해 타인은 물론 자기 자신의 다양성조차 제대로 포용하거나 이해하지 못하는 경우가 많이 생긴다.

　'나'의 존재는 부족하고 서툰 나 때문에 우리는 종종 슬프고 아프지만, 슬픔과 아픔은 우리 자신에게 그저 부정적인 요인들로만 작용하지는 않는다. "니 삶 속의 굵은 나이테" 혹은 "내 실수로 생긴 흉터까지 다 내 별자리"로 노래에서 표현되고 있는 것은 삶의 여정에서 쓰러지고 넘어지며 생기는 슬프고 아픈 순간들을 겪으며 살아낼 때에야 깨닫게 되는 어떤 아름다움을 인정하자는 것이다. 이것이 가능할 때 우리는 있는 그대로의 자신의 존재를 받아들일 수 있게 되고 그럴 때에야 바로 나 자신에 대한 사랑이 가능할 수 있고 이것이 결국 날 위한 행복이 된다고 방탄은 노래한다.

왜 난 이렇게/소중한 날 숨겨두고 싶었는지?/뭐가 그리 두려워/내 진짜 모습을 숨겼는지?/I'm the one I should love in this world/빛나는 나를 소중한 내 영혼을/이제야 깨달아, oh, so I love me/좀 부족해도 너무 아름다운 걸/I'm the one I should love/조금은 뭉툭하고 부족할지 몰라/수줍은 광채 따윈 안 보일지 몰라/하지만 이대로의 내가 곧 나인걸/지금껏 살아온 내 팔과 다리 심장 영혼을
- 〈Epiphany〉

슬프던 me/아프던 me/더 아름다울 美/그래 그 아름다움이/있다고 아는 마음이/나의 사랑으로 가는 길/가장 필요한 나다운 일, eh/지금 날 위한 행보는/바로 날 위

한 행동/날 위한 태도/그게 날 위한 행복/I'll show you what I
got/두렵진 않아 그건 내 존재니까/Love myself

- 〈Answer: Love Myself〉

그렇다면 자신에 대한 사랑을 왜 그토록 중요하게 말하고 있
을까. 방탄에 따르면, 자신에 대한 사랑은 다른 이들과의 진정한
관계를, 그래서 진짜 사랑을 가능하게 하기 때문이다. 그저 상대
방이 원하는 대로 맞추고 바꾸는 것만으로 진정한 사랑은 가능
하지 않다.

참 이상해/분명 나 너를 너무 사랑했는데/뭐든 너에
게 맞추고/널 위해 살고 싶었는데/그럴수록 내 맘속
의/폭풍을 감당할 수 없게 돼/웃고 있는 가면 속의/
진짜 내 모습을 다 드러내

- 〈Epiphany〉

I wanna be a good man just for you/세상을 줬네 just
for you/전부 바꿨어 just for you

- 〈FAKE LOVE〉

Love you so bad, love you so bad/널 위해 예쁜 거짓
을 빚어내/Love you so mad, love you so mad/날 지

워 너의 인형이 되려 해/Love you so bad, love you so bad/널 위
해 예쁜 거짓을 빚어내/Love you so mad, love you so mad/날
지워 너의 인형이 되려 해
- ⟨FAKE LOVE⟩

널 위해서라면 난 슬퍼도 기쁜 척 할 수가 있었어/널 위해서라면
난 아파도 강한 척 할 수가 있었어
- ⟨FAKE LOVE⟩

이렇게 상대방이 원하는 대로 자신을 지우며 거짓을 말하고
그의 인형처럼 뭐든 맞추는 것은 결국 나를 상실하게 되며, 이 결
과는 불가능한 관계 혹은 거짓 사랑이 된다. 결국 누구도 제대로
사랑할 수 없게 된다.

Now I don't know me, who are you?/Hi, 우리만의 숲 너는 없었
어/내가 왔던 route 잊어버렸어/나도 내가 누구였는지도 잘 모
르게 됐어 ⑴/거울에다 지껄여봐 너는 대체 누구니/사랑이 사
랑만으로 완벽하길/내 모든 약점들은 다 숨겨지길/이뤄지지 않
는 꿈속에서 피울 수 없는 꽃을 키웠어
- ⟨FAKE LOVE⟩

여기서 '너'는 사랑의 대상일 수도 있지만, 우리를 둘러싼 사

회 혹은 타인의 시선일 수도 있다. 개인들에게 부과되는 사회적 시선들의 압박은 결국 자아를 상실하게 하고 타인들과의 진정한 관계를 불가능하게 한다는 것을 사람들은 알고 있지만, 그렇지만 그러한 시선들을 벗어나는 일은 어쩌면 불가능에 가까울 만큼 힘든 일이기도 하다. 이러한 상황에 우리가 무언가를 할 수 있으려면 성찰을 통한 각성과 자기 수용이 출발점이 되어야 할 것이다.

따라서 진정으로 자기 자신을 사랑하는 것은 당연한 일도 쉬운 일도 아니다. 먼저 내 안에서 작동하고 있는 잣대들이 개인적이고 실존적인 것인지 아니면 사회적인 것인지를 식별해야 하고, 사회적인 것들 역시 어떤 층위의 기준들 및 편견들로 이루어져 있는지를 식별해내야 한다. 그리고 이러한 여러 가지 층위들이 내 안에서 어떻게 가혹하게 작동하고 있는지 그 메커니즘도 파악해야 한다. 더불어 나를 이루는 나의 다양한 모습들을 받아들여야 하는데, 여기에는 과거의 나도 존재하고 또 내가 인정하고 싶지 않은 못나고 부족하고 상처투성이인 나의 모습들도 존재한다. 이렇게 다양하고 경우에 따라서는 모순적인 나의 모습들을 '나'로 인정해야만 내가 누구인지를 알아갈 수 있게 된다. 그런데 나를 있는 그대로 받아들이는 것은 결코 쉬운 일이 아니다. 우리는 다른 어떤 타인들보다 자기 스스로의 단점들을 더 예민하게 알고 있기 때문이다. 자신 안의 모든 못나고 구불거리는 나이테를 알면서도 내가 나를 사랑하는 것이 어디 쉽겠는가. 그래서 결국 나 자신을 사랑하기 위한 노력은 나 자신이 누구인지에 대한 성찰로 나아갈 수밖에 없다.

나 자신에 대한 사랑은 내 영혼의 지도를 찾게 한다

LOVE YOURSELF 시리즈가 마무리된 후 2019년과 2020년에 방탄이 새 앨범 시리즈에서 제시한 화두는 MAP OF THE SOUL, 즉 '영혼의 지도'이다. 이 앨범에서는 심리학자 카를 융 Carl Gustav Jung의 이론에 대한 머리 슈타인Murray Stein 박사의 해설서 《융의 영혼의 지도》에 소개된 페르소나Persona, 에고Ego, 그림자 Shadow 등의 융의 개념들을 바탕으로 방탄 스스로가 자신들의 자아에 대한 고민 등을 솔직하게 담아내고 있다. 특히 〈Intro: Persona〉에서는 자신이 누구인가에 대한 질문이 직설적으로 등장한다. "나는 누구인가 평생 물어온 질문/아마 평생 정답은 찾지 못할 그 질문/나란 놈을 고작 말 몇 개로 답할 수 있었다면/신께서 그 수많은 아름다움을 다 만드시진 않았겠지"에서처럼, 몇 개의 말로 정의되지 않는 자신의 정체성에 대한 질문 '나는 누구인가'을 던진다. 그런데 이 정체성에 대한 질문은 개인으로서의 자신에 대한 질문들을 던지고 있다.

"내가 기억하고 사람들이 아는 나/날 토로하기 위해 내가 스스로 만들어낸 나/난 날 속여왔을지도/뻥쳐왔을지도/But 부끄럽지 않아 이게 내 영혼의 지도"라며 사람들이 자신들에게 기대하는 모습들과 그에 부응하고자 만들어온 나의 모습들을 솔직하게 대면하는 스스로에 대한 성찰이 제시된다. 뿐만 아니라 "내가 되고 싶은 나/사람들이 원하는 나/니가 사랑하는 나/또 내가 빚어내는 나/웃고 있는 나/가끔은 울고 있는 나/지금도 매분 매순간 살아 숨쉬는/Persona"라면서, 그중 어떤 본질적이고 고정불변한 '나'가 존재하고 나머지는 모두 가면일 뿐이라는 식의 사고방식이 아니라 그 모든 나의 모습들이 바로 나의 페르소나라고 받아들인다. 사실 이러한 정체성에 대한 고민은 사회 안에 살고 있는 모든 사람들이 겪고 있는 고민이기도 하다.

> 나는 내가 개인지 돼지인지 뭔지도 아직 잘 모르겠는데/남들이 와서 진주목걸일 거네/캬 퉤 […] 근데 갈수록 뭔 말들이 많아/누군 달리라고 누군 멈춰서라 해/얘는 숲을 보라고 걔는 들꽃을 보라 해 […] 야, 이 짓을 왜 시작한 건지 벌써 잊었냐?/넌 그냥 들어주는 누가 있단 게 막 좋았던 거야
>
> -〈Intro: Persona〉

그런데 방탄이 자신의 정체성에 대한 물음을 던지는 것은 그저 자신의 개인적인 문제로부터 비롯된 것이라기보다는 대중음악가로서의 자신들이 누구인지, 왜 음악을 시작했었는지, 타인들이 방탄에게 기대하는 시선들과 스스로에 대해 느끼는 자신과의 괴리감 등의 문제의식에서 비롯된 물음들로 보인다.

흥미로운 지점은 방탄이 이 물음들에 대한 고민의 해결 방향을 자신들의 음악을 들어주는 팬들에게서 찾아낸다는 점이다. "죽을 때까지 당신에게 모든 목소리를 주고 싶어, 당신이 올 때 당신에게 모든 어깨를 내어주고 싶어I just wanna give you all the voices till I die/I just wanna give you all the shoulders when you cry"라며, 중요한 것은 음악을 통해 자신들이 무엇을 듣는 이들에게 해주고 싶은지를 되새기고 있다는 점이다. 유사한 맥락이 〈작은 것들을 위한 시〉에서도 이어진다. 당신의 하루가 어땠는지, 뭐가 널 행복하게 하는지를 궁금해하면서 "그때 니가 내게 줬던 두 날개로 저 하늘을 높이 날고 있"지만 "이젠 여긴 너무 높아"서 때론 도망가고 싶었다며 그래서 "니가 준 이카루스의 날개로 태양이 아닌 너에게로 날아가 […] 내 눈에 널 맞추고 싶어"라고 노래한다. 여기서 '너'는 "사소한 것을 사소하지 않게 만들어버린 너라는 별"들로서, 작은 것들이라 보일 수 있는 사람들이지만 그들이 함께 연대했을 때는 무서울 정도로 높게 날 수 있게 하는 이카루스의 날개를 만들어 주는 힘을 가진 이들이다. 바로 이 별들이 모이게 되면 소우주가 된다.

한 사람에 하나의 역사/한 사람에 하나의 별/70억 개의 빛으로 빛나는/70억 가지의 world/70억 가지의 삶 도시의 야경은/어쩌면 또 다른 도시의 밤/각자만의 꿈 let us shine/넌 누구보다 밝게 빛나/one/어쩜

이 밤의 표정이 이토록 또 아름다운 건/oh 저 어둠도 달빛도 아닌 우리 때문일 거야/You got me/난 너를 보며 꿈을 꿔/I got you/칠흑 같던 밤들 속/서로가 본 서로의 빛/같은 말을 하고 있었던 거야 우린/가장 깊은 밤에 더 빛나는 별빛/가장 깊은 밤에 더 빛나는 별빛/밤이 깊을수록 더 빛나는 별빛

- 〈소우주Mikrokosmos〉

각자의 역사와 꿈을 가지고 살아가는 70억 명의 세상 사람들을 별로 비유하며, 그 별들이 사람들 눈에 아름답게 빛나는 이유를 우리 각자가 서로에게 보내는 빛 때문이라고 이야기한다. 이렇게 특별하고 대단한 어떤 사람들만 별처럼 빛나는 것이 아니라 모든 사람들이 살아가는 모습 자체가 서로에게 꿈이 되고 희망이 되어주는, 함께하는 세상을 방탄은 꿈꾸고 있다. 아무리 세상이 칠흑같이 어둡고 희망의 빛을 찾기 힘들어도 우리 서로가 서로에게 보여주는 빛이, 그리고 "너에겐 내가 있고You got me 나에겐 네가 있어서I got you" 하나one가 된 '우리'의 연대가 바로 어둡고 깊은 밤을 이겨나가게 할 수 있는 가장 큰 원동력이라 말하고 있다.

2

위계질서의 해체

방탄에 관한 수많은 분석 기사는 SNS와 모바일 네트워크를 기반으로 한 방탄의 활동을 성공 요인의 하나로 꼽는다. 온라인에서 이루어지는 '소통'이 방탄의 주요 성공 요인인 것은 분명하다. 하지만 이 소통을 가능하게 한 근본적인 토대가 있다. 바로 온라인 플랫폼의 상호작용이다.

1967년 마샬 매클루언Marshall McLuhan이 《미디어는 메시지다》에서 언급한 이후 50여 년 동안 '상호작용성'(혹은 쌍방향 성)은 인터넷 매체를 특징 짓는 핵심 키워드로 여겨져왔다. 인터넷 매체의 상호작용성은 이용자들의 적극적인 참여를 통해 중심과 주변

간의 수직적 위계 구조를 수평적인 것으로 바꿀 수 있는 혁명적 가능성을 담고 있다. 그러나 이것이 글로벌한 수준에서 현실화된 경우를 찾기는 쉽지 않다. 수직적 질서로 이루어진 현실의 강고한 권력이 저항적이고 혁명적인 수평성조차 자신의 하부로 통합시키거나 도구로 활용하는 방식으로 기존 질서를 유지하려는 경향을 갖고 있기 때문이다.

그렇다고 해도 온라인 네트워크 자체가 서로 다른 영역들과 사람들이 다양한 관계를 맺을 수 있는 기술적 기반이자 "상이한 영역들 간의 관계를 실행하고 상호 접촉을 구체화하는 인터페이스"[8]라는 점은 부인할 수 없다. 방탄의 예술 활동의 기반이자 온라인 네트워크를 바탕으로 한 관객(사용자이자 소비자) 활동의 토대 역시 상호작용적 관계에 있다. 방탄은 이러한 상호작용적 관계를 기존의 수직적 질서에 편입시키거나 통합시키는 방식으로 활용하지 않는다. 오히려 기존 위계 권력의 영향력 바깥에 있으면서 팬과의 상호작용을 지극히 수평적인 방식으로 수행한다.

이런 의미에서 방탄의 성공이나 방탄과 팬덤의 관계는 기존의 권력과 질서가 SNS를 잘 활용한 결과가 아니다. 다시 말해 온라인 플랫폼의 수평적 상호작용성을 권력의 위계로 재편입시키는 방식으로 활용한 결과가 아니라는 것이다. 아미의 팬덤 활동과 결코 분리될 수 없는 방탄 현상은 상호작용성의 혁명적 가능성이 수평적이고 탈중심적으로 현실화되었기 때문에 기존의 위계질서를 해체하는 방향으로 이루어질 수 있었다. 방탄과 아미의 상호 연대도 그래서 가능했다. 따라서 방탄의 SNS 활용 방식을 마케팅의 측면에서 따라하는 것만으로는 결코 그들의 성취를 모방할 수 없다. 수직적인 위계를 대표하는 미디어 권력과 자본이 스스로 자신의 위계를 붕괴시키는 모순을 극복하지 않고서는 방탄과 같은 성공이 결코 가능하지 않기 때문이다. 그렇다면 방탄과 아미의 수평적 관계 형성을 가능하게 한 것은 무엇인가. 방탄과의 상호작용적 관계 속에서 아미들은 온라인과 오프라인에서 어떤 활동을 수행하고 있는가. 무엇보다 SNS 인터페이스를 중심으로 한 상호작용을 통해 발생하고 있는 위계질서의 변화는 어떤 의미를 지니고 있는가.

이제, 방탄과 아미의 상호 연대를 통해 이루어지는 방탄 현상의 구체적 모습들을 하나하나 살펴보자.

수평적 판타지의 생성

방탄 현상을 이해하기 위해서는 먼저 방탄이 온라인상에서 활동하는 방식부터 살펴볼 필요가 있다. 방탄의 온라인 활동은 트위터, 유튜브, 브이 라이브$_{V\ LIVE}$, 위버스$_{Weverse}$, 인스타그램$_{Instagram}$ 같은 플랫폼을 중심으로 이루어진다. 2022년 6월 현재 4650만 명 가량의 트위터 팔로워를 가진 방탄은 트위터를 통해 다양한 소식들과 영상, 사진을 팬에게 제공한다. 트위터 계정의 양대 축은 기획사가 직접 관리하는 계정$_{@bts\_bighit}$과 방탄 멤버들이 직접 운영하는 계정$_{@BTS\_twt}$이다. 멤버들은 직접 운영하는 계정을 통해 동영상을 비롯한 트윗을 하루에도 여러 차례 올린다. 방탄이 제공하는 영상은 다양하다. 유튜브상의 뮤직비디오와 관련된 영상들도 있지만 유튜브의 〈BANGTAN TV〉 채널에서 제공하는 방탄밤BTS Bomb이라고 불리는 영상도 있다. 방탄밤은 안무 연습이나 무대 뒷이야기, 촬영 비하인드 스토리, 밥 먹는 장면 등 일상생활의 소소한 영상들로 이루어져 있다. 브이 라이브에서는 기존 오락 프로그램과 비슷한 유형의 영상과 더불어 멤버들의 생방송이 제공된다.

이 영상들에서 보이는 방탄의 모습은 보통 사람들과는 전혀 다른 세계에 사는, 완벽한 스타의 모습과는 거리가 멀다. 각 멤버의 성격과 버릇, 심지어는 잠자는 모습까지 공개된다. 팬들은 방탄을 세세히 알게 되고 미세한 표정의 변화만으로 그들의 감정을 알아채기도 한다. 그러다 보니 팬들은 TV에서 공연하는 그들을 보면서 "땀을 너무 많이 흘리는데 요새 건강이 안 좋은가?", "아이고, 오늘 지민이 마이크에 문제가 있네. 아니 방송사는 마이크 체크도 제대로 안 하고 뭐하는 거야?"라며 마치 친구나 가족처럼 방탄을 걱정한다. 이런 팬들에게 방탄은 더 이상 나의 삶과 아무 관계없는 스크린 속 스타가 아니다. 팬들은 그들의 고민, 꿈, 생각, 걱정, 일상생활, 힘들게 연습하는 모습 등 모든 것을 공유하며 현실에서의 친구보다 방탄을 더 가깝게 느낀다.

수시로 트위터에 '방탄소년단 Tweeted:…' 혹은 '@BTS_twt:…'라고 알림이 뜨니 실시간으로 그들이 말을 걸어오는 듯하다. 브이 라이브에서도 영상이 시작되었다는 알림이 시시때때로 뜬다. 멤버들이 실시간 동영상 채팅창을 열고 실제로 말을 걸어오기도 한다. 특별한 이야기를 할 때도 있지만, 별일 없이 그냥 팬들에게 보고 싶었다며 말하는 경우도 많다. 별 용무 없이, 그냥 보고 싶어 전화하는 친구는 현실에서도 그리 많지 않다. 그런데 이 재능 있고 멋진 뮤지션들이 실시간으로 영상 통화를 하며 다가오는 모습을 상상해보라. '친구나 가족 같다'는 생각을 하지 않을 수 없다. 특히 방탄과 같은 또래의 팬들은 물론이고, 다양한 연령대의 팬들이 방탄에게 강력한 연대와 결속감을 가지는 것은 당연하다. 이런 식으로 팬들은 그들을 가까운 친구로 받아들이게 된다. SNS를 통한 연결 덕분에 그들이 우리 삶 속 가까운 곳에 있다고 느낄 수밖에 없다. 그들은 더 이상 무대 위에서만 빛나면서 전혀 다른 세상에 사는 완벽한 스타의 판타지를 생산하지 않는다. 방탄이 생산하는 판타지는 친구처럼 잘 알면서도 친밀한 수평적 판타지다.

　서구권의 많은 팬들이 방탄을 사랑하고 지지하는 이유로 그들의 음악 못지않게 좋은 인성을 들고 있다는 점도 흥미롭다. 연예인들의 말과 행동이 연예 활동에 상당한 영향을 미치는 한국과 달리 개인의 자유를 중시하는 서구에서는 연예인의 인성이 상대적으로 그리 중요하지 않다. 서구에서는 어떤 배우나 가수가 이성이나 마약 문제, 반복되는 불륜, 이혼 등의 문제로 스캔들이 있어도 한국처럼 매장되다시피 하는 경우는 많지 않다. 하지만 그런 그들도 친구를 사귈 때 인성을 중시하는 것은 우리와 같다. 서구권의 팬들이 방탄의 인성에 대해 언급한다는 것은 방탄과 팬들의 관계가 스타와 팬덤의 수직적인 관계가 아닌, 수평적인 친구 관계로 변화했다는 것을 또 다른 방식으로 말해준다.

수평적 판타지는 스타와 팬덤 사이의 위계도 변화시킨다. 이 관계에서 스타는 더 이상 팬 위에 군림하는 수직적 위계의 맨 위쪽에 있지 않다. 방탄과 아미의 관계는 서로의 생각을 나누고 협력하고 함께 살아가는 관계다. 수평적 판타지가 방탄과 팬덤 사이의 수평적 연대를 가능하게 한 것이다. 이 연대는 방탄을 지지하고 사랑한다는 점만 공통될 뿐 국가, 인종, 지역, 민족, 세대, 교육 수준, 문화 등 모든 측면에서 다른 개인들이 서로를 횡단하면서 열린 방식으로 형성된다. 팬의 입장에서 방탄은 단순히 숭배하는 대상이 아니라 배려하고 도와주고 함께 성장해갈 친구이자 세상의 변화라는 목표를 함께 실현해가는 동지라는 점이 중요하다. 팬덤 아미의 수평적이고 다양한 층위를 가로지르는 연대야말로 아미가 방탄의 세계적 성공이라는 목표를 실현하기 위해 온라인과 오프라인에서 전투를 치르고 승리를 거둘 수 있었던 근원적인 힘이다.

이런 의미에서 팬클럽 이름인 'A.R.M.Y.'는 실로 기가 막히는 작명이다. 영어로 army(군대)와 불어의 amie(친구)는 발음이 다르지만 한국말로는 둘 다 '아미'로 표기된다. 마치 그들의 존재 방식처럼, 아미라는 이름에서는 군대이자 친구라는 두 의미가 동시에 작동한다. 아미의 입장에서 세상을 바꾼다는 것은 그 가치를 인정받지 못하고 있는 한국이라는 나라의 중소 기획사 출신 아티스트가 제대로 인정받을 수 있는 세상을 만드는 것을 의미하기도 한다. 이를 위해 아미들은 자본과 미디어 권력이라는 장애물뿐 아니라 인종, 언어, 사회, 문화적인 장애물들을 넘어 기존 사회의 위계 구조들을 해체하는 방향으로 진군할 수밖에 없었다. 그 결과 그들의 활동은 그들이 의도하든 않든 사회 속의 다양한 위계질서를 해체하는 놀라운 사회, 문화적 변화들을 끌어냈다. 이런 의미에서 방탄 현상은 사회 속에 잠재해 있던 정치적 무의식의 표현이라고도 볼 수 있다.

글로벌 아미가 이룩한 성공들

방탄이 생산한 음악과 콘텐츠를 감상하고 사용하는 관객으로서 아미는 단순히 수동적인 콘텐츠 소비자를 넘어선다. 우선 전 세계에 방탄의 영상과 관련 뉴스를 영어로 번역하는 무료 자원 봉사 번역팀의 활동부터 보자.

《빌보드》의 심층 분석 기사에서 알 수 있듯이 국내외 다양한 번역팀의 활동은 방탄의 음악과 활동을 한국어라는 언어 장벽을 넘어 세계인들과 소통할 수 있게 하는 일등공신이다.[9] 방탄이 생산하는 수많은 콘텐츠들은 공개된 지 몇 시간 만에 즉각 영어로 번역되고 이 번역은 다시 수십여 개의 언어로 번역되어 업로드된다. 방탄 관련 기사나 영상, 트윗이 예고 없이 수시로 올라오기 때문에 이 많은 콘텐츠를 번역하는 것은 엄청난 시간과 노동을 필요로 하는 일이다. 더욱이 한국어에만 있는 독특한 표현이나 문장 구조 때문에 번역은 결코 쉽지 않다. 영어로 명확하게 번역되지 않는 한국어 표현들에 대해 국내 팬 번역팀은 그 표현이 나타낼 수 있는 모든 영어 해석을 주석으로 달아 각 표현의 사회적·문화적 맥락 및 심지어 역사적 맥락을 전달하며 오해의 소지를 줄이려 애쓴다.

아미들은 번역과 관련된 온갖 어려움을 방탄에 대한 사랑으로 극복한다. 그들의 노력 덕분에 해외 팬들은 방탄과 관련된 소식을 빠른 시간 내에, 그 내용을 충분히 이해하면서 접할 수 있다. 팬 번역팀은 여기에 더해 해외 팬들의 편지를 한국어로 번역하고 거기에 달리는 한글 댓글들을 다시 영어로 번역하는 일도 자청한다. 이 과정에서 한국 아미들K-ARMYs과 해외 아미들I-ARMYs은 서로를 지지하고 북돋우며 강력한 연대를 형성한다. 이 강력한 연대를 바탕으로 이들은 서로를 K-Diamonds, I-Lovelies라는 애칭으로 부르기도 한다. 사랑과 지지를 통한 아미들의 연대는 다른 어떤 가수의 팬덤도 흉내 내기 어려운 방탄만의 특징이라고 할 수 있다. 앞의 《빌보드》 기사에서 한 아미는 이렇게 말했다.

사랑과 지지는 장애물을 극복하게 해준다. 어디 출신이건 관계없이 전 세계 사람들 모두가 사랑과 지지를 나눌 수 있다는 것을 증명했다. 이는 해외 팬들과 한국 팬들을 한데 모으고 우리를 가족처럼 결속시켰다.

아미들의 활동은 크게 방탄 관련 콘텐츠 생산, 집단적인 온
라인 활동과 오프라인 활동으로 나누어볼 수 있다. 온라인 활동
의 주된 통로는 트위터다. 아미들은 트위터에서 유튜브 스트리
밍, 위키피디아 영문 페이지 방문, 각종 순위 투표, 리트윗과 해
시태그를 이용한 트윗 발생수 높이기 등 빌보드 차트 및 각종 순
위 선정에 반영되는 모든 활동을 수시로 체크하고 독려한다.

아미들이 자신들이 사는 지역의 라디오 방송에 방탄의 노래
선곡을 지속적으로 요청하는 것이 대표적인 활동 사례다. 이로
인해 미국은 물론이고 영국, 벨기에, 스웨덴 등 서유럽의 라디오
에서도 방탄의 노래를 어렵잖게 들을 수 있다. 방탄의 노래를 방
송한 라디오 방송 중에는 보수적인 선곡으로 유명한 영국의
〈BBC 라디오1〉도 있다. 팬들의 계속되는 요청으로 방탄의 노래
를 방송한 〈BBC 라디오1〉의 한 프로그램 진행자는 방송 후 벌어
진 일련의 일들을 트위터에 공개하기도 했다. 방탄의 노래가 방
송되면서 이 라디오가 구글의 실시간 검색어 1위에 오르는가 하
면 방송 이후 아미들로부터 감사 인사와 꽃다발이 쇄도했다는
내용이었다. 이 일은 이 방송 제작진이 한국에까지 와서 방탄에
관한 다큐멘터리인 〈K-팝: 한국의 비밀무기?〉K-Pop: Korea's Secret
Weapon?를 촬영하는 계기가 되기도 했다.[10]

미국 아미들의 활동은 더욱 놀랍다. 미국 아미들은 2017년 트위터상에서 지역 라디오 방송의 DJ들에게 방탄을 알리는 캠페인을 시작했다. 방탄의 음악이 방송을 타게 하여 빌보드 톱 100에 진입하게 하는 것이 목표였다. 《빌보드》는 오로지 미국 내에서 이루어지는 스트리밍과 음반 판매량만을 집계하여 순위를 산정한다. 빌보드 순위에 오르게 하기 위해서는 방탄의 음악이 미국 방송을 타야 했다. 미국 아미들은 이를 위해 50개 주를 아우르는 미국 내 네트워크인 BTS×50주BTS×50States를 조직했다. 50개 주를 동부와 서부, 중부 조직으로 크게 묶고, 각 주마다 하부 조직을 둔 전국 조직이었다. 미국의 라디오는 순식간에 전 세계를

미국 아미들이 BTS X 50주 조직을 표시한 지도
©IFPI

휩쓸었던 싸이 열풍조차 뚫지 못했을 정도로 진입 장벽이 높기로 유명하다. 이 장벽을 뚫기 위해 아미들은 각 지역별로 빌보드 차트에 포함될 수 있는 라디오 방송국이 어디인지를 일일이 조사하고, 각방송국에 끈질기게 선곡을 요청했다. 이 과정에서 그들은 '선곡이 되었을 경우 대응 매뉴얼', '거절당할 경우의 대응 매뉴얼', '방송국이 방탄소년단을 모를 경우의 대응 매뉴얼' 등을 만들어 배포하기도 했다. 그럼에도 미국 라디오 방송에서 방탄의 노래가 흘러나오게 하는 것은 쉬운 일이 아니었다. 방탄을 잘 모르는 DJ와 방송국 간부들이 아미의 요청을 무시한 탓이었다. 그래도 아미들은 지치지 않고 마치 "텔레마케터처럼" 전화를 돌리며 방탄을 홍보하는 일을 포기하지 않았다. 그러다 방탄의 노래가 방송되면 아미들은 구글 실시간 검색어 등으로 라디오 프로그램을 홍보하고 방송국에 감사 꽃다발과 선물을 보냈다. 한국식 팬덤 문화의 미국판이었다.

방탄이 미국의 진입 장벽을 뚫고 2017년 빌보드 음악상의 '톱 소셜 아티스트'로 선정된 것은 이러한 아미들의 노력의 결과다. 2017년 연말에 발표한 《빌보드》 '올해의 아티스트' 10위, '올해의 듀오–그룹 아티스트' 2위, '올해의 독립 앨범' 부분에서 32위에 오른 것도 아미들의 끈질긴 홍보 덕분이다. 미국 음악계와 언론은 미국 아미들의 전례 없는 열정과 사랑이 미국 라디오의 진입 장벽을 무너뜨렸다는 사실에 놀라움과 호기심이 뒤섞인 반응을 보였다. 2018년 2월 1일 《빌보드》에서 BTS와 ARMY로 검색을 했을 때 지면 기사만 92개, 동영상 기사도 10개나 검색이 되었다. 팬들을 만나 그들이 어떻게 아미가 되었는지, 왜 방탄에 열광하는지, 방탄을 홍보하기 위해 어떤 활동을 벌였고 어떤 어려움을 겪었는지를 심층 취재한 기사들이었다. 2018년 당시에는 《빌보드》에 한국 아티스트인 방탄소년단에 대한 기사가 92개나 있다는 것에 상당히 놀랐지만, 현재 2022년 5월 시점에서 《빌보드》에서 검색을 하면 13만 건의 기사가 올라와 있다. 지난 4년 동안의 그들의 위상 및 영향력의 변화를 확인할 수 있는 재미난 수치 비교이다.

라디오 홍보 이외에도 미국 아미들은 월마트Walmart, 타게트Target, 베스트 바이Best Buy 같은 대형 마트 매장에 방탄 앨범을 판매할 것을 요구해 이를 결국 성사시켰다. 미국에서 독립 가수(인디펜던트 아티스트)의 앨범 유통을 맡고 있는 오차드The Orchard와 소니 뮤직The Sony Music이 한국음반협회로 먼저 연락을 해서 방탄의 소속사인 하이브(당시 빅히트 엔터테인먼트)와 정식으로 앨범 수입 계약을 맺게 된 것도 아미들의 노력에 힘입은 것이다. 미국 최대 온라인 상거래 업체인 아마존amazon.com에서 한국 가수로는 처음으로 정식 유통 경로를 거쳐 《LOVE YOUSELF: 承 'Her'》 앨범의 사전 예약판매가 시작된 것도 마찬가지다. 미국 아미들은 아마존에서 이 앨범의 예약판매가 시작되고 3시간 만에 판매량을 1위로 만들기도 했다.

팬들은 여기에 만족하지 않았다. 방탄을 TV 무대에 진출 시키는 캠페인을 시작한 것이다. 우여곡절 끝에 그들은 NBC의 〈엘런 드제네러스 쇼〉의 프로듀서를 설득하는 데 성공, 방탄을 TV 쇼에 진출시킨다. NBC에 이어 방탄은 ABC의 〈지미 키멜 라이브 쇼〉, CBS의 〈제임스 코든 쇼〉에 잇따라 출연하고 마침내 미국에서 가장 유명한 연말 쇼인 ABC의 신년맞이 특집 방송인 〈딕 클락스 뉴이어즈 록킹 이브 2018Dick Clark's New Years Rockin' Eve 2018〉에 출연하기에 이른다. 친구이자 군대이기도 한 미국 아미들이 방탄의 미국 시장 침공 작전에서 화려한 승리를 거둔 것이다.

2017년의 성공에 이어 미국 아미들은 2018년에도 새로운 목표들을 설정하고 캠페인을 시작했다. 신병훈련소BOOTCAMP라는 제목이 붙은 캠페인 포스터는 새롭게 아미가 된 팬들을 위한 안내문의 성격을 띠고 있는데, 사용되는 표현들이 흥미롭다. 목표물 공격target shooting, 전투battle, 동지comrades, 전투 기술combat skills 등의 용어와 "각 팀에는 그 소대를 지휘하는 소대장(소위)이 있다"Each has ARMY lieutenants commanding their platoons는 문장 등에 군대를 연상시키는 표현들이 쓰이고 있는 것이다. 이 표현은 아미라는 명칭에 걸맞은 비유지만, 한편으로는 아미들이 자신을 기존의 지배질서에 맞서 전투를 수행하는 군대로 생각하고 있다는 것을 상징하기도 한다. 이들이 말도 안 통하는 한 한국인 아이돌의 미국 진출을 위해 이러한 노력을 기울일 수 있다는 것도 경이롭지만, 이것이 뒤에서 살펴볼 사회, 문화적 변혁을 이끌어내고 있다는 점에서 더욱 놀랍다.

팬들이 생산하는 콘텐츠

유튜브에는 방탄과 관련된 수많은 영상들이 매일 업로드되고 있다. 전 세계에서 생산된 이 영상들을 대략 분류하면 리액션 비디오, 분석theory 비디오, 커버 댄스cover dance 비디오, 방탄 앨범 혹은 굿즈 상품 개봉기unboxing 비디오, 노래 가사 비디오, 방탄 영상의 재편집remix 비디오 등이 있다.

리액션 비디오는 방탄이 생산한 뮤직비디오나 트레일러, 공연 영상 등을 보며 놀라거나 환호하는 자신들의 반응을 보여주는 영상이다. 리액션 비디오는 기본적으로 인간의 감정적 동조 경향을 자극하는 역할을 한다. 리액션 비디오를 보면서 관객은 자신과 같은 지점에서 비슷하게 반응하는 타인을 보며 공감하고 이를 통해 자신의 감정 역시 강화하게 된다. 리액션 비디오가 방탄 음악과 콘텐츠를 홍보하고 팬이 아닌 사람들을 설득하는 역할을 하는 것은 말할 것도 없다. 감정적 동조를 자극하는 리액션 비디오도 종류가 다양하다. 자신과 비슷한 부분에서 환호하고 좋아하는 모습을 확인하는 리액션 비디오가 있는가 하면 수백 명의 아미들이 한 장소에 모여 방탄의 뮤직비디오를 보며 열광하는 집단 리액션 비디오도 있다. K-팝이나 방탄 음악을 한 번도 들어본 적 없는 노인이나 미취학 어린이에게 방탄의 뮤직비디오를 보여주며 이들이 방탄에 매료되는 순간들을 포착한 영상도 있고, 클래식 음악가나 록밴드, 프로듀서 등에게 보여주고 그들이 놀라워하며 인정하는 모습을 담은 전문가 리액션 비디오도

090

미국 아미들의 2018년 목표를 담은 캠페인 포스터.

2018년 초 공개된 이 캠페인에 대해 당시 많은 이들은 지나치게 높은 목표 설정이라며 비웃음을 샀다고 한다. 하지만 2018년을 지나며 이 캠페인에서 세웠던 7가지의 목표들(빌보드 HOT 100 10위권 안에 입성하기, 음반 차트 Billboard 200에 1위, RIAA 인증받기, 3대 음악 시상식인 빌보드 뮤직 어워드, 아메리칸 뮤직 어워드, 그래미 뮤직 어워드에 입성하기)은 놀랍게도 초과달성을 했다. 2018년 봄부터 2019년까지 발매한 모든 앨범이 앨범 차트에서 연속 1위를 하며 비틀즈가 세웠던 기록을 처음으로 넘는 대기록을 세웠고, 싱글 차트인 2018년부터 HOT 100에는 10위권에 들어가기 시작하여 2020년부터는 HOT 100에 1위를 무수히 하는 기록을 가지게 되었다. 보수적이기로 유명한 그래미 시상식에서만 후보 지명에 그쳤고, 이제 빌보드와 AMA에서는 3관왕, 4관왕을 놀랍지도 않게 석권하고 있다.

ⓒ@BTSonHot100

있다. 전문가나 방탄에 전혀 관심 없던 사람들이 방탄을 보고 인정하는 영상은 '방탄은 역시 훌륭하다'는 팬들의 믿음을 강화시키면서 마치 자신들이 인정받는 듯한 느낌을 갖게 한다.

분석 비디오 역시 여러 수준에서 다양하게 생산된다. 전문가 수준의 분석을 보여주는 영상이 있는가 하면 빠른 속도로 진행되는 뮤직비디오에서 보통 사람들이 미처 포착하지 못했던 디테일들을 알려주는 비디오도 있다. 예를 들면 앞 신scene에서 RM이 입었던 티셔츠를 다음 신에서는 정국이 입고 있다거나 〈Not Today〉와 〈불타오르네〉의 촬영 장소가 같다거나, 촬영 장소가 어디인지를 알려주는 비디오들이 그것이다.

뮤직비디오를 보고 환호하는 것에서 나아가 이전의 여러 콘텐츠에서 관련성을 찾아내고, 각 뮤직비디오가 참조하고 있는 다양한 상징들을 찾아내어 그 의미를 종합적으로 탐구하는 팬들도 있다. 팬들의 탐구 범위는 작품에 언급되거나 참조된 미술과 문학 작품, 철학 서적, 영화는 물론이고 심지어는 한국의 정치 상황까지 아우른다. 심도 깊은 분석들을 통해 방탄의 작품이 가진 의미와 예술적 가치, 사회적 의미 등을 파헤침으로써 리액션 비디오들과는 다른 방식으로 보는 이를 설득하는 것이다.

대표적인 예로 〈이탈리안 아미Italian Army〉라는 유튜버가 만든 〈봄날〉 뮤직비디오 분석 영상을 들 수 있다.[11] 이 유튜버는 〈봄날〉에 등장하는 여러 가지 이미지들과 노래 가사가 2014년 발생했던 세월호 참사를 상징한다는 것을 자세하게 분석해 이탈리아어 내레이션과 영어 자막이 흐르는 17분 5초짜리 영상으로 제작했다. 뱃고동 소리, 노란 리본, 녹슨 놀이 기구, 버려진 수트케이스들, 옷더미들, 세탁기 유리창에 붙은 'Don't Forget'이라는 문구, 설국 열차, 나무에 걸린 한 켤레의 운동화 등 〈봄날〉 뮤직비디오에 등장하는 수많은 이미지가 세월호 참사를 상징하고 있다는 것을 보여주기 위해 이 영상은 다양한 자료 영상을 제시하고 한국의 정치 상황을 분석한다. 영화 〈다이빙벨〉의 클립들, 한국 뉴스에 등장했던 세월호에 관한 오보과 왜곡 보도들, 울부짖는 유가족과 노란 리본이 펄럭이던 팽목항에 놓여 있던 주인 없는 운동화들과 더불어 박근혜 당시 대통령과 정치권 및 언론의 대처 정황도 제시된다. 이탈리아인이 방탄의 노래와 뮤직비디오를 분석하기 위해 먼 나라의 정치 상황을 낱낱이 조사해 상당한 깊이를 갖춘 동영상을 만들었다는 사실은 실로 놀라운 일이 아닐 수 없다.

리액션 비디오가 방탄에게 '입덕'하도록 하기 위해 다소 감성적으로 '영업'하는 것이라면 분석 비디오는 보다 전문적이고 체계적인 방식이라고 할 수 있다. 여기서 '입덕'은 '덕후가 되다' 혹은 '덕(후)질을 시작하다'라는 의미로 누군가의 팬이 되는 과정을 일컫는 말이다. 방탄 팬의 경우 팬덤 아미의 일원이 된다는 의미로 '입대'라고 표현하기도 한다. '영업' 역시 방탄 팬들이 사용하는 용어로 자신이 사랑하는 스타의 좋은 점을 다른 사람들에게 자랑하고 팬이 되도록 독려하는 것을 말한다.

커버 댄스와 플래시몹 등을 영상으로 찍어 온라인에 올리는 '영업' 방식도 있다. 유튜브에는 파리, 런던, 뉴욕, 베를린, 부에노스아이레스, 호치민 등 세계 유명 도시의 도심 광장에서 방탄의 커버 댄스를 군중 앞에서 선보이는 영상들이 넘쳐난다. 음악이 흘러나오면 갑자기 모여들어 방탄의 춤을 추며 사람들의 관심을 끄는 플래시몹 형태의 영상도 많다. 지나가던 사람들은 이런 공연을 통해 방탄의 음악을 접하면서 저 아이들이 왜 저러는지 호기심을 갖게 될 것이다. 이는 일차적으로 오프라인에서 직접 벌이는 홍보 활동이라 할 수 있으며, 나아가 이 모습을 촬영한 영상들은 이차적으로 온라인에서 강력한 홍보 효과를 발휘한다.

영어 중심의 위계 구조 해체

온라인상의 팬덤의 힘은 현실 세계도 변화시킨다. 그 구체적 사례로 해외 팬들의 한국어 사용을 들 수 있다. 팬들이 생산한 콘텐츠 중에서 흥미로웠던 것 중 하나는 방탄 노래의 파트마다 누가 노래하는지 알 수 있게 표시되면서 한국어 가사 발음이 로마자로 표기되고 영어 해석이 자막으로 흐르는 동영상이다.

또한 각 노래마다 '팬챈트'Fanchant라는 응원 문구와 함께 노래에서 떼창으로 따라 불러야 하는 부분의 한국어를 로마자로 표시해놓은 자료들도 있다. 이런 자료를 보면 외국 팬들이 한국어로 된 방탄의 노래를 떼창으로 따라 부를 수 있었던 이유를 알 수 있다.

우리에게도 외국 노래의 가사가 들리는 대로 한글로 적어서 외워 부르던 시절이 있었다. 예를 들면 비틀즈의 〈예스터 데이〉를 "예스터데이 올 마이 추러블 심 소 파러웨이…" 등으로 받아 적고 따라 부르곤 한 것이다. 장국영의 중국어 노래가 유행하던 시절에는 중국어 발음을 한글로 받아 적어 따라 부르기도 했다. 이 같은 상황이 지금 해외의 방탄 팬들 사이에서 벌어지고 있는 것이다.

홍콩 영화와 노래가 우리나라를 휩쓸던 시절, 나도 중국어 몇 마디는 따라 했다. 아는 중국어라고는 '따거(형님)', '씨부(사부)', '쪼밍아(살려줘요)' 같은 말뿐이었지만, 분명한 건 장국영이 쓰는 중국어가 한국의 팬들에게 전혀 장애물이 아니었다는 점이다. 오히려 모르는 언어라서 중국어 노래가 더욱 신비롭게 느껴졌고 배우고 싶은 마음마저 생겨났다. 아마 지금 해외 팬들의 심정도 마찬가지일 것이다.

> 해외에 나가 팬을 만나면 '오빠들 만나면 언젠가 꼭 말하려고 한글을 배웠다'고 하는 분들이 많다. 한글을 공부하고 한국 문화를 배우려는 팬들을 보면 '한국을 알렸구나' 싶어 뿌듯하다.[12]

한 언론 인터뷰에서 방탄 멤버인 진이 한 말이다. 한국이 라는 나라에 별 관심도 없던 제1세계의 서구인들이 제3세계의 언어인 한국어를 따라 부르고, 한국어 배우기가 그들의 관심사가 된 것이다. 〈Korean Vocab Quiz - BTS ver.〉는 방탄 노래로 한국어 어휘를 학습하는 스마트폰 애플리케이션이다. 방탄을 이해하고 알기 위해 한국말과 한글을 배우는 외국인들이 늘어나고 있는 것이다.

한국어 표현을 자기 말 속에 번역 없이 섞어 사용하는 외국 팬도 많다. 예를 들면 형, 오빠, 막내, 애교 등의 단어 들은 Hyung(s), Oppa, Maknae, Aegyo 등으로 표기되어 사용된다. 모두 방탄의 콘텐츠에 자주 등장하는 단어들이다. 멤버들 사이에 나이 차이가 있기 때문에 방탄의 콘텐츠에는 '형' 혹은 '형들'이라는 단어가 많이 등장한다. 막내 정국의 별명이 '황금 막내'인데 영어로도 Golden Maknae로 불린다. 외국 팬들이 멤버들에게 'ㅇㅇ Oppa'라고 부르는 경우도 많고 존칭을 의미하는 접미사 '님'이나 '씨'를 영어에 결합하여 사용하는 경우도 있다. 예를 들어 'PD nim'이나 'Jiyoung ssi' 같은 식이다. 이는 영어권에서 재벌을 번역할 적절한 단어가 없어 'Chaebol'로 표기하는 것과는 성격이 다르다. 재벌과 달리 형이나 막내는 번역이 불가능한 단어가 아니다. 다만 방탄 멤버들이 서로를 부르는 호칭과 멤버들 사이의 한국적인 인간관계에 영어로 완벽히 이해되지 않는 문화적인 요소가 있기 때문에 이런 단어들이 한국어 그대로 쓰이는 것이다.

한국어가 이런 방식으로 인정받으며 외국 문화 속에 유입된 것은 지금까지 유례가 없던 일이다. 일상에서 강대국이자 실질적인 지배 세력의 언어인 영어를 섞어 쓰곤 하는 것은 오히려 우리들이다. 영어를 잘 알고 영어 단어를 많이 섞어 쓰는 것이 자신의 신분을 과시하는 방편으로 쓰이기도 한다. 그런데 방탄으로 인해 역전이 일어난 것이다. 이는 몇 년 전, 전 세계인이 싸이의 노래를 듣다가 "오빠 강남 스타일" 구절을 따라 불렀던 것과도 다르다. '강남'은 지명이고, '스타일'은 영어다. '오빠'라는 단어 하나가 소개된 정도이다. 이 단어도 외국인들이 한국어의 문화적 맥락을 살리기 위해 한국말로 따라한 것은 아니었다. 모든 노래들을 통째로 한국어로 외워 떼창을 하는 경우는 더욱 없었다.

사실 방탄 이전 가수들은 미국에 진출하면서 주로 현지화 전략을 썼다. 기획사들은 가수들에게 영어를 가르치고 영어로 된 노래를 부르게 해서 미국 시장에 진입하려 했다. 하지만 성공을 거둔 경우는 드물다. 다른 기획사들이 영어로 노래하며 한국 출신이라는 꼬리표를 감추려고 할 때 방탄은 그것을 오히려 강조하는 듯 보였다.[13]

하이브의 방시혁 대표는 《빌보드》와의 인터뷰에서 이렇게 말했다.

> 영어로 된 노래를 발표하는 방식의 미국 시장 진출보다는 K-팝의 근본 원칙을 지키되 전 세계인이 공감할 수 있는 요소들을 늘려 K-팝의 한계를 넘어서는 방식만이 K-팝의 메인 스트림 진출을 가져올 수 있다고 믿는다.[14]

나아가 그는 한 기자 간담회에서 "K-팝 가수들에게 영어를 가르치고 미국 회사와 계약하는 것은 이미 K-팝이 아니라 미국 시장에 아시안 가수가 데뷔하는 것이라 생각한다. 그것은 K-팝이 아니다"[15]라고 말하기도 했다. 미국 언론들은 방탄의 이 같은 정체성에 대한 자부심이야말로 오히려 미국 시장에서 성공할 수 있었던 주요 원인이라고 평가하기도 한다. 실제로 많은 미국 언론과의 인터뷰에서 방탄의 자부심은 돋보였다. 물론 리더 RM은 영어를 유창하게 구사한다. 하지만 그렇지 못한 멤버들도 영어를 잘하지 못한다고 부끄러워하거나 기가 죽어 있지 않았다. 오히려 엉터리 영어로 유쾌하게 농담을 하기도 하고 한국말로 인터뷰에 응하기도 했다. K-팝 밴드로서, 한국인으로서 자존감 있는 태도는 오히려 팬들에게 그들을 더욱 멋진 스타로 돋보이게 했다. 팬들은 그들이 영어를 사용하는 영상을 보며 영어를 못한다고 놀리는 대신 그들의 영어가 재미있고 귀엽다고 말한다. 미국 테네시주의 라디오 방송 DJ인 새시 스미스는 "스페인어가 98%인 노래 〈데스파지토〉가 몇 주간 1위를 차지했다"며 "왜 한국어로 된 K-팝은 안 되는가?"So why not K-pop?라는 생각에 〈DNA〉를 틀기 시작했다고 말한다.[16]

이렇게 미국 DJ의 생각을 바꾸게 한 것이 바로 방탄의 음악이다. 공고하게 잡혀 있던 영어와 한국어의 위계가 방탄 팬들에게는 아무것도 아닌 것이 되어버린 것이다.

사실 미국의 영어 중심주의와 언어 차별은 뿌리가 깊다. 토착 원주민의 언어를 말살했고 아프리카 출신 노예들의 언어를 사장시켰다. 제1차 세계대전 무렵부터는 독일어의 사용을 불법화하고 이를 처벌했던 역사도 있다. 미국이 영어라는 언어를 지배력 강화의 한 방편으로 활용해온 것이다. 웬만하면 2~3개 언어를 사용할 줄 아는 유럽인들에 비해 미국인의 75%는 영어 이외의 언어를 할 줄 모르는 것도 이와 관계가 없지 않다. 일제 강점기에 일본이 한국어 말살 정책을 시행한 데서 볼 수 있듯이 영어 한 가지로 언어를 단일화하는 것은 미국의 지배 전략이라고도 할 수 있다. 이런 미국인들이 변방의 한국어를 따라 부르는 것은 생각보다 그 의미가 크다.

'진격의 방탄'은 그저 노래 제목에 불과한 것이 아니다. 비틀즈의 '브리티시 인베이전'British Invasion에 이은 '코리안 인베이전' Korean Invasion이다. 문화를 동반한 언어의 위계 구조를 해체했다는 측면에서 본다면 방탄의 침공이 비틀즈의 그것보다 더 큰 의미가 있다. 정치, 경제, 문화 권력을 움켜쥐고 있는 제1세계와 주변에 있는 제3세계 간의 위계를 유지하던 영어 중심주의에 균열이 오기 시작한 것이다. 미국 공중파를 타고 흐르는 방탄 멤버들의 한국어 이름 연호와 한국어 노래 떼창은 그 견고하던 위계질서가 파열되기 시작했다는 것을 보여준다. 방탄이 미국 음악 시장에서 성공한 것은 단순히 그 성공에 그치는 것이 아니라, 언어로 대변되는 문화적 헤게모니 변혁의 신호탄이라고도 볼 수 있다.

기존 질서가 무력화되는 곳에서 변화는 시작된다

기존 위계 구조의 해체라는 현상은 단지 언어 차원에만 한정되지 않는다. 이미 잘 알려져 있는 것처럼 방탄은 거대 자본의 힘을 빌리지 않았고 미디어 권력의 수혜를 입지 않았다. 소속사가 중소기업이라는 이유로 '흙수저 아이돌'이라고 불리기도 했다. 그런 이유로 공중파 미디어 권력은 방탄을 매체에 많이 노출시키지 않았다. 빌보드에서 상을 받거나 AMA 무대에서 공연을 했을 때에도 언론은 비교적 조용했다. 어쩌면 당연한 일이었다. 기존 권력에게는 방탄의 성공이 마뜩치 않았던 것이다. 자신들의 통제 범위 바깥에서 이루어낸 성공이었기 때문이다. 달리 말해 자신들이 굳건하게 유지해온 권력이 무력화된 것을 경험한 것이다. 《LOVE YOUSELF: 承 'Her'》 앨범에 히든트랙으로 수록된 〈바다〉에는 방탄이 겪었던 배제와 무시의 경험이 녹아들어 있다.

바다인 줄 알았던 여기는 되려 사막이었고/별거 없는 중소 아이돌이 두 번째 이름이었어/방송에 잘리기는 뭐 부지기수/누구의 땜빵이 우리의 꿈/어떤 이들은 회사가 작아서/제대로 못 뜰 거래/I know I know 나도 알어/한 방에서 일곱이 잠을 청하던 시절도/잠이 들기 전에 내일은 다를 거란 믿음도/사막의 신기루 형태는 보이지만/잡히지는 않았고/끝이 없던 이 사막에서 살아남길 빌어/현실이 아니기를 빌어
-〈바다〉

방탄이 물꼬를 튼 사회비판적 저항의 메시지는 팬들의 사랑

과 지지를 기반으로 기존의 강력하고 거대한 위계 구조에 균열을 일으키기 시작했다. 앞서 말했듯이 방탄과 아미의 합작품인 현재의 성취 자체가 일종의 사회적 '부친 살해'를 수행하고 있는 것이다. 기존 질서가 무너진 곳에서 변화는 시작된다. 이 부친 살해를 수행한 후 방탄과 아미는 어떤 방향으로 성장해나갈 것인가.

3

연대를 통한 리좀적 혁명

방탄과 함께 경쾌하고 즐거운 마음으로 '부친 살해'를 실행하고 있는 팬덤 아미의 혁명적 힘은 어디에서 나오는가. 그것은 수직적 위계질서의 부품으로 포획당하지 않는, 진정으로 수평적이고 상호작용적인 구조, 즉 수평성과 관련이 있다. 수평성은 기존의 수직적 사회 질서의 위계 구조를 해체하는 혁명적인 함의를 지니고 있다. 그런데 현실의 권력은 수평적인 힘을 끊임없이 하부로 통합시키거나 도구로 활용하는 방식으로 기존의 위계질서를 유지하려는 경향이 있다. 오늘날 전 세계에 팽배해 있는 신자유주의적 억압 역시 그러한 경향을 보여준다. 하지만 아무리 강력한 위계 체제라고 해도 그것이 사람들의 자유를 억압하는 측면이 있는 한 수직적 위계의 하부에 속하는 사람들의 마음속에는 의식적이건 무의식적이건 간에 수직적 위계의 억압을 무너뜨리고 자유를 누리고 싶은 욕망이 생기게 마련이다.

전 세계를 실시간으로 소통 가능한 공간으로 만든 모바일 테크놀로지는 수평적인 열린 구조를 특징으로 한다. 현실의 위계 구조는 이 수평적인 구조가 가진 혁명적 잠재성을 그저 이윤 추구의 새로운 수단으로만 포획하여 기존의 낡은 생산양식에 편입시키려 하고 있고, 그러한 시도는 실제로 상당한 성공을 거두고 있다. 또한 수직적 위계를 대표하는 거대 자본은 이윤 창출을 위해 새로운 기술이 보유하고 있는 수평적 흐름을 교묘하게 활용하여 최상위 포식자로서의 지위를 더욱 공고히 하고 있다. 그런 까닭에 수직적 위계로 이루어진 강고한 벽 같은 현실은 도무지 깨어질 것 같지 않고, 수평적 흐름은 그저 새로운 마케팅 수단에 불과한 것처럼 보인다.

하지만 그것이 진실의 전부는 아니다. 수평성의 혁명적 잠재력이 현실로 뚫고 나온 방탄 현상은 수평적인 해방으로의 무의식적 욕망이 국경을 가로질러 전 세계에 흐르고 있다는 것을 보여준다. 수평성의 혁명적 잠재력은 눈에 보이지 않을 뿐, 저 아래쪽에서는 항상 꿈틀거리며 살아 있다.

리좀: 수평적이고 비중심화된 체계

나는 방탄 현상을 리좀적 혁명의 구체적 사례로 설명하려 한다. 방탄을 이야기하는 데 '리좀'이라는 낯선 단어가 왜 등장해야 하는가. 방탄 현상이 함축하고 있는 의미를 이해하고 이를 체계적으로 설명하며, 나아가 현재 세계의 변화의 흐름까지도 파악하는 데 리좀이라는 철학 개념이 상당히 유효하기 때문이다.

원래 리좀rhizome은 생강이나 연근처럼 마디에서 뿌리와 어린 줄기가 뻗어 나오는 뿌리줄기 혹은 뿌리줄기 식물을 가리키는 식물학 용어다. 뿌리줄기는 땅속에서 부단히 증식을 하면서 다른 뿌리와 연결되기도 하고 분리되기도 하면서 수평적으로 뻗어 나가는 특징을 가지고 있다. 어린 나무는 이후에 가지와 줄기가 어떤 모양으로 성장할지 예견할 수 있는 데 반해, 뿌리줄기는 어떻게 뻗어나갈지 미리 결정되어 있지 않다. 뿌리줄기는 땅속에서 어느 방향으로든 어떤 모양으로든 갈라지고 합쳐지며 마디를 만들어내고 뻗어나간다. 나무에서 분리된 가지나 뿌리는 더 이상 생명체가 아니지만, 뿌리줄기의 경우 어떤 마디가 분리되더라도 또 다른 모습을 가진 식물로 살아나간다. 이 복잡한 뿌리줄기 식물이 다양한 마디로 엉켜 있는 모습에서 나무의 줄기와 같은 중심 줄기는 찾아볼 수 없다.

프랑스의 현대 철학자 질 들뢰즈는 《천개의 고원》에서 이 식물학 개념을 사회 구조, 철학사, 정치 체제, 과학 방법론, 예술 작품의 구성 등 거의 모든 영역을 설명하는 개념으로 발전시킨다.

그는 리좀을 단일한 중심이 없는 수평적 연결이라고 규정하면서 나무의 위계적이고 중심적 구조와 대립하는 것으로 놓는다. 나무는 잔가지들이 중간가지로 이어지고 중간가지들은 하나의 줄기로 수렴된다. 중심과 주변이 명확하게 구분되고, 주변은 중심에 귀속된다. 뿌리 역시 잔뿌리들은 중간뿌리로, 중간뿌리는 다시 중심뿌리로 이어지며 나무라는 중심으로 귀속된다. 다양하고 복잡하게 보이는 뿌리나 줄기들도 결국은 단일한 중심과의 관계에서 의미가 결정된다. 즉 나무는 나머지 주변부들이 결국 하나의 중심으로 귀속되는 구조, 이른바 수목적 구조를 갖고 있다. 수목적 구조는 중심과 주변이 분명히 구분되는 수직적이고 위계적인 구조다. 수목적 체계에서 하나의 중심은 다른 모든 것을 자신의 아래로 종속시킨다.

> 아무리 다양하고, 미세하게, 혹은 화려하게 뻗어나가고 펼쳐진다고 해도, 그 모든 잔가지는 […] 오직 하나인 중심으로 귀결되고 만다. 이 경우 다양하다고 말하는 것은 잔가지 끄트머리의 수를 지칭 하는 것일 수는 있어도, 그 모두가 사실은 오직 하나인 중심 […]으로 소급되는 한, 그 다양성은 모두 그 중심으로 환원된다는 점에서 사이비-다양성에 불과하다.[17]

예를 들어, 사회는 수목적 체계의 대표적인 경우다. 우리가 아는 거의 모든 사회는 위계 체계에서 하나의 중심이 주변을 지배하는 수목적 구조를 갖고 있다. 수목적 구조의 사회에서는 사회의 중심인 지배 권력이 추구하고 규정하는 가치와 삶의 방식이 주변에 해당하는 사람들이 따라야 하는 표준적이고 정상적인 가치와 삶의 방식으로 강제된다.

수목적 체계와 달리 리좀적 체계에서는 계통상 서로 다른 것들이 단일 중심의 통제나 중심과 주변의 구분 없이 복잡하게 뒤얽혀 있다. 예를 들면, 수목적 구조에서 어떤 두 생물의 관계는 생물의 분류 체계상 그보다 상위 계통에 해당하는 개념에 의해 설명된다. 인간과 개는 포유류에 속하고 고양이와 호랑이는 고양잇과에 속한다는 식으로 계통을 따라 올라가면서 관계들의 공통점이 설명되고, 계통을 따라 내려오면서 관계들의 차이점이 설명되는 것이다. 그러나 리좀적 체계에서는 수목적 구조상의 계통

수목Tree적 체계와 리좀Rhizome적 체계

과 관계없이 이웃에 위치하는 이질적인 것들과 직접 연결접속될 수 있다. 이를 설명하기 위해 들뢰즈는 말벌과 '오르키데'라는 서양 난을 예로 든다. 오르키데 꽃 모습은 암컷 말벌의 모습과 매우 비슷하다. 그 때문에 수컷 말벌은 이 난을 암컷 말벌로 오인해 다가가게 되고 결국 꽃가루를 묻혀 다른 서양 난에게 전달함으로써 오르키데의 생식에 참여하게 된다. 오르키데는 단순히 말벌의 모방에 그치지 않고 서양 난의 재생산에 관여하여, 서로 관련이 없는 두 존재의 비평행적 진화에 참여한다. 생물학적 체계의 계통상 서로 관련 없어 보이는 두 개체가 예상치 못한 방식으로 마주쳐 변화를 야기하는 것이다.

이러한 연결접속은 말벌과 오르키데의 경우만이 아니다. 리좀적 체계에서는 어떤 것이든 이웃하는 것과 직접적으로 연결접

리좀적 체계는 단일한 중심이 존재하지 않는,
비중심화된 체계이다.

속될 수 있다. 리좀적 체계는 모든 방향으로 열려 있는 체계인 동시에 무엇과 마주치고 관계 맺는가에 따라 전체의 규모와 의미가 변화하는 가변적인 체계다. 이런 의미에서 리좀은 체계가 없는 "비-체계가 아니라 비중심화된 체계"[18]이다.

그런데 수목적 체계와 리좀적 체계의 구분은 고정된 것이 아니다. 리좀에도 수목적인 가지들로 뻗어나갈 수 있는 마디들이 있고, 이를 통해 리좀도 얼마든지 수목적 체계로 변형될 수 있다. 마찬가지로 수목적인 체계로 뻗어나가고 있는 가지들 사이에 몇 개의 새로운 선을 연결하게 되면 본래 나무가 기반하고 있던 단일 중심적인 구조의 모습도 바뀔 수 있다. 나무와 리좀은 이원론적 대립 관계에 있기는 하지만, 중요한 것은 이 둘이 끊임없이 파괴되고 다시 세워지고 또다시 부서지는 과정 속에 있다는 점이다. 예를 들어 온라인은 기본적으로 리좀적 체계이지만 그렇다고 해서 언제나 수평적인 것으로 있는 것은 아니고 언제든 수직적인 위계질서로 편입될 수 있다. 마찬가지로 수목적 체계를 특징으로 하는 현실 정치의 영역에서도 모종의 새로운 사건이 등장함에 따라 기존의 권력 관계가 해체되고 다른 관계로 바뀔 수 있다.

'방탄 현상'은 비중심화된 리좀적 체계를 보여준다. 이 체계에는 거대 자본이나 이와 연계되어 있는 미디어 권력 같은 단일한 권력적 중심이 존재하지 않는다. 아미와 방탄은 어느 하나가 중심이 아니라 서로 친구이자 조력자로서 수평적 관계를 맺고 있다. 아미 역시 방탄 팬이라는 공통점 이외에는 아무런 이해관계나 유사성도 없는 무수히 다른 뿌리줄기들의 연결접속이다. 앞서 지적했듯이 만일 SNS라는 탈중심적 네트워크를 단지 팬덤을 확장하여 이윤을 추구하기 위한 마케팅 전략의 일환으로만 활용한다면, 그것은 자본과 권력을 중심으로 하는 수목적 체계가 리좀을 자신의 하부구조로 다시 포획하는 것에 지나지 않는다. 이럴 경우, 중심 없는 주변들을 횡단하며 이질적인 것들의 연결접속으로 새로운 것을 생산해내는 리좀의 수평적이고 혁명적인 에너지는 사라지고 만다.

그렇다면 이제 단일한 중심이 존재하지 않는 비중심화된 체계로서 리좀의 특징을 살펴보자.

연결접속의 원리

먼저 연결접속connexion의 원리란 'A 그리고 B'A and B처럼 접속사에 의해 연결되는 원리를 말한다. 이때 연결접속이란 동등한 가치를 가진 A와 B라는 두 항이 만나서 C라는 새로운 어떤 것을 형성하는 방식을 가리킨다. A와 B는 동등한 가치를 가지고 있으므로, A가 B로 포섭되지도 않고 B가 A로 포섭되지도 않는다. 방탄과 아미라는 두 항의 관계나 아미들 서로 간의 관계에서 볼 수 있는 것처럼, 한쪽의 지배적인 권력이 다른 것들을 포섭하거나 지배하지 않고 서로가 공명하여 이전과는 다른 새로운 무언가를 만들어간다. 한국 아미가 해외 아미보다 높은 자리에 있지도 않고, 팬클럽 회장이 다른 팬들을 지배하는 관계도 아니며, 스타가 팬들 위에 군림하는 관계도 아니다.

　이러한 수평적 관계는 두 항의 관계로 그치지 않고 수많은 다른 항들과의 연결접속에 열려 있기 때문에 무한히 확장될 수 있다. 다시 말해 A와 B의 연결접속은 '… 그리고 … 그리고 … 그리고 …'의 방식으로 무한히 이어진다. 그런데 이러한 연결접속은 특정한 방향으로만 이어지는 선형적인 것이 아니다. 들뢰즈의 표현을 빌리자면,

> 리좀의 어떤 지점이건 다른 어떤 지점과도 연결접속될 수 있고 또 연결접속되어야만 한다. 그것은 하나의 점, 하나의 질서를 고정시키는 나무나 뿌리와는 전혀 다르다.[19]

　이를테면 방탄은 한국의 10대 소녀 팬뿐 아니라 미국의 20대 여성 팬, 30대의 무슬림 팬, 미국 내 흑인 남성 팬과도 연결접속된다. 또한 방탄을 매개로 한국에 대한 인식의 변화로 이어질 수 있고, 이는 아시아인에 대한 고정관념이나 차별적 인식에 대한 자각으로 이어질 수 있다. 방탄에 대한 관심이 백인 중심의 세계 속에서 차별받던 소수자들의 인식이나 정치에 대한 관심으로도 이어질 수 있는 것이다. 또한 한국의 언어, 영화, 음식, 패션, 정치 등에 대한 외국 팬들의 관심으로 이어질 수도 있고 미국 음반시장과 미디어 권력의 변화와도 연결접속될 수 있다. 지금까지 거론한 모든 연결접속의 항들끼리 서로 연결접속될 수도 있다.

이러한 연결접속에는 어떤 질서도, 최종 목적도 없다. 의미를 고정시키는 중심 원리가 없기 때문에 연결접속의 전체는 무엇과 연결접속하는지, 혹은 어떤 지점에서 연결접속하는지에 따라 계속 달라지고 그 의미도 달라진다. 단일한 최종 목적 같은 것은 결코 존재하지 않는다. 이렇게 보면, 우리의 삶과 마찬가지로 방탄의 음악적 여정에도 최종 목적지는 존재하지 않는다. 방탄에게 빌보드 1위, 그래미 상 수상 같은 성공은 단기적인 목표일 수는 있으나 결코 최종 목적일 수 없다. 방탄과 팬들의 수 없이 다양한 연결접속이 무엇으로, 어떻게 생성되어갈지 누구도 알 수 없으나 중요한 것은 그들이 끝없는 연결접속을 통한 변화와 생성의 길을 아름답게 그리고 기쁘게 걸어간다는 사실이다. 물론 지금까지 걸어온 길이 그랬듯이, 앞으로 걸어갈 길에도 즐겁고 아름다운 것만 있을 수는 없다. 그 길에는 방탄과 팬들의 리좀적 연결접속을 끊임없이 포획하려는 자본과 권력 중심의 수목적 체계라는 거대하고 촘촘한 그물이 설치되어 있기 때문이다. 그 길의 표지판에는 그 그물에 포획당하지 않도록 경계하고, 설사 포획 당한다 해도 체념하거나 포기하지 말고 거기서 빠져나올 수 있는 에너지를 잃지 말라는 주의 문구가 적혀 있다.

이질성의 원리와 다양체의 원리

이질성heterogeneite 의 원리는 리좀이 어떤 것과도 연결접속될 수 있다는 사실에 이미 함축되어 있다. 어떤 것과도 연결접속될 수 있다는 것은 비슷한 종류끼리만 아니라 서로 다른 층위의 지점들과도 연결접속될 수 있다는 이야기이기 때문이다. 한국의 아이돌 그룹이 전 세계 어린이를 폭력에서 보호하자는 유니세프 UNICEF의 LOVE MYSELF 캠페인과 접속하거나[20], 이 책에서처럼 들뢰즈의 유목철학과 접속하고, 다양한 지역과 다양한 세대의 팬들과 접속하고, 지금껏 우리가 생각하지 못했던 새로운 활동이나 생각 등과 접속하는 것, 이러한 것이 이질성의 원리라고 할 수 있다.

이런 맥락에서 보면 방탄 현상의 전체 의미는 방탄을 따로 떼어놓고 그들의 노래와 활동만 분석해서는 파악되지 않는다. 오히려 그들의 활동을 "다른 차원들과 다른 영역들로 탈중심화시켜야만 분석해낼 수 있다."[21] 이를테면 방탄 현상의 전체 의미는 방탄의 메시지가 무엇이냐는 질문에서만 찾을 수 있는 것이 아니다. 방탄의 활동에 대한 아미들의 사랑과 연대, 나아가 그들의 활동과 성취들, 그와 동반되는 사회적 문화적 변화 및 예술형식의 변화라는 서로 다른 차원과 영역들 전체까지 분석을 확장할 때, 그 전체 의미가 드러날 수 있다.

다양체multiplicite의 원리란 리좀 자체가 다양체라는 것을 의미한다. 다양체 혹은 리좀적 다양체는 이질적인 것들이 하나의 원리나 하나의 중심으로 동일화되지 않으면서 모여 있는 전체를 가리킨다. 이때 전체는 연결접속에 열려 있어서 본성상 계속 변화, 확장될 수 있다. 이질적인 것들이 모여 있는 리좀이라는 다양체에는 주체도, 객체도, 통일성도 없다.

> 대상 안에서 주축 역할을 하는 통일성도 없고 주체 안에서 나뉘
> 는 통일성도 없다. 다양체는 주체도, 객체도 없다.[22]

이를테면 수평적인 친구이자 조력자로서 연대하고 있는 방
탄소년단과 여러 아미의 관계에서 방탄소년단과 아미는 주체와
객체의 관계에 있지 않다. 다양한 아미가 네트워크로 연결접속되
어 있는 관계에도 모든 팬을 규제하는 원리 같은 것은 존재하지
않는다. 한국 아미와 해외 아미의 관계도 마찬가지이다. 요컨대
이질적인 방탄소년단과 팬들의 연결접속은 단일한 중심적 주체
도, 그 주체에 의해 규정되는 객체도 존재하지 않는 다양체를 형

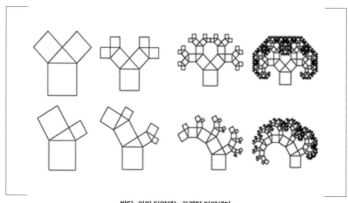

방탄-아미 다양체는 프랙털 다양체다

성한다. 이를 가리켜 '방탄-아미 다양체'라고 부를 수 있을 것이다. "우리의 규율은 없다 해도/사랑하는 법은 존재하니까"라는 방탄의 노래 〈Best of Me〉의 구절처럼, 방탄-아미 다양체에 함께하고 있는 존재들은 모두를 하나로 모을 수 있는 규율이나 원리 따위에는 신경 끄고 그저 기쁘게 사랑하는 마음으로 계속해서 서로의 차이를 받아들이며 마주치고 연결접속하면 된다.

> 다양체는 연결접속들을 늘림에 따라 반드시 본성상의 변화를 겪게 되는데, 배치물이란 이러한다양체 안에서 차원들이 [망상조직처럼] 불어난 것이다.[23]

방탄소년단 팬들이 늘어나고, 그들이 새로운 음악을 팬들에게 제공하고, 팬들 역시 새로운 활동들을 이루어간다. 그것이 다시 방탄소년단에게 새로운 음악을 통해 자신들의 이야기를 들려주는 에너지로 되돌아가고, 다시 다양한 팬들은 그들과 새로운 이야기를 함께 만들며 문화적 지평을 바꾸어간다.

이에 따라 다양한 분야에서 또 다른 팬들이 생겨나고, 새로운 팬들의 접속이 방탄의 의미를 새로운 사회, 문화적 차원으로 확장해간다. 이러한 방탄-아미 다양체는 새로운 연결 접속의 항들과 접속 지점들이 늘어나면서 복잡도와 차원수가 증가하고 그에 따라 아래 그림에서 볼 수 있듯이 규정도, 크기도, 차원도, 전체도 그리고 그 전체의 의미도 달라지는 프랙틸fractal한 다양체라고 할 수 있다.

탈기표작용적 단절rupture asignifiante의 원리

여기서 전체의 의미가 달라지는 것과 관련해 들뢰즈가 리좀의 네 번째 특징으로 제시하는 것이 탈기표작용적 단절의 원리다. 들뢰즈는 이 원리를 "하나의 리좀은 어떤 곳에서든 끊어지거나 깨질 수 있으며, 자신의 특정한 선들을 따라 혹은 다른 새로운 선들을 따라 복구된다"[24]고 설명한다. 의미를 형성하는 기표작용의 흐름을 만들어내는 기존의 수목적 계통이나 질서에서 단절되어 탈영토화함으로써 이질적인 새로운 질서로 재영토화되는 과정인 탈기표작용적 단절은 차원과 의미의 변화를 생성한다.

예를 들어 프랙털 다양체로서 방탄-아미 다양체를 이루고 있는 다양한 연결접속들이 보여주듯이 여러 문화권의 팬들과 연결접속하는 과정에서 방탄소년단이 위치하던 기존의 수목적인 계열은 끊어지고, 다른 차원에서 새 계열들을 따라 새로운 다양체가 생겨난다. 데뷔 초반, 방송에서 잘리기가 부지기수였던 흙수저 아이돌 그룹인 방탄소년단은 소수의 한국 소녀 팬과 아시아 지역 일부 소녀 팬의 계열과 연결접속되었다.

하지만 이들은 한국과 아시아의 소녀 팬으로 이루어진 영토를 벗어나(탈영토화) 미국과 유럽 대륙의 수많은 팬과 연결 접속, 차원과 복잡도가 다른 새로운 연결접속을 만들어냈다(재영토화). 방탄소년단이 한국과 아시아에서 벗어나 미국과 유럽의 팬들과 연결접속한 것을 단순히 팬의 범위가 확대되었다는 의미로만 볼 수는 없다. 이질적인 전 세계 팬들과의 연결접속이 방탄소년단의 성공의 의미를 새로운 차원으로 변화시켰다. "방탄소년단의 성공이 아시아 전체의 자랑"이라는 중국 팬의 아시아인으로서 반응이나 "방탄소년단의 성공은 백인 중심의 미국 사회에서 소수자의 성공을 대변한다는 측면에서 뿌듯하다"라는 미국 팬의 반응을 보면, 방탄소년단의 성공이 인기의 확장이라는 의미를 넘어서서 다른 의미와 가치를 가지게 되었음을 알 수 있다. 서양 팬들의 한국어 떼창과 한국어 사용이 기존의 언어 위계와 그것으로 대표되는 제1세계와 제3세계의 위계 구분에 균열을 만든다는 점에서 방탄현상이 음악 분야에서 탈영토화하여 사회, 문화적 변화의 징후로 재영토화하고 있음을 확인할 수 있다.

지도 제작의 원리

리좀의 마지막 특징은 리좀이 지도地圖이자 지도 제작cartographie 이라는 것이다. 지하철 노선도는 실제 역과 역 사이의 거리나 노선의 형태를 그대로 재현할 필요가 없다. 지도는 어떤 것을 그대로 모사하는 데칼코마니decalcomanie가 아니다. 데칼코마니는 나무의 논리에 따라 이루어진다. 나무줄기와의 관계에서만 의미를 가질 수 있는 잎사귀처럼, 데칼코마니에도 원본과 사본이 존재하기 때문이다. "나무는 사본들을 분절하고 위계화한다. 사본들은 나무의 잎사귀와도 같다."[25]

결국 사본은 구조적 모델이든 발생적 모델이든 간에 그것의 모델인 원본에 의존한다. 그러나 리좀으로서 지도는 구조적 모델이나 발생적 모델 같은 통일성의 원리에 의존하지 않기 때문에 데칼코마니나 사본과는 완전히 다르다.

지도는 실제의 길이든 삶의 길이든 간에 길을 찾기 위한 것이다. "실질적인 행동의 다이어그램으로서 지도에서 중요한 것은 행동과 삶의 길이 접속되고 분기하는 양상이고 그 경로들의 위상학적 관계이고 그 경로를 가면서 만나게 될 장애물이나 위험물의 적절한 표시"[26]다. 우리의 삶의 방식이나 행동과 관련된 중요한 지점들의 관계를 보여주고 무엇을 피해가야 할지 알려주는 것이 지도의 역할이다. 우리가 할 일은 지도를 이용하여 우리가 찾아가고자 하는 지점, 우리의 삶의 방식들이 나아가고자 하는 지점들을 발견하는 것이다. 그렇기 때문에 지도는 삶의 방식이나 실천의 방향에 따라 누구에 의해서든 어떤 방식으로건 만들어질 수 있고, 삶의 필요에 따라 얼마든지 변형되고 분해될 수 있다.

지도는 열려 있다. 지도는 모든 차원 안에서 연결접속될 수 있다. 지도는 분해될 수 있고, 뒤집을 수 있으며, 끝없이 변형될 수 있다. 지도는 찢을 수 있고, 뒤집을 수 있고, 온갖 몽타주를 허용하며, 개인이나 집단이나 사회 구성체에 의해 작성될 수 있다. 지도는 벽에 그릴 수도 있고, 예술 작품처럼 착상해낼 수도 있으며, 정치 행위나 명상처럼 구성해낼 수도 있다. [⋯] 지도는 다양한 입구를 갖고 있는 반면, 사본은 항상 "동일한 것"으로 회귀한다.[27]

"지도가 사본과 대립한다면, 그것은 지도가 온몸을 던져 실재에 관한 실험 활동을 지향하고 있기 때문"[28]이라는 말은 리좀으로서 지도가 우리 삶과 실재를 변형시키기 위한 실천과 관련된다는 것을 의미한다. 따라서 우리는 "언제나 사본을 지도로 바꿔 놓아야 한다."[29] 다시 말해, 수목적 체계가 요구하는 기준에 따라 사는 삶에서 탈영토화하여 우리의 삶을 해방시키는 생성의 운동으로 나아가야 한다.

리좀의 다섯 가지 특징을 종합해볼 때, 방탄 현상은 한마디로 생성 중인 다양체라고 볼 수 있다. 방탄 현상은 여러 측면에서 다양한 연결접속을 통해 상이한 차원들로 다양한 의미를 생성하고 있는 다양체다. 방탄 현상을 리좀적 다양체의 연결접속으로 보는 것은 다양한 증상들의 관계를 파악하고자 하는 의사의 진단과 유사하다. 두통은 뇌에 이상이 있을 때도 일어나지만 위장질환이나 치통, 누적된 피로에 의해서도 발생한다. 두통이라는 증상이 곧 두통의 원인을 알려주지는 않는다. 우선 의사는 두통, 소화불량, 불면증, 전신 무기력, 경미한 근육통처럼 환자가 호소하는 다양한 증상을 있는 그대로 정확히 관찰해야 한다. 그런 다음 그러한 다양한 증상이 어떤 식으로 연결되어 있는지, 어떤 것이 병과 직접 관련된 증상이고 어떤 것이 간접적이고 부수적인 증상인지 찾아내야 한다. 의사의 진단은 병에 대한 기술이면서 동시에 그 자체가 치료의 출발이다. 진단 자체에 이미 치료의 방향이 개입되어 있기 때문이다. 이런 점에서 의사의 진단은 일종의 지도 제작과도 같다.

'방탄-아미 다양체'라는 리좀적 다양체를 통해 방탄 현상을 이해하려는 이 책 자체도 하나의 이론적 지도다. 지도로서의 리좀에서 말했듯이 이 지도는 있는 현상에 대한 기술이지만 더 나아가 실천을 위한 지침이기도 하다. 다시 말해 방탄 현상에 대한 이론적 지도 만들기로서 이 책은 현상을 기술한다는 측면에서 방탄 현상을 이해하려는 시도이자, 이 지도를 이용해 새로운 삶의 방식을 모색하고 현실을 변형시키려는 실천적 시도이기도 하다. 방탄 현상이 함축하는 정치적 의미들에 대한 이론적 이해는, 단순한 이해를 넘어 표면적으로는 정치와 무관해 보이는 일상을 살아가는 우리가 우리에게 강요되고 있는 수목적 위계 구조를 거스르고 리좀적으로 횡단하면서 삶의 다른 가능성을 찾으려는 실천적 시도이기도 하다. 그러한 시도가 행해질 경우, 그 자체만으로도 현실은 더 이상 지금까지와 같은 것이 아니게 된다. 그리고 이 달라진 현실은 새로운 지도에 그려 넣을 다른 길들을 생성한다.

'전쟁 기계'로서 방탄-아미 다양체

방탄 현상에 대한 이론적 지도에서 가장 주목해야 할 것은 아미 다양체다. 흔히 아이돌 여성 팬은 '빠순이'라는 경멸적인 이름으로 불리며 쓸데없는 짓을 하는 존재로 치부되곤 하였다. 그나마 과거에 비하면 팬덤 문화가 하나의 문화로 자리를 잡아 가고 있지만, 그럼에도 집안 어른이나 직장 동료 앞에서 자신이 어느 아이돌의 팬클럽에서 열성적으로 활동한다는 사실을 자랑스럽게 밝히기란 쉽지 않다. 어떤 반응이 나올지 너무도 뻔하기 때문이다. 아이돌 팬들이 평상시에 자신이 '덕후'임을 숨기고 일반인 흉내를 낸다는 의미로 쓰는 '일코', 즉 '일반인 코스프레'는 아이돌 팬에 대한 세간의 인식을 단적으로 말해준다.

그러나 이러한 사회의 인식과는 달리 아미의 존재는 긍정적이고 혁명적인 변화를 이끌어낸 원동력이었다. 한 언론 기사는 아미를 가리켜 '풀뿌리Grassroots'라고 표현하고 있는데, 이 단어야말로 이 사실을 가장 정확히 말해준다.[30]

미디어 권력과 거대 자본의 영향력 바깥에서 풀뿌리 같은 아미들의 리좀적 다양체는 연대를 점차 확장하면서 권력과 자본의 현실적 영향력을 침식하고 영어와 한국어의 위계를 전복시키는 등의 역할을 수행하고 있다. 이런 점에서 풀뿌리 팬덤의 자발적인 연대와 실천, 그리고 그것이 이루어낸 변화는 들뢰즈적인 의미에서 '혁명'이라 부를 수 있다.

기존의 영토를 탈영토화하는 리좀적 혁명을 수행하는 아미 다양체는 방탄소년단과 떼려야 뗄 수 없는 존재이다. 방탄소년단과 아미 다양체는 리좀적 횡단과 접속을 통해 방탄-아미 다양체를 생성하고, 이 과정에서 방탄소년단의 노래가 전달하는 사회

비판 메시지는 현실 위계 구조의 지배력을 해체하는 실천적인 차원으로 구체화된다. 따라서 '방탄-아미 다양체'가 야기하는 리좀적 혁명으로서의 사회, 문화적 변화는 분명 정치적 함의를 갖는다. 우리가 살아가며 취하는 모든 행동과 태도는 원칙적으로 정치적인 것이다. 사회나 정치에 무관심한 것도 특정한 정치적 입장이며, 예술이나 철학도 결코 정치적인 것에서 자유로울 수 없다. 사회적 존재로 살아가는 한 정치적 의미가 제거된 활동이나 입장이란 존재할 수 없다.

이런 의미에서 방탄-아미 다양체의 리좀적 존재 방식은 실천적이고 정치적인 의미를 담고 있다. 들뢰즈는 기존의 수목적 질서를 횡단하며 무너뜨리고 새로운 질서를 생성하는 실천을 혁명이라 부르고, 이러한 혁명을 수행하는 모든 것을 '전쟁 기계'라고 부른다. 들뢰즈에게는 기존 질서를 해체하는 실천이 곧 '전쟁'이고 이 세상의 모든 것이 곧 '기계'이다.

왜냐하면 이 세상에 존재하는 모든 것은 고정된 본질적 의미를 가진 것이라기보다는 연결접속에 의해 의미를 생산하는 것이기 때문이다. 무엇과 연결접속되는가에 따라 생산하고 분절해내는 의미가 달라진다. 예를 들어 입은 밥과 위장과 연결될 때는 '먹는 기계'가 되지만, 두뇌, 학생들, 칠판과 연결접속될 때는 '강의 기계'가 된다. 즉 의미를 생산하는 모든 것이 '기계'이다. 이런 용어법에 따르면 방탄-아미 다양체는 기존의 질서를 바꾸고자 시도하고 수목적 사회 체계가 강요하는 길들을 바꾸고 새로운 길을 만들어왔다는 의미에서 '전쟁'을 수행한다고 할 수 있고, 이전까지 아이돌 그룹과 팬덤이 수행하지 못했던 새로운 정치적 역할과 의미를 만들어내고 있다는 의미에서 혁명적 실천을 수행하고 있는 '전쟁 기계'라고 부를 수 있다.

혁명적 실천의 방향과 희망의 지도

방탄-아미 다양체가 수행하고 있는 혁명은 '소수-생성'devenir-minoritaire이다. 생성devenir은 달라지고 변해가는 모든 것을 가리키는 것이 아니다. 생성은 언제나 소수자(여성, 아이, 흑인 등)로의 생성이라는 윤리적이고 정치적인 특정한 방향성을 가진다. 이때 소수라는 것은 그에 속하는 존재의 수가 적다는 뜻이 아니라 수목적 위계 구조에서 피지배적인 위치에 있다는 뜻이다. 따라서 기존의 수목적 체계가 강제하는 질서로 동화되는 것은 들뢰즈의 맥락에서 생성일 수 없다. 그것은 오히려 수목적 체계의 강화에 기여할 뿐이다. 들뢰즈에게 생성은 언제나 '소수-생성'이다. 따라서 방탄-아미 다양체가 혁명적 실천을 수행하고 있다고 말할 수 있으려면 그들의 생성으로의 실천 방향이 소수적이어야만 한다.

방탄-아미 다양체가 소수-생성을 할 수 있었던 것은 방탄소년단이 권력의 위계질서에서 보았을 때 '소수자'라는 사실과도 관련된다. 방탄소년단이 소수자가 아니라 수목적 구조에서 권력자에 해당했다면 방탄소년단을 매개로 형성된 아미 다양체의 소수-생성은 불가능했을 것이다. 방탄소년단은 제3세계인 한국 출신으로 한국어 노래를 부르고 자본과 미디어 권력에서 배제되는 중소 기획사 출신이면서 더불어 서울도 아닌 지방 출신의 아이돌이기 때문에 소수자라고 할 수 있다. 방탄소년단의 팬들은 방탄소년단이 의미 있는 메시지를 뛰어난 실력으로 전달하는 아티스트임에도 불구하고 그들의 수목적 위계 내에서의 위치 때문에 그동안 인정받지 못했다고 생각했다. 미국 아미들에게 (한국 출신의) 방탄소년단의 소수성은 더욱 두드러지게 느껴질 수밖에 없었다. K-팝 영역 내에서도 소수자라 할 수 있는 방탄소년단의 소수성은 보이밴드를 무시하는 분위기가 지배적이었던 미국 및 서구 세계 에서 더욱 소수자가 될 수밖에 없다. 그런 방탄소년단을 사랑하고 그들이 인정받을 수 있도록 활동하는 아미들은 방탄소년단이 권력의 위계에서 소수자로서 겪는 배제와 억압을 자신의 것으로 만든다. 설사 이 아미가 현실 권력의 위계에서 다수의 위치를 차지하는 미국인 백인 남성이라 하더라도, 방탄소년단을 사랑하고 방탄소년단의 성공을 위해 활동하게 되면서 그 미국인 남성 아미는 제3세계 출신의 소수자로서 방탄소년단이 겪고 있는 차별과 억압을 자신의 신체와 의식 속에 체화하게 된다. 이는 방탄소년단의 패션이나 춤을 따라하는 모방에 그치는 것이 아니라, 방탄소년단의 소수자로서 정체성을 받아들여 자신의 의식과 신체를 소수자로서 생성하는 것이다.

소수-생성은 국내외 아미들의 인터뷰, 리액션, 리믹스 비디오 등을 통해서도 확인할 수 있다. 소수-생성이라는 개념어만 사용하지 않을 뿐, 많은 아미들은 방탄소년단의 고난과 좌절이 권력과 자본의 문제와 관련되어 있음을 분명하게 인식하고 지적한다. 팬들은 방탄소년단이 자본과 권력의 바깥에서 성공하기 까지 견뎌야 했던 숱한 배제와 무시와 좌절의 경험을 잘 알고 있다. 방탄소년단이 실력과 노력이 부족해서 성공하지 못했던 것이 아니라 자본과 미디어 권력이 없었기 때문이었다는 것을 알고 있다. 다시 말해 아미는 자본과 권력을 중심으로 하는 사회의 수목적 체계가 만들어내는 억압이 그동안 방탄소년단과 아미가 마주했던 고난의 원인이라는 것을 정확히 인식하고 있다. 이러한 현실 인식을 바탕으로, 아미들은 수목적 위계의 난관을 헤쳐나갈 유일한 길은 자신들이 함께하는 것 외에 다른 어떠한 방법도 없다는 것을 알았을 것이다. 그 결과, 아미는 '연대를 통한 전투'를 선택했고 현재 그 리좀적 혁명의 전투에서 하나씩 승리를 쟁취해가고 있다.

그렇다면 이제 아미의 다양체는 어떻게 생성되어 갈 것인가. 지금까지 그들은 사랑이라는 강력한 욕망을 바탕으로 양적으로는 연대를 확장하고, 질적으로는 연대를 통한 변화와 생성을 수행하면서 새로운 종류의 집단적 주체로 생성되어 왔다. 현재까지의 변화를 중심으로 볼 때, 이들의 다양체는 "통일되어 있지 않으며 복수적이고 다양한 상태로 남아" 있는 "독특성들의 집합"인 '다중'multitude이라고 할 수 있을지 모른다.[31] 하지만 팬덤 아미를 네그리A. Negri와 하트M. Hardt가 제시하는 '다중'이라는 새로운 정치적 주체로 볼 수 있는지에 대해서는 유보적이다. 그들의 활동과 존재 방식에 혁명적 잠재성이 있는 것은 분명하지만, 방탄-아미 다양체가 앞으로 어떻게 이어지고 무엇과 어떤 지점에서 연결접속되어 생성해나갈 것인지는 지금 단계에서 쉽게 예단할 수 없기 때문이다. 이 다양체가 앞으로 더 이상 생성하지 않는다 하더라도 중요한 점은 그들이 연대를 통한 승리를 경험했다는 사실이다. 그 아름답고 강렬한 승리의 경험은 그들의 몸과 마음에 기억될 것이다. 연대를 통해 이 세상에 어떠한 변화를 가지고 올 수 있는지를 경험했고, 그것을 기억하게 될 것이라는 사실만으로도 방탄-아미 다양체의 혁명적 잠재력은 엄청난 것이라고 할 수 있다.

방탄-아미 다양체가 펼쳐 보이고 있는 혁명적인 잠재력은 세계가 전 지구적인 신자유주의의 억압에서 벗어나 나아가야 할 방향에 대한 사람들의 정치적 무의식을 보여주는 하나의 징후다. 방탄-아미 다양체의 리좀적 혁명은 지금의 수준 이상으로 펼쳐지지 못한 채 미약한 희망을 보여주는 것에 그칠 수도 있다. 설령 그렇다 해도 지금까지 그들이 펼쳐 보인 리좀적 혁명은 그 자체로 여전히 희망이 존재한다는 것을 보여주는 증거다.

욕망은 혁명을 바라지 않는다. 욕망은 그 자체로, 저도 모르게, 자신이 바라는 것을 바람으로써 혁명적이다.[32]

4

집단지성으로서의 아미:
그들의 정체성[33]

아미, 그들은 누구인가

2021년 방탄소년단은 발표하는 곡마다 빌보드 싱글 차트인 Hot 100에서 1위를 이어가고 있고, 2021년 전 세계 모든 가수 중 Hot 100 차트에서 가장 오랜 1위 기록을 가진 가수이기도 하다.[34] 방탄소년단의 등장 이전까지 어떤 한국 아티스트도 이런 글로벌한 성공을 지속적으로 확장해온 이는 존재하지 않았다. 이러한 현상이 가능했던 이유들에 대해 다양한 측면들을 제시할 수 있다. 훌륭한 콘텐츠, 의미 있는 메시지, 퍼포먼스, 변화된 미디어 환경 등 수많은 요인들을 생각해볼 수 있지만, 이런 모든 요인들이 총합적으로 구현된 존재가 그들의 팬덤 아미라고 할 수 있다. 특히 아미의 존재 방식 및 활동 방식은 세상의 변화들을 읽어낼 수 있게 해주는 징후들이자, 그들이 다른 팬덤들과 어떻게 차이 나는 공동체를 형성하고 있는지를 보여준다.

방탄소년단 데뷔 후 초기부터 아미는 자발적으로 방탄소년단을 위한 마케팅, 홍보 및 음악 산업계의 규칙과 기준들에 대한 연구 및 조사를 바탕으로 다양한 전략을 짜고 수행해왔다. 뿐만 아니라 방탄소년단에 대한 미디어의 태도를 상시적으로 감시하고, 방탄소년단과 관련된 모든 정보들을 분석하고 공유한다. 이러한 팬덤의 일상적 활동들에서도 지식 및 정보 공유가 이루어지며, 이러한 정보들은 일상적 팬덤의 활동을 넘어 다른 차원의 지식과 활동들로 연결접속되며 확장되기도 한다. 이러한 과정 속에서 팬들은 방탄소년단을 둘러싸고 있는 다양한 어려움이나 방해물들이 가지는 사회적·문화적·정치적 함축을 인지하게 되고, 이러한 의식적 자각을 바탕으로 한 활동들은 차트 순위만을 위한 단순한 지식 및 정보 공유에만 머무는 것이 아니라, 다양한 방식으로 정치적 입장을 표명하는 활동들로 이어지게 된다.

여기에서는 팬덤 아미의 구체적인 활동 사례들을 중심으로 첫째, 이들이 어떤 방식으로 집단적으로 정보와 지식을 취득하고 생산하는지, 둘째, 이 지식과 정보의 힘이 현실 속에서 어떻게 저항적으로 작동을 하고 있는지, 셋째, 기존 시스템에 대한 다양한 저항적인 활동 속에서 아미의 정체성이 어떻게 형성되어 가는지를 살펴보고자 한다. 이러한 논의 속에서 아미가 프랑스 미디어 철학자인 피에르 레비Pierre Lévy가 제시한 '집단지성'에 해당될 수 있는지를 '집단의 정체성'의 측면에서 검토해보고자 한다. 왜냐하면 레비의 '집단지성'은 단순히 집단적 인지작용의 성격을 의미하는 것을 넘어 새로운 정치 체계를 실현하는 실천적 함축을 포함하고 있는데, 이러한 이상이 과연 현실적으로 가능할 것인가에 대해서는 레비가 비판을 받아온 것 역시 사실이기 때문이다. 따라서 이 장에서는 아미의 '집단지성'이 어떻게 기존의 위계적 시스템에 대한 저항적인 활동들을 수행하는지, 또 이 활동의 과정 속에서 아미가 자신들의 집단적 정체성을 형성하게 되는지를 논의하고자 한다. 아미의 정체성 형성 과정을 들뢰즈의 '소수-생성' 개념을 통해 이해함으로써, 소수-생성을 통해 변화된 아미의 정치적 공동체로서의 잠재력이 레비의 '집단지성'을 현실적으로 가능하게 할 수 있는 조건이 될 수 있는지를 검토해보고자 한다.

최근 들어 방탄소년단 팬덤 아미에 대한 관심은 방탄소년단의 글로벌한 성공을 견인해온 마케터이자 적극적이고 참여적인 소비자로서의 측면에 대한 연구에서 아미의 '공동체성'에 대한 논의들로 이동해오고 있다. 특히 흑인 인권운동Black Lives Matter과 아시안 혐오에 대한 반대 등의 정치적 문제에 아미들이 적극적으로 참여하면서 아미의 공동체성이 다른 팬덤의 그것과 특히 구분되는 지점이 바로 그들의 사회정치적 참여에 있다고 할 수 있다. 하지만 공동체로서의 팬덤 아미에 대해 지금까지 이루어진 연구들 중 일부는 아미의 글로벌 공동체로서의 형성 과정, 취향 공동체로서의 아미의 형성 과정 등 형성 과정의 측면에만 집중하면서 그 사회적·정치적 역할에 대해서는 다루지 않았다. 또한 팬덤 공동체 형성에서 소셜 미디어의 사회연결성이 어떤 역할을 하는가에 대한 실증적인 연구도 이루어졌으나, 방탄소년단 팬덤 아미와 다른 팬덤과의 차이점은 무엇인지, 특히 아미는 왜 사회정치적 참여의 측면에서 다른 팬덤들과 변별성을 가질 수밖에 없는지 등에 대해서는 다루지 않았다.[35] 따라서 여기에서는 들뢰즈의 '소수-생성' 개념을 통해 아미들의 집단 경험으로부터 그들의 사회정치적 지향성을 설명함으로써 지금까지 명확하게 밝혀지지 않은 팬덤 아미의 정치적 공동체로서의 의미를 명확히 하고자 한다.

이를 위해 먼저 레비의 '집단지성' 개념을 바탕으로 팬덤에서 이루어지는 집단적인 지식 창출의 사례들을 구체적으로 살펴볼 것이고, 다음 절에서는 집단적으로 공유된 지식들을 바탕으로 아미가 어떤 저항적인 활동들을 통해 역량의 실제적 동원을 현실에서 이루고 있는지를 검토할 것이다. 마지막에서는 아미의 정체성 형성 과정이라고 볼 수 있는 사례들을 통해 아미 팬덤의 정체성이 왜 소수적일 수밖에 없는지를 살펴보려고 한다. 이 사례 연구들을 통해 소수-생성으로 형성되는 집단의 정체성이 레비의 집단지성을 현실화시킬 수 있는 조건이 될 수 있음을 밝히고자 한다. 이 논의들을 통해 역사적으로 가장 거대하고 유능한 팬덤이라 평가되는 아미가 왜 그토록 강력한 힘을 행사할 수 있었는지를 이해할 수 있을 것이다.

팬덤의 '집단지성'에 의한 지식 창출

현재 우리 모두는 누구나 온라인 네트워크 공간에서의 활동을 피해갈 수 없다. 방탄소년단 팬덤을 비롯한 모든 팬덤 역시 온라인에서의 연결이라는 존재 방식을 기본으로 사이버 공간에서 취득한 정보 및 지식을 바탕으로 다양한 활동들을 한다. 사이버 공간에서 지식은 물질적인 공간적 한계들로부터 자유로워지며 다른 모든 지식들과 공존할 수 있다. 또한 이 지식의 공존과 더불어 역동적으로 변화하는 집단들이 형성될 수 있게 된다. "현재의 온라인 팬 커뮤니티가 레비의 코스모피디아를 가장 완전히 실현한 현상 중 하나"[36]라는 미국의 미디어학자이자 영화예술학자인 헨리 젠킨스Henry Jenkins의 평가처럼 지식의 공존과 집단 형성의 긴밀한 결합은 거의 모든 팬덤의 활동에서 일상적으로 관찰된다.

예를 들어, 한국에서의 차트를 위해서는 멜론 같은 스트리밍 사이트의 규정들을 파악하는 것에서 출발한다. 이 규정들에 대한 정보의 공유를 바탕으로 차트 성적에 가장 유리할 것으로 예측되는 플레이리스트를 만들어 배포하고 집단적으로 공유한다. 구체적으로 신곡 발매 며칠 전 '모의 총공', 즉 기존의 곡들을 대상으로 집단적 스트리밍이 어느 정도의 효과가 있는지를 팬덤 차원에서 시험한다. 신곡 발매 시간에 맞춰 많은 이들이 집단적으로 동일한 플레이리스트를 플레이한다. 이러한 활동은 모든 가수 팬덤의 일상적인 활동인데, 여기에서도 지식의 공존과 집단의 형성이 동시에 작동하는 것을 볼 수 있다. 스트리밍 플랫폼의 수시로 변경되는 규칙들에 대한 정보를 취득하고 분석하여 가장 유리한 플레이리스트를 짜는 작업과, 이를 공유함으로써 팬들이 가지고 있는 서로 다른 지식들과 공존하며 더욱 정교한 전략으로 발전해간다. 이 지식은 지식의 차원에 머무는 것이 아니라 모의총공을 거쳐 '스밍총공'(스트리밍 총공격)에서 그 실제적 힘을 현실화한다.[37] 이러한 집단행동 속에서 팬들은 서로가 연결되어 있다는 결속감과 소속감을 확인하고 하나의 거대한 커뮤니티를 형성해간다.

방탄소년단의 미국 빌보드 차트의 성적을 위해 아미들은 빌보드 차트의 성적이 산출되는 방식들을 조사한다. 라디오, 음원, 실물 앨범, 스트리밍, 뮤직비디오 시청 수 등 각 요소들이 반영되는 구체적인 비율 등을 조사하고 합법적인 테두리 안에서 가장 효과적인 전략을 세우고 이를 실행한다. 어느 판매처에서 앨범을 구매해야 빌보드 차트에 반영되는지 하나하나 조사하고, 어느 라디오 방송국의 에어플레이가 빌보드에 반영이 되는지 등 여러 사람들이 세부적인 정보들을 조사하고 정보를 취합하여 지식으로 만든다.[38] 이렇듯 수많은 사람들이 연합하여 서로가 파악한 정보들을 공유하여 전략을 세우고, 미국 안에 있는 팬들이 할 수 있는 일과 미국 바깥에서 도울 수 있는 일을 구분하여 분업 시스템을 체계화한다.[39]

이러한 과정 속에서 팬들의 지식은 오로지 차트 순위 정보만이 아니라 음악 산업계의 다양한 정보들을 분석하고 비평하는 활동과 공존하게 된다. 이를테면, 미국 빌보드 차트에서 매우 중요한 요소 중 하나가 라디오 방송 횟수인데, 이 라디오 프로그램들이 미국 음악 산업에서 일종의 게이트키핑의 역할을 한다. 그들의 게이트키핑은 산업계의 고질적인 병폐라고 할 수 있는 뒷거래Payola(음반사가 자신들의 곡이 라디오 플레이리스트에 포함되도록 하기 위해 라디오 스테이션에 불법적인 뒷돈을 주는 행위를 일컫는 단어)가 어떻게 이루어지는지, 현재 이 게이트키퍼들이 누구의 곡을 어떤 방식으로 밀어주기하고 있는지, 이런 상황들에 대한 미국 현지 언론들의 반응이나 보도된 기사가 있는지 등에 대한 정보를 파악하게 되고, 음악 산업계 전반의 메커니즘 및 부정의한 관행들[40]과 미디어의 태도들에 대해서도 파악하게 된다.[41]

피에르 레비[42]에 따르면 집단지성이란 "어디에나 분포하며, 지속적으로 가치 부여되고, 실시간으로 조정되며, 역량의 실제적 동원에 이르는 지성을 말한다."[43] 이는 지식인 개인이나 특정 계층에게만 속하는 지성이 아니라 누구에게나 어디에나 편재하며, 지리적 및 시간적 한계를 넘어 언제든 실시간으로 조정될 수 있고, 필요한 힘들을 동원할 수 있는 능력이라 정의될 수 있다.

레비가 제시한 집단지성이 구현되는 곳, "인류에게 있어 지식의
실제적 공유를 가능하게 한 것"[44]이 바로 아미들이 활약 중인 사
이버 공간이다.[45] 사이버 공간은 오프라인 공간처럼 특정한 사람
들만 특정 지식에 접근할 수 있는 것이 아니라, 모두가 지식에 접
근할 수 있는 개방성을 갖춘 곳이며, 사이버 공간에서는 아미들
처럼 전문가가 아니더라도 누구나 관심 분야의 지식을 열람하고
그 정보를 공유할 수 있다. 또한 온라인 공간은 기존에 지식의 지
위를 갖지 못했던 다양한 팬덤이 수집한 정보들도 지식으로 인
정될 수 있는 환경을 제공한다. 그리하여 지식이 아닌 서브 컬처
로만 분류되던 수많은 정보들이 온라인에서 정리되면서 지식의
차원에 포섭되기도 한다. 지식에 대한 접근 혹은 지식의 범위의
변화에서 사이버 공간이 현실의 위계질서에 도전하는 의미를 가
지고 있음 역시 파악할 수 있다.

　　다른 사례들을 들자면, 트랜스미디어적인 예술 활동을 한다
고 할 수 있는 방탄소년단의 작품들에 나타난 상징과 숨겨진 의
미들을 찾는 것을 즐기는 아미 팬덤의 경우 방탄소년단의 뮤직
비디오, 무대 영상 등 수많은 영상 콘텐츠들과 앨범에 수록된 컨
셉 포토들 혹은 소셜 미디어에 업로드된 사진들과 같은 이미지
콘텐츠들, 노래 가사나 그들의 연설 및 수상 소감, 팬들에게 쓰는
글들, 소설과 웹툰의 형태로 출시되어 있는 이야기들, 방탄소년
단이 참조했다고 밝힌 책이나 영화들 같은 다양한 콘텐츠들에
상징이나 숨겨진 형태로 흩뿌려져 있는 단서들을 마치 탐정처럼

찾아내어 분석하고 이전의 실마리들과 연결하여 해석하는 활동들을 즐기기도 한다. 각자가 찾은 실마리에 대한 분석들을 적극적으로 서로 공유하며 거대한 이야기를 함께 만들어가는 과정은 개인들이 수집한 정보들과 기존의 지식들이 함께 공유되며 방탄소년단이라고 하는 아티스트에 대한 이론을 만들어가는theory-making 집단적 과정이기도 하다.[46]

"각자가 안다… 절대로 알지 못한다… 모든 지식은 인류 안에 있다."[47]라는 레비의 슬로건은 이 새로운 온라인의 지식 공간 및 집단의 형성 과정 속에서 이해될 수 있다. 차트 순위를 위한 전략을 세우는 과정에서든 아니면 집단적 예술 수용/창작 과정에서든 누구나 아는 바가 있지만 어느 한 사람이 모든 것을 알 수는 없다. 하지만 그들이 함께 집단을 형성하게 되면 모든 지식은 이 집단 안에 있게 된다. 특히 "미디어 컨버전스의 시대는 개인주의적이기보다는 커뮤니티적인 수용양식을 가능하게"[48] 하기 때문에, 아미들이 서로와 연결되어 각자가 가진 정보와 지식을 모으고 전략을 짜고 실행하는 과정, 방탄소년단의 예술 세계 속에 숨겨진 의미들을 해석하고 이론화하는 과정은 아미 공동체를 형성하는 과정과 일치하게 된다. 레비의 표현을 빌리자면, "'나는 생각한다, 고로 존재한다'를 일반화시켜 우리는 함께 집단지성을 이룬다, 고로 우리는 뛰어난 공동체로서 존재한다'에 이르게 하는 새로운 휴머니즘을 부른다. 데카르트의 '나는 생각한다cogito'에서 '우리는 생각한다cogitamus'로 넘어가는 것이다."[49]

아미의 저항적인 활동들

"집단지성이란 바로 사이버 공간이라는 새로운 조건 속에서 지식들을 어떻게 다루고, 가치를 부여할 것인지, 실시간으로 조정할 것인지, 어떠한 실제적 역량들을 동원할 것인지 집단적으로 결정할 수 있는 지성으로서 현재 인간에게 주어진 고유한 것"[50]이라 했을 때, 지식의 공동 창출의 측면을 넘어 '어떤 실제적 역량들을 동원할 것인가'의 측면이 바로 '집단지성'의 사회적 효과를 보여 준다. 레비가 집단지성에 기대하는 긍정적인 지점 역시 바로 이 "역량의 실제적 동원"을 가능하게 한다는 정의에서 확인할 수 있다. "역량의 실제적 동원"이란 필요한 힘들을 동원할 수 있는 능력으로, 이를 위해서는 우선 필요한 지식들을 식별할 수 있어야 한다. 이 식별 과정은 공식적으로 인준된 지식들뿐 아니라 그렇지 않은 지식들까지 식별하여 이를 통해 인준되지 않은 지식들을 가진 타자의 정체성을 인정하는 것을 동반한다. 타자의 정체성을 긍정적으로 인정하는 것은 사람들을 집단적 기획에 참여하도록 자극할 뿐 아니라 윤리적이고 정치적인 차원의 변화를 야기한다.

이러한 집단지성의 역량들이 실제로 동원되는 경우는 아미 팬덤의 집단적인 활동들에서 아주 빈번하게 관찰된다. 아미들의 활동은 방탄소년단을 미국에 진출시키기 위해 아미들이 스스로를 조직화하여 빌보드 차트에 반영되는 음반 매장에 방탄소년단 앨범 판매를 미국 전 지역에서 지속적으로 요구하여 결국 성사시키고[51], 방탄소년단의 노래를 틀어준 라디오 디제이들에게 꽃다발과 손 편지 같은 선물들을 통해 이들과의 호의적인 관계를 형성하여 라디오 방송 횟수에 실질적 영향을 미친 사례들에서도 사실 '역량의 실제적 동원'은 나타나기 시작한다.

종종 팬들은 적극적으로 상업적 음악 서비스 플랫폼들을 자신들의 입장 표명을 위해 사용한다. 지난 2019년 피플스 초이스 어워드People's Choice Awards는 그룹 부문, 뮤직비디오 부문과 콘서트 부문 등 후보였던 모든 부문에서 방탄소년단이 가장 많은 트위터 투표수를 기록했음에도 불구하고 다른 그룹에게 상을 주었던 일이 있었다. 이때 팬들은 소셜 미디어에서 연합하여 방탄소년단의 모든 음반을 24시간도 되지 않는 시간 동안 아이튠즈에 다시 차트인시켰다. 동일한 상황이 2019년 그래미 어워드의 후보 지명 발표 후 발생했다. 방탄소년단의《Map of the Soul: Persona》앨범이 상업적으로도 예술적으로도 큰 성취를 거두었음에도 불구하고 그래미의 어느 부문에도 후보지명이 되지 않았다. 아미들은 트위터에서 '방탄소년단의 가치는 미국 음악상에 의해 증명되는 것이 아니다. 차트가 보여준다'는 의미로 #ThisIsBTS라는 해시태그를 트렌딩시키며 아이튠즈 차트를 점령함으로써 그래미에 대한 불만을 차트 역주행으로 표현했다. "이러한 조직적 운동의 목표는 부분적으로는 아티스트에 대한 지지와 감사를 표현하는 것이지만, 이는 음악 시상식의 운영과 같은 시대에 뒤떨어진 관습과 시스템에 대한 청취자들의 불만과 반대를 표명하는 것"[52]이라 할 수 있다. 이러한 사례들에서 볼 수 있듯 팬들의 '집단지성'에 의해 파악된 투표 정보 및 불합리한 시상식 규정들에 대한 조사를 기반으로 형성한 지식을 바탕으로 아미는 음악 산업계에의 불합리한 관행들이 벌어지는 이유가 권력의 문제, 특히 인종 및 언어를 둘러싼 권력의 문제임을 자각하게 된다.

사회적이고 정치적인 차원에서 아미의 '역량의 실제적 동원'이 보다 본격적으로 현실화된 다른 종류의 사례로는 백서 프로젝트White Paper Project[53]를 들 수 있다. 2018년 11월 방탄 멤버 한명이 과거에 입었던 티셔츠가 문제가 되어 일본 음악방송 출연이 일방적으로 취소되고, 뒤이어 일본 매체들의 보도 및 방탄소년단이 일본 내 혐한 세력의 표적이 되었던 사건이 있었다. 이에 더해 일본의 극우세력과 유대인 인권단체까지 논란에 개입되면서 이 사건은 국제적인 논란으로 번져가고 있었다. 당시 국내 여론은 '원폭 티셔츠'가 아닌 '광복절 티셔츠'라며 전혀 문제 될 것이 없다는 의견이 많았지만, 한일 관계 및 일본의 2차 세계대전 중 저지른 만행에 대해 잘 알지 못하는 외국 팬들 사이에선 논란이 커져가고 있었다. 이에 대응하여 팬 번역자들이 중심이 되어, 팬덤 내 전문가들과 협력하여 사건의 추이, 정치적 역사적 배경과 이 사건을 둘러싼 언론 보도의 방식을 총망라한 백서 프로젝트가 진행되었다. "이 백서야말로 아미라는 팬덤의 힘의 원천이 어디에서 오는지를 설명해준다. 백서를 펴낸 이유가 단지 팬덤의 입장을 외부에 설명하기 위해서가 아니라, 팬덤 내부의 갈등 해결방식에 대한 성찰 그리고 각자의 국적을 넘어 진정한 인간애적 팬덤 공동체를 만드는 데 기여하기 위해서라는 이들의 인식은, 나아가 '정치적 공동체'로서의 팬덤의 가능성에 대해 주목하게 만든다."[54]

이처럼[55] 아미가 "팬 행동주의fan activism를 실현하는 정치적 공동체의 차원으로 발전할 잠재력"은 보다 직접적인 정치 활동들에서도 확인할 수 있다. 2020년 5월, 미국 백인 경찰의 강압적 체포로 흑인 청년 조지 플로이드가 숨진 사건에 항의하며 BLACK LIVES MATTER(이하 BLM) 운동이 미국 전역을 뒤덮었다. 오프라인의 시위뿐 아니라 온라인에서의 시위 역시 전 세계적으로 확산되었다. 특히 방탄소년단이 트위터 공식계정에서 BLM을 지지하며 인종차별 반대 성명을 표명하고, BLM 단체가 방탄소년단과 하이브로부터 100만 달러의 기부를 받았다는 소식을 밝힌 직후, 방탄소년단 팬덤 아미는 방탄소년단과 같은 액수를 모아 기부하자는 #MatchAMillion 캠페인을 시작했다. 기부 시작 2~3일 만에 아미는 총액 200만 달러 이상을 모아 기부하였다.[56]

이 상황을 아미가 인종차별 운동과 관련해 아무 움직임이 없다가 방탄소년단의 행동 이후 그저 따라한 것으로 오해하면 곤란하다. 미국 내 흑인 문제의 상황에 대해 트위터의 팬덤 내에서 상호 교육이 이루어졌고 아미 계정들이 이 인권문제에 대해 지속적으로 발언을 이어가고 있던 중이었다. 이뿐 아니라 이 모금 운동이 있기 일주일 전부터 #WhiteLivesMatter와 #AllLivesMatter 같은 인종주의자들의 해시태그는 케이팝 팬캠에 의해 도배되며 무력화되었다. 이어 댈러스_{Dallas} 경찰청이 트위터에 자신들의 iWatch Dallas 어플리케이션에 '시위자들의 불법적인 행위'를 담은 비디오를 신고해 달라고 요청하자, 그 애플리케이션의 첫 화면은 #BlackLivesMatter 해시태그와 함께 별 하나짜리 리뷰 수천 개가 도배되었고 얼마 후 이 어플리케이션은 다운되었다고 미국 언론은 전한다.[57] 언론의 관심을 가장 주목시킨 사건은 트럼프 전 대통령의 유세 현장 노쇼_{No Show} 사건이었다. 팬들이 틱톡_{TikTok}을 사용하는 10대들과 함께 오클라호마_{Oklahoma} 털사_{Tulsa}에서 개최될 트럼프 대통령의 유세현장 티켓을 집단으로 신청한 후 참석하지 않아서 1만 9000명 정도 수용할 수 있는 유세 현장에 6000명 정도만 참여함으로써 유세장이 텅텅 비는 사건이 벌어졌다.[58] 사실 아미들은 트위터에서의 해시태그 운동, 기부 활동[59], 티켓팅 등에 대해서는 어느 집단보다도 숙련된 기술들을 갖추고 있다고 할 수 있다. 숙련된 기술이라는 조건 위에서 인종 문제에 대한 아미의 뿌리 깊은 저항 의식은 정치적으로 놀라운 사건들로 나타나게 된 것이라 볼 수 있다.[60] 이렇듯 아미 팬덤이 정치적인 잠재성을 가진 커뮤니티로서의 가능성은 여러 사례들에서 반복적으로 나타나고 있다.[61] 그렇다면 그 구체적인 이유는 어디에서 기인하는 것일까.

아미의 집단적 정체성의 형성 과정: 소수 - 생성

정치적 잠재력을 보이고 있는 아미라는 집단의 특성은 어떻게 이해할 수 있을까. 방탄소년단의 팬이라는 공통점 이외에 어떠한 다른 공통점도 없는 다양한 개인들이 연결접속되어 형성하고 있는 이 집단의 특성은 단일하고 정태적인 무엇으로 환원될 수 없다.[62] 개인의 정체성 역시 무엇과 이웃하며 연결접속되는지에 따라 다양체의 성격을 가지는데 하물며 집단에 대해 어떤 정체성을 말하는 것은 결코 쉽지 않다. 그럼에도 특수한 사회적·문화적·정치적 맥락 속에서 형성되고 확장되어온 아미 팬덤의 역사와 경험을 고려한다면, 그들을 이끌어왔던 최소한의 원칙들로서의 정체성을 찾아볼 수 있다. 따라서 여기에서는 첫째, 아미의 음악팬으로서 가지게 되는 정체성의 측면을 출발점으로, 둘째, '집단지성'을 통해 아미가 자신들을 둘러싼 상황들에 대한 투쟁을 경험하며 가지게 된 형성하게 되는 그들의 정체성을 통해 왜 아미가 정치적 공동체로 성장하게 되었는지를 분석하도록 하겠다.

첫째, 아미의 음악팬으로서의 정체성에 대해서는 대중음악의 가치를 강조한 음악사회학자 사이먼 프리스Simon Frith의 정체성 형성에 대한 논의를 살펴보자. 프리스에 의하면 대중음악을 듣는다는 것은 청취자로 하여금 '공동체 속의 자아'로서의 정체성을 얻게 한다. "(정체성은) 현재의 청취자가 아니라, 청취자가 되고자하는 이상이며 맛볼 수 없는 '공동체 속의 자아'이다. 대중음악에 대한 취향은 사회적으로 형성된 정체성에서 생길 뿐 아니라, 대중음악이 그 정체성 형성을 돕는다."[63] 프리스의 이론에 따르면, 아미는 방탄소년단의 음악을 들으며 아미 공동체 속의 자신에 대한 이상적인 자아 정체성을 형성하게 된다는 것이다. 이 정체성 형성과 정에서 방탄소년단이 전달하는 메시지는 가장 기본적인 방향을 제시하게 된다.

방탄소년단은 폭력적이고 억압적인 사회가 가하는 편견과 억압에 대한 비판들을 수행해왔으며, 나아가 그러한 사회에서 고통받고 있는 이들에 대한 공감을 전하며 더불어 고통 받는 약자인 우리가 연대한다면 지금의 세상을 바꾸어나갈 수 있다고 노래한다.[64] 이런 메시지의 맥락 속에서〈END VIOLENCE〉와 〈LOVE MYSELF〉는 폭력을 끝내는 것이 어쩌면 자신 자신을 사랑하는 방법 중 하나일 수도 있음을 전하고 있다.[65] 따라서 방탄소년단의 2018년 UN 연설의 내용을 자신을 고통스럽게 하는 바로 그 정체성을 인지하고 그로 인해 겪는 고통과 차별을 발화해야 한다는 의미를 담고 있다고 해석할 수 있다. 프리스의 주장에 따르면, 이러한 방탄소년단의 메시지에 감화된 팬들이 폭력과 차별에 대해서 용인하지 않겠다는 보다 단호한 태도를 가지게 되었다고도 볼 수 있다. 여기서 중요한 점은 편견과 억압에 저항하는 태도 그리고 모든 종류의 폭력에 대한 저항이 아미 공동체의 기본 태도가 되었고 아미의 정체성을 형성하는 출발점이 되었다는 것이다.

둘째, '집단지성'을 통해 아미가 자신들을 둘러싼 상황들에 대한 사회적·문화적·정치적 투쟁을 경험하며 형성된 아미의 정체성에 대해 살펴보자. 헨리 젠킨스의 주장에서처럼, "커뮤니티가 그들을 인도해왔던 원칙들을 명확하게 요구받는 순간이 위기, 갈등 그리고 논쟁의 시기"[66]라고 한다면, 방탄소년단의 데뷔 이래 아미는 끊임없이 자신들이 지켜온 원칙들을 명확하게 요구받는 시간들을 겪어왔다. 아미는 방탄소년단이 데뷔 후 몇 년간 그들의 음악성이나 실력에 걸맞는 인정을 쉽게 받지 못했던 이유로 국내에서는 미디어 및 자본의 권력의 혜택의 바깥에서 성장해왔기 때문이라는 점을, 또한 글로벌한 차원에서는 한국어를 노래를 하는 한국인들이라는 점을 들고 있다. 여기서 미디어/자본/인종/언어적 주변부, 달리 말하면 방탄소년단이 다양한 측면에서 권력적 소수자의 위치에 존재해왔다는 것을 팬들이 분명하게 인지하고 있다는 사실이 매우 중요하다. 기존 팝스타들 혹은 국내 가수들의 성공 공식이라고 부를 수 있을 '정통 코스'[67]와는 다른 길을 통해 현재의 위치에 오르게 된 방탄소년단의 성공은 그들의 조건에 대한 팬덤의 의식적 자각에 기반하고 있다고 볼 수 있다.[68] 아미의 이러한 의식적인 자각은 아미들로 하여금 그 어떤 팬덤보다도 자신이 지지하는 아티스트를 위해 '풀뿌리 문화 운동grassroots cultural movement'이라 할 수 있는 수준의 집단적인 행동들을 조직하고 실행하게 되었다.

방탄소년단이 겪어온 차별과 고난들을 함께 겪어오는 한편, 아미는 그들이 보이그룹의 팬이라는 이유로 수많은 편견에 시달려 왔다. 아미에 대한 대표적 편견은 대다수가 '소리 지르는 10대 소녀'라는 것이다. 이 편견에는 보이그룹의 노래는 '어른이들을 만한' 수준 있는 노래가 아니라는, 즉 10대 소녀들의 취미와 취향은 무시해도 된다는 여성혐오적 편견에 기반하고 있다. 그런데 서구 사회에 살고 있는 아미들에게 이런 편견은 인종차별과 중첩되며 더욱 복합적인 차별로 다가온다. 라디오에서는 그들이 한국인이고 영어로 노래를 부르지 않는다는 이유 때문에 방탄소년단의 노래를 거의 틀어주지 않았다. 음악성이 아닌 인종적, 언어적 이유 때문에 방탄소년단의 음악이 음악성에 걸맞은 대접을 받지 못한다는 것은 명백한 인종차별이라고 팬들은 인지할 수밖에 없었고, 팬들 역시 방탄소년단에게 가해지는 편견과 차별을 자신의 것인 양 느낄 수밖에 없었다. 게다가 방탄소년단이 한국인이라는 이유로 서구권의 아미들은 '동양 남자애들 따위나 쫓아다니는 정신 나간 어린 여자애들의 무리'라는 인종차별적 편견에 일상적으로 노출되어 있다. 이렇듯 다양한 위기와 갈등의 상황 속에서 아미에게 편견과 차별에 대한 분노는 당연한 감정이자 기본적 태도가 되었다고 할 수 있다.[69]

　　방탄소년단을 지지하면서 겪게 되는 이러한 편견과 차별의 경험을 통해 아미들이 변화하게 되는 것을 들뢰즈적인 의미에서의 '생성$_{devenir}$'이라 할 수 있다. 생성은 결코 "재생산이나 모방이 아니다"는 점이 중요하다.[70] 일반적으로 팬들은 자신이 좋아하는 가수의 춤, 패션, 화장 등을 모방하고 재생산하는 경우가 많다. 하지만 방탄소년단이 겪어온 차별과 배제 등을 아미가 자신의 것으로 겪는 것은 앞의 모방이나 재생산과는 본질적으로 다르다.

들뢰즈의 생성은 "모방하는 것도, 흉내 내는 것도, 정의의 모델이건 진실의 모델이건 어떤 모델에 따르는 것도 아니다."[71] 모방이나 재생산에서는 모방하는 자와 모방당하는 대상, 들뢰즈의 표현으로 바꾸자면 각각 '출발하는 항'과 '도착하거나 도착해야 하는 항'이라는 고정된 항들이 명확히 전제되는데, 이렇게 항들이 고정되어 있으면 이 항들 사이에서는 생성은 불가능하다.[72]

들뢰즈에게 생성이란 "이중 포획double capture, 비평행적 진화 évolution non parallèle, 두 권역圈域의 결혼noces entre deux règnes […] 각각 자신을 탈영토화하는 코드의 포획"[73]이다. 통상의 재생산이 동종 同種 간에 이루어지는 반면, 생성에서는 이종異種 간의 결혼이 일어나는데, 이를 들뢰즈는 '두 권역의 결혼'이라 표현한다. 또한 이러한 생성이 서로 다른 두 권역을 가로지르며 각기 진화를 하기 때문에 '비평행적 진화'라고 부르기도 한다. 정리하자면 생성이란 이질적 항들 사이 혹은 경계에서 양측이 서로를 가로지르며 서로 다른 두 가지가 동시에 변화하는 것을 일컫는다. 그래서 각자는 기존의 자신으로부터 탈영토화하여 달라지게 된다. 말하자면, 앞서 말한 사건들 속에서 아미와 방탄소년단의 관계 역시 이렇게 '방탄소년단과 아미의 동시 생성'을 의미한다고 할 수 있다. 풀어서 말하자면 앞서 서술한 것과 같은 차별적 경험들 속에서 아미와 방탄소년단은 이전의 자기 자신과는 다른 존재로 변화하며 서로의 존재를 가로지르는 생성을 통해 함께 변화한다.

수년에 걸쳐 방탄소년단에게 가해져온 인종차별을 겪어오면서 아미는 이제, 현실에서의 자신의 인종이나 위치가 어떠한지에 관계없이, 인종차별에 대한 저항과 반대를 자신들의 기본적인 존재 방식으로 삼아오게 된 것이다. 그런데 들뢰즈의 생성 개념에서 중요한 것은 달라지고 변해가는 모든 것을 생성이라고 하지는 않는다는 점이다. 생성은 언제나 '소수-생성devenir-minoritaire'이라는 윤리적이고 정치적인 특정한 방향성을 가진다는 것이 핵심이다. 따라서 남성-생성이나 백인-생성은 성립되지 않는다. 이때 소수라는 것은 수목적 위계 구조에서 피지배적인 위치에 있다는 뜻이다. 따라서 기존의 수목적 체계가 강제하는 질서로 동화되거나 포섭되는 것은 들뢰즈 맥락에서 생성이 아니다. 방탄-아미 다양체[74]의 변화를 '생성'이라 부를 수 있는 것 역시 권력적 맥락에서 방탄과 아미의 소수적인 위치 및 그로 인한 지속적인 차별과 배제와 편견의 경험들 때문이다.

들뢰즈는 '비평행적 진화', '두 권역의 결혼'에서처럼 이질적인 요소들의 연결접속에서 발생하는 생성을 강조한다. 그래서 방탄-아미 다양체의 소수-생성은 방탄과 아미의 이질성뿐 아니라, 아미들 사이의 무수한 이질적 연결접속을 기반으로 가능하며, 이 소수-생성은 그들의 정체성의 형성 과정에 핵심이다. 지난 몇 년간의 과정 속에서 기하급수적으로 수많은 다양한 아미들이 팬덤에 유입되었고, 그들의 활동은 예측할 수 없는 수준의 차원들로 확장해갔다. 하지만 이 생성과 확장의 과정 속에서 아미의 정체성은 약화되었다기보다는 오히려 선명하고 강해지며 일상에 자리 잡았다고 할 수 있다.[75] "방탄소년단에 대한 인종차별을 공유하는 것은 한편으로 아미 자체가 "다양한 계층과 인종으로 이루어진 […] 남다른 인구통계학적 분포"[76]를 갖고 있기 때문이기도 할 것이다. 아미의 "인종차별에 대한 저항과 투쟁은 [아미의] 인구통계학적 다양성이라는 토대에 아미라는 정체성이 결합하면서 필연적으로 등장한 일상적인 투쟁의 하나였다고도 말할 수 있다."[77] 만일 방탄소년단이 국내를 비롯한 아시아권의 팬들만을 가지고 있었다면 지금과 같은 아미의 정체성은 가능하지 않았을 수 있다.

또한 이 이질성은 레비의 '집단지성'을 현실화하는 '역량의 실제적 동원'을 더욱 강력하게 해주어 '집단지성'의 실천적이고 사회적인 효과를 강화하는 역할을 하기도 한다. 레비가 생각한 이상적인 '집단지성'의 공동체에서는 먼저 지식을 갖고 있는 이질적인 개인들의 역량이 정확하게 식별되고 이렇게 서로 다른 각자의 힘을 평가받은 이들이 자발적으로 집단의 요청에 응하며 이루어지는 것이다. 따라서 "'집단지성'은 인간들이 서로를 인정하며 함께 풍요로워지는 것이지 물신화되거나 신격화된 공동체 숭배가 아니다."[78] 그래서 전체주의적 공동체 숭배가 아닌 "집단지성의 성립에 있어서 중요한 것은 서로에게 존중받는 개인이 집단적 발화 주체로 나아가는 과정이다. 여기서 집단은 '우리'라고 칭할 수 있는 조건이 유지되어야 한다. 집단의 다양성을 침해하거나 축소시키지 않으면서 발화해야 하는 것이다."[79] 레비에 따르면, 집단이 '우리'로 유지되기 위해서는 다양성 혹은 이질성을 바탕으로 한 상호 존중이 "새롭고 긍정적인 방식으로 [집단의] 정체성을 확보"[80]해주어야 한다. 즉 레비의 이상적인 '집단지성'이 가능하기 위해서는 바로 이 우리로서의 정체성이 필요하다는 것이다.

하지만 레비의 생각처럼 서로를 상호 존중하는 윤리적이고 아름다운 방식만으로 집단이 정체성을 확보하는 것은 현실적으로 쉽지 않아 보인다. 게다가 집단지성이 그저 새로운 지식 공간 활용의 문제에 그치는 것이 아니라, "자율적으로 조직된 집단, 달리 말하면 분자적 집단들이 변화와 탈영토화 상황에 있는 거대 공동체 속에서 직접 민주주의의 이상을 구현"[81]하는 새로운 정치 체계의 도래를 요구하게 되려면, 오프라인 현실을 지배하고 있는 위계적 사회 구조 및 정치 체계에 먼저 저항하고 해체해야 할 것이다. 이런 투쟁이 가능하기 위해서는 '정체성'의 형성 과정이 평화로운 상호 존중에 기반하는 것만으로는 힘들 것이다. 따라서 들뢰즈적인 소수-생성을 기반으로 정치적 윤리적 지향성을 함축하면서 형성되는 정체성을 가진 집단이 레비의 이상적 집단지성을 구현해나갈 수 있는 최소한의 필요조건이라 제안한다.

그럼에도 나아간다

지금까지 방탄소년단의 팬덤 아미의 구체적인 활동들을 살펴봄으로써 집단으로서의 아미 커뮤니티가 가지고 있는 '정치적 공동체'로서의 가능성을 피에르 레비의 '집단지성' 개념과 질 들뢰즈의 '소수-생성' 개념을 결합하여 살펴보았다. 이 과정에서 '집단지성' 개념이 레비가 제안했던 것처럼 현실의 정치 체계를 바꾸는 역량을 행사하는 단계까지 갈 수 있기 위해서는 최소한 정치적 함축을 가진 집단의 정체성 형성 과정이 필요하지 않을까에 대해 아미의 사례들을 중심으로 검토하였다. 레비의 이상주의에 대한 젠킨스의 현실주의적 비판을 극복할 수 있는 이론적 가능성은 들뢰즈의 소수-생성 개념으로부터, 그리고 그 현실적 가능성은 현재까지 방탄소년단 팬덤 아미가 보여주고 있는 실제적 사례들이다.

특히 아미처럼 거대한 팬덤의 경우 군중심리에 의해 움직일 가능성도 있고, 팬덤 내부에서 여러 사안들에 대한 서로 다른 관점들 때문에 다툼이 일어날 수도 있다. 하지만 "아미들 사이에서 공유된 가치들과 이전의 성공의 경험들에 기반하고 있는 아미 공동체 내부의 깊은 신뢰와 동반자성companionship은 부정적인 측면들을 보상하는 것 같다."[82] 심지어 팬덤이 집단지성이 되어 현실을 변화시킬 수 있을 것인가라는 문제는 쉽게 단언할 수 있는 문제가 아니다. 하지만 그것의 현실화 가능성이 낮다는 비판에만 그치는 것은 이 세상에 어떠한 실질적 변화도 가져오지 못한다. 이론적으로도 또한 실천적으로도 가능한 조건과 사례들을 바탕으로 그것의 현실화 가능성을 타진하고 모색함으로써 현실과의 접점을 찾아가는 것이 우리에게 필요한 태도가 아닐까 생각한다.

이 주제는 단순히 이론적인 차원에 머무는 것이 아니라 현실에서의 변화를 가능하게 하는 역량에 대한 주제이므로 글 한 편으로 쉽게 대답될 수 있지 않다는 점을 말하지 않을 수 없다. 하지만 쉽게 답을 찾을 수 없다하더라도, 포기하고 않고 이를 계속 찾아나가는 과정 자체의 중요성 역시 마지막으로 강조하고 싶다. 이 장에서 이루어진 전체 팬덤 공동체에 대한 논의뿐 아니라 다양한 지역들에서 벌어지는 구체적인 사례 및 상황들에 대한 분석들이 보다 많이 이루어질 수 있다면 이론적인 차원을 넘어 현실적 차원에도 영향을 줄 수 있을 것이라 생각한다. 현실을 변화시키려는 실제적 노력을 하고 있는 남아프리카 공화국의 방탄소년단 아미들이 조직한 비정부기구NGO The Justice Desk[83]의 경우를 소개하며 글을 마치고자 한다. 남아공에서는 3시간에 1명씩 여성 살해가 일어나고, 인신 매매, 성폭력 등이 발생하는 비율이 전 세계 최악이라고 한다. The Justice Desk를 설립한 아미는 방탄소년단의 2018년 UN연설에 영감을 받아 강간과 성폭력 여성 생존자들을 지원하는 'Mbokodo Club 프로젝트'[84]를 시작하게 되었는데, 이 프로젝트는 여성들에게 호신술 및 체력 단련의 기회를 제공하고, 강한 여성과 여성 지도자를 길러내기 위한 워크숍 개최 및 정신건강 지원을 하는 것을 목표로 한다. 그녀는 프로젝트 홍보 영상에서 왜 이 프로젝트를 시작하게 되었는지 설명한다. 힘들고 싸움을 계속할 자신감이 없었던 어느 날 그녀는 우연히 방탄소년단의 〈Not Today〉를 듣다가 다음의 가사를 듣고 다시 일어나 싸울 수 있었다고 밝히고 있다.

All the underdogs in the world

A day may come when we lose,

But it is not today. Today we fight!

(전 세계의 뱁새들아,

언젠가 우리가 지는 날이 올 수는 있겠지만

오늘은 그날이 아니다. 오늘 우린 싸운다!)

우리는, 위대한 신발명들이 예술형식의 기술 전체를 변화시키고,
또 이를 통해 예술적 발상에도 영향을 끼치며 나아가서는 예술 개념 자체에까지도
놀라운 변화를 가져다주리라는 것을 예상하지 않으면 안 된다.

- 폴 발레리, 《예술논집》, 발터 벤야민, 〈기술복제시대의 예술 작품〉,
  《발터 벤야민의 문예이론》, 반성완 편역, 민음사, 197쪽에서 재인용

2부

새로운
예술형식으로서

네트워크-
이미지

1

방탄 영상의 구조적 특징

방탄의 뮤직비디오 및 관련 영상들은 노래를 홍보할 뿐 아니라 노래가 지닌 메시지와 의미를 다양하게 확장하고 변형한다. 그러므로 방탄의 예술 세계를 이해하기 위해서는 그들의 영상을 반드시 참고해야 한다. 2013년 데뷔 이후, 특히 2015년 앨범《화양연화》에서 시작해 현재까지 공개되고 있는 영상들은 두드러진 특징을 보인다. 뮤직비디오들과 관련 영상들 각각은 고립된 텍스트가 아니라 서로가 서로를 끊임없이 참조하게 하는 방식으로 관계를 맺고 있는 것이다. 온라인 공간에 펼쳐져 있는 그들의 영상들은 마치 성좌를 이루고 있는 별들처럼 서로가 특정한 방식으로 얽혀 있다. 영상들이 단일한 텍스트로 완결되지 않은 데다 다양한 방식으로 간격이 존재하기 때문에 관객의 적극적 참여를 유도하고, 관객들은 영상들을 관련 짓는 해석이 담긴 영상물을 나름의 방식으로 생산해 영상들 사이의 간격을 메우려 시도한다. 흥미로운 점은 가사를 분석 하는 콘텐츠보다 뮤직비디오를 해석하는 콘텐츠의 숫자가 훨씬 더 많다는 것이다. 이는 오늘날, 음악을 수용하는 이들이 청각적인 경험뿐 아니라 시각적인 경험까지 중시한다는 것을 보여준다. 그러므로 요즘 음악을 전달하는 주된 매체는 뮤직비디오이며, 음악을 감상하는 사람들을 청중audience 보다는 관객spectator으로 지칭하는 것이 현재의 매체적 상황을 반영하는 보다 적절한 표현이라 할 수 있다.

방탄의 영상과 팬들의 영상은 계속 생산되어 온라인에서 관계를 맺고 있다. 방탄의 영상이 팬들의 영상 제작에 주된 재료 혹은 출발점으로 작동하지만, 이 영상들은 서로 관계를 맺고 네트워크를 형성하며 의미를 확장하고 변형해나간다. 이제, 예술적 측면에서의 방탄 현상을 그 구조적 특징들을 중심으로 살펴보자.

뮤직비디오의 일반적 특징: 서사적 연속성의 파괴

방탄의 뮤직비디오도 당연히 일반 뮤직비디오의 특징들을 갖고 있다. 그러나 방탄의 뮤직비디오와 관련 영상들은 다른 뮤직비디오에는 없는 독특한 특징들이 있다. 이러한 특징들은 '이

것은 영화이고 저것은 뮤직비디오다'라는 식의 매체·장르적 분류나 작품의 경계, 창작자와 수용자의 경계를 넘나들기 때문에 기존의 예술 개념으로는 설명하기가 힘들다. 앞에서 '네트워크-이미지'network-image라는 새로운 개념을 제안한 것도 이 때문이다. 우선, 뮤직비디오와 관련 영상들 특유의 구조적 특징들을 살피기에 앞서 비교의 준거점으로 일반적인 뮤직비디오의 특징부터 보자.

뮤직비디오의 특징을 이해하는 데는 영화와의 비교가 도움이 된다. 흔히 같은 동영상 매체라는 점 때문에 영화와 뮤직비디오를 유사한 것으로 생각하기 쉽다. 하지만 이 둘은 매우 다른 매체다. 영화와 뮤직비디오는 디제시스diegesis 구축과 이를 위한 편집과 촬영에서 상당한 차이가 있고 바로 그렇기 때문에 의미 해석 방식도 다를 수밖에 없다.

일반적으로 고전적 형식의 영화에서는 디제시스가 구축된다. 디제시스란 특정한 시공간적 배경에서 인물 중심의 사건들이 인과적인 연쇄로 구성된 서사narrative를 바탕으로 해서 만들어진 허구적 세계를 말한다. 이를테면 〈다이하드〉Die Hard는 1980년대 어느 해 크리스마스이브에 미국 뉴욕의 한 빌딩에서 형사 존 매클레인이 테러범들과의 사투 끝에 부인과 다른 인물들을 구해내는 이야기를 담은 영화다. 존 매클레인은 규칙에 따르기보다는 감정적으로 행동하는 성격이며, 전략을 짜서 치밀하게 행동하는 인물이 아니라 온몸으로 부딪히며 사건을 해결해가는 인물이다.

이런 식으로 영화에서는 특정한 시간적, 공간적 배경이 주어지고 그 안에서 일관된 캐릭터의 주인공을 중심으로 사건들이 인과적으로 펼쳐진다. 인물 중심의 사건들로 이루어지는 서사는 일관되면서 연속적인 시공간적 배경에서 구축된다.

이러한 서사 구성 방식은 관객을 특정한 세계 속의 특정한 인물, 즉 주인공의 시선과 동일시하게 만든다. 예를 들어 〈다이 하드〉를 보는 동안 관객은 주인공인 존 매클레인 역의 브루스 윌리스에게 감정이입하면서 그와 자신을 동일시하게 된다. 주인공의 승리를 바라고, 주인공이 악당에게 당하면 같이 화가 나고 고통스러워진다. 주인공에 대한 과거 사연들과 설명이 제시되며, 이로 인해 주인공은 대체로 매력적이거나 이해할 수 있어서 정이 가는 인물로 그려진다. 하지만 악당에 대해서는 별다른 배경 설명을 제공하지 않는다. 그래서 악역에 해당하는 테러범들은 공감을 불러일으키거나 이해하기가 불가능한, 그냥 악당일 뿐이다. 이런 경우 주인공이 실제로 어떤 세계관과 이데올로기를 대변하고 있는지 관계없이 영화를 보는 동안 우리는 주인공과 스스로를 동일시하게 된다. 이런 방식의 고전적인 영화 형식은 특정한 세계관과 이데올로기를 관객에게 주입하는 효과를 가지게 된다.[1]

반면에 뮤직비디오은 허구적 세계인 디제시스를 구현하지만 영화처럼 일관된 디제시스를 구축하지 않으며 오히려 이를 파편화시킨다. 서사적 일관성을 파괴하면서 관객이 디제시스라는 허구적 세계에 동일시되게 하지 않는다. 따라서 "뮤직비디오는 형식상 전혀 보수적이지 않다. 오히려 본질상 진보적이고 심지어는 파괴적이다"[2]라고 말할 수 있다. 뮤직비디오에는 서사적이고 일관적인 시공간적 연결과 시간의 선형성에 따른 인물의 아이덴티티를 구성하지 않기 때문에 특정한 이데올로기가 관객에게 작용할 여지가 없다.

영화에서는 디제시스 구축을 위한 사건의 전개, 시공간적 연속성, 인물 연속성 등을 구성하기 위해 몽타주(편집)가 이루어진다. 이와 달리 뮤직비디오에서는 디제시스 구축을 위해서가 아니라 음악, 퍼포먼스, 가수의 매력 등을 효과적으로 전달하기 위해 몽타주가 이루어진다. 이 때문에 뮤직비디오에서는 음악의 비트와 리듬에 따라 편집점이 결정된다. 시공간적 배경은 사실성도 일관성도 없다. 동일한 가수가 등장한다는 점을 제외하고는 어떤 동일성이나 연속성도 필요하지 않다. 그러므로 뮤직비디오에서는 공간적 배경이 연속적으로 이어지지 않고 편집의 순간마다 의상이 바뀌어도 관객은 전혀 이상하게 받아들이지 않는다. 그룹의 노래일 경우에는 멤버 전원이 뮤직비디오에서 한 캐릭터의 부분들로 등장하는 경우도 흔히 볼 수 있다. 캐릭터의 동일성이 반드시 유지될 필요도 없다. 영화에서라면 관객들이 매우 불편하게 여기거나 영화가 잘못 편집되었다고 느낄 만한 모든 요소들이 뮤직비디오에서는 당연하게 여겨진다.

영화에는 시공간적으로 연속성이 있는 디제시스를 구축하기 위해 등장인물들의 시선 방향이 유지되어야 하고 이를 위해 가

상선인 180도를 넘으면 안 된다는 규칙이 있다. 또 하나의 피사체를 찍을 때 첫 번째 컷을 찍은 후 두 번째 컷에서는 30도 이상 벗어난 시점에서 촬영과 편집을 해야 흐름이 자연스럽다. 미학적 실험을 하는 영화를 제외한 대부분의 영화에서 180도 규칙과 30도 규칙은 시공간적 연속성을 위해 당연한 것으로 여겨진다. 하지만 뮤직비디오에서 이러한 규칙들은 전혀 적용되지 않는다. 기본적으로 뮤직비디오의 경우에는 시공간적으로 연속성이 있는 허구적 세계를 구축하는 것이 목표가 아니기 때문이다.

　이런 차이들은 의미 분석에 대한 접근법의 차이로 이어진다.

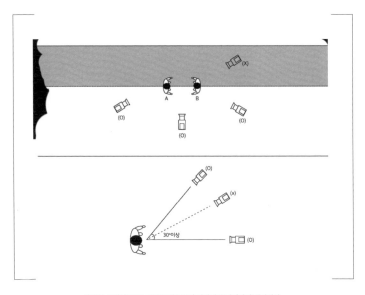

180도 규칙과 30도 규칙은 대부분의 영화에서 당연하게 여겨진다.

지금까지 살펴본 것처럼 영화와 뮤직비디오는 애초부터 매체의 성격이 다르다. 따라서 뮤직비디오를 영화와 동일한 방식으로 분석하는 것은 적절하지 않다. 시공간적 연속성이나 한 캐릭터의 동일성을 기준으로 뮤직비디오를 해석하려 하면 오히려 그 의미를 제대로 파악하기 힘든 경우도 있다.

뮤직비디오에 등장하는 이미지들은 일관된 서사의 맥락에서 이해하려 하기보다는 의미의 맥락에서 파편적인 상징으로 이해하는 것이 더 적절하다. 모든 이미지들이 언제나 일관된 서사와 스토리를 구성할 것이라는 전제를 버리고 이미지들을 파편적 상징으로 이해할 때, 오히려 의미에 대한 자유롭고 생산적인 분석이 가능하다.

뮤직비디오에서 자유롭고 생산적인 의미 분석을 가능하게 하는 이미지들의 파편화는 가사와 이미지의 불일치로 더욱 강화된다. 사실 가사의 내용과 정확하게 일치하도록 이미지가 구성되는 뮤직비디오는 거의 없다. 뮤직비디오가 등장했던 초기에는 가사의 진행에 맞춰 영상이 제시되는 경우도 있었지만, 그런 방식의 뮤직비디오는 대부분 사라졌다.

가사와 이미지의 불일치라는 특징은 방탄의 뮤직비디오에서 더욱 두드러진다. 예를 들어 《화양연화》에 속한 〈I NEED U〉와 〈RUN〉의 경우, 가사만으로 보면 사랑과 관련된 노래라고 할 수 있다. 하지만 〈화양연화 on stage: prologue〉의 영상들까지 함께 고려하면 이미지들은 개인의 로맨틱한 관계와 같은 전형적인 사랑에 한정되지 않고 청춘의 반항, 고통, 불안, 자살, 아픔, 우정 등을 드라마틱하게 보여준다.

뮤직비디오 〈MIC Drop〉도 유사한 사례에 속한다. 노랫말은 주로 무시와 방해를 딛고 성공을 거둔 자신들에 대한 이야기지만 이미지는 화염병을 던지는 듯한 사람들, 취조실과 감옥을 연상시키는 공간, 그리고 공권력을 상징하는 검은 차량들이 불타고 있는 모습 등으로 전혀 다르다. 마치 방탄의 성공이 공권력으로 상징되는 지배 질서의 전복을 대표하는 것으로 해석할 수 있도록 뮤직비디오가 구성되어 있다. 이뿐 아니라 노래 가사와 이미지가 상응하지 않아도 되기에 뮤직비디오에서 이미지 트랙과 사운드 트랙의 가사는 상대적으로 자율적인 요소들이 되고, 이런 요소들이 상호작용하면서 만들어지는 의미는 가사나 이미지 어느 하나에 의해 결정되지도 않는다. 요컨대 파편적 상징으로서 이미지와 가사와 이미지의 불일치라는 특성으로 인해 뮤직비디오는 의미가 고정되거나 한정되지 않는 '열린 구조'를 형성하는 것이다.

방탄 영상의 열린 구조

방탄 영상은 크게 두 종류로 나눌 수 있다. 하나는 뮤직비디오이고 다른 하나는 쇼트 필름short film, 하이라이트 릴highlight reel, 트레일러trailer 등 다양한 이름을 가진 영상들이다. 후자들은 뮤직비디오라고 할 수도 없고 영화라고 할 수도 없는 독특한 위상의 영상들이다. 나는 여기서 이 영상들을 '온라인 설치 영상'이라고 부를 것을 제안한다. 현대 설치미술 작품 중 비디오 영상 작품은 갤러리에 공간적 간격을 두고 영상 단편들을 설치, 그 영상 단편들 간의 관계를 통해 관객들의 사유를 유도한다. 방탄의 영상들은 공간 대신 시간 간격을 두고 온라인에 설치되고, 그 영상 단편들의 관계망을 통해 관객이 의미를 생성하게 한다는 점에서 설치미술과 유사한 면이 있다.

뮤직비디오와 '온라인 설치영상'으로 이루어지는 방탄 영상들의 독특한 점은 개별 작품들이 서로를 참조한다는 것이다. 구체적으로 말하면 이 뮤직비디오와 저 뮤직비디오, 이 뮤직비디오와 이 앨범, 이 앨범과 저 앨범이 서로를 참조하면서 일종의 계열을 형성한다. 그렇기 때문에 방탄 영상들은 뮤직비디오가 개별 차원에서 갖고 있는 열린 구조를 넘어 서로가 서로를 참조하는 다른 차원의 열린 구조도 갖고 있다. 이 새로운 차원의 열린 구조를 체계적으로 강화하는 것이 '온라인 설치영상'들이다. 온라인 설치영상은 유사한 이미지의 변형과 반복, 이미지의 상징성, 상호참조적 성격 등과 더불어 방탄 영상의 열린 구조를 가능하게 해주는 특징들이다.

그러므로 방탄 영상들은 최소한 두 차원의 열린 구조를 통해 체계적으로 관객들의 개입과 참여를 유도한다. 그러나 방탄의 영상이 처음부터 상호참조하는 방식의 열린 구조를 명시적으로 보여준 것은 아니었다. 상호참조성의 측면에서 《화양연화》이후의 작품들과 비교하면 초기 학교 시리즈 3부작에 속하는 〈NO MORE DREAM〉, 〈상남자〉, 〈N.O〉의 뮤직비 디오들은 각기 독립된 개별 단위의 작품들로 볼 수 있지만 그러면서도 유사한 이미지들을 반복적으로 등장시킴으로써 각 작품이 개별 단위로 완전히 닫히는 것을 막는다. 학교 3부작 뮤직비디오에서 시작된 열린 구조는 《화양연화》 시리즈부터 상호참조적 열린 구조로 본격 변화해 발전할 뿐만 아니라 여기에 '온라인 설치영상'까지 더해지면서 그 범위와 복잡성이 놀랄 만한 수준으로 증폭된다. 방탄 영상들이 지닌 열린 구조의 특성들을 보다 구체적으로 살펴보자.[3]

유사한 이미지의 반복과 변형

방탄 영상들에는 경찰 및 공권력의 억압적 이미지, 불타오르는 이미지, 군중의 이미지 같은 특정 모티브들이 작품마다 다르게 변형되면서 반복해서 등장한다. 이러한 변형과 반복은 관객이 작품들을 서로 연결지어 그 의미를 해석하도록 자극한다.

경찰과 공권력의 이미지는 다양한 방식으로 변주된다. 데뷔곡 〈No More Dream〉에서 헬리콥터의 아래 부분에 선명하게 보이는 글자 'POLICE'는 첫 번째 미니 앨범 《O!RUL8,2?》의 뮤직비디오 〈N.O〉에서 방패와 몽둥이를 든 전투경찰 이미지로 연결된다. 이 이미지는 〈RUN〉에서 다시 그래피티를 그리던 RM과 뷔를 체포하는 경찰들의 이미지로 이어지고, 이는 《WINGS》 앨범의 쇼트 필름 중 하나인 〈STIGMA〉에서 그래피티를 송곳으로 긁고 있는 뷔를 경찰이 연행하는 장면과 취조실 장면으로 연결된다. 공권력의 이미지는 〈MIC Drop〉에서 더욱 복잡한 방식으로 표현된다. 우선 취조실로 보이는 공간과 감옥으로 추정되는 공간이 등장한다. 뮤직비디오의 중반부에 이르면 RM이 앰뷸런스에서 뛰어내려 경광등을 달고 있는 차들을 거느리는 듯한 구도에서 랩과 퍼포먼스가 진행된다. 이후 이 차들은 폭발하면서 화염에 휩싸인다. 초창기의 방탄 영상들에서 경찰 및 공권력의 이미지가 대체로 직접적인 억압의 형태를 보였다면 《화양연화》와 《WINGS》를 거치면서 그 억압적 성격은 유지되면서도 부친 살해라는 상징적 의미를 드러내기 위한 수단으로 그 역할이 변형되는 듯

하다. 이후 《Love Yourself: 承 'Her'》에 속하는 〈MIC Drop〉에서는 공권력의 이미지가 억압적 형태로 등장하기보다 방탄 멤버들이 억압과 통제를 이겨낸 듯한 분위기로 나타난다. 이렇듯 유사한 이미지가 서로 다른 작품에서 반복해서 등장하지만 그 맥락은 미묘하게 달라진다.

변형되어 반복되는 유사한 이미지의 다른 예로 군중의 이미지가 있다. 〈N.O〉에 등장하는 적대적인 전투경찰 집단의 이미지는 〈Not Today〉에서는

검은 후드의 군중으로 변형돼 반복된다. 〈Not Today〉에 등장하는 군중은 방탄을 따르는 것인지 쫓고 있는 것인지 불분명하다. 산을 뛰어 올라가는 장면에서는 어느 쪽으로도 해석이 가능하다. 산에서는 군중이 방탄을 쫓아가고 있는 듯하지만, 방탄과 함께 춤을 추기도 하고 방탄이 총을 맞고 쓰러질 때는 함께 쓰러지기도 한다. 창고 같은 곳에서는 방탄을 가로막는 역할로 등장하고, 마지막 군무에서는 방탄을 따르는 것처럼 보인다. 이 검은 후드의 군중은 〈MIC Drop〉에서 화염병을 던지는 시위대의 뒷모습처럼 보이면서 방탄을 추종하는 듯한 이미지로 재등장한다.

　　방탄 뮤직비디오에서는 불의 이미지도 빈번하게 등장한다. 〈No More Dream〉에서 아이들이 놀고 있는 공터에는 군데군데 불길이 타오른다. 이어 〈Danger〉에서는 진이 방에 라이터를 던지는 모습과 폐건물 같은 곳에서 불타고 있는 여러 대의 카트들이 등장한다. 〈I NEED U〉에서는 방 안에서 하얀 꽃을 불태우는 진, 욕조 안에서 사진을 불태우는 지민, 모텔 방 안에서 라이터를 켜는 슈가가 등장하다가 모두 함께 불을 피우며 놀고 있는 이미지 등으로 이어진다. 〈불타오르네〉에서는 아예 불이 주인공으로 등장한다. 핑크 플로이드의 《Wish You Were Here》 앨범 자켓 이미지를 오마주한 듯, 슈가와 악수하는 남자가 불타오르는 첫 장면으로 시작해 자동차가 불타고, 폐건물 바닥에 불길이 일고, 마지막에는 건물 전체가 불타오르다 폭발한다. 〈Not Today〉의 시작과 끝을 장식하는 이미지는 폭발이다. 가장 최근 뮤직비디오인

〈MIC DROP〉 후반부에서도 여러 대의 자동차가
동시에 불타오른다. 불과 폭발 영상은 기존 질서에
대한 저항과 위계의 파괴에서 새로운 탄생과 상승
까지 아우르는 다양한 해석의 지평을 열어놓고 있
다. 이처럼 방탄의 영상에서는 유사한 이미지가 변
형되며 반복적으로 등장하기 때문에 각 이미지의
의미를 이해하기 위해서는 이전 영상들에서 그 이
미지가 사용된 맥락과 비교해야 한다. 각 텍스트가 하나로 완결
되는 것이 아니라 전체가 서로 연결되어 상호참조하며 열린 구
조를 형성하고 있기 때문이다.

이미지의 상징성

방탄 영상이 다른 뮤직비디오에 비해 두드러지는 또 하나의
특징은 이미지의 상징성이다. 〈피 땀 눈물〉과 〈봄날〉은 방탄 영상
들 중에서도 이미지의 상징성이 두드러지는 작품들이다. 우선 〈
봄날〉을 보자. 이 영상은 《WINGS》 외전인 앨범 《YOU NEVER
WALK ALONE》에 속한다. 이 영상에는 어슐러 르 귄U.K. Le Guin의
소설 《오멜라스를 떠나는 사람들》에 나오는 '오멜라스'Omelas라는
상상의 도시 이름, 낡은 놀이기구에 매달린 노란 리본들, 영화 설
국 열차의 기차, 객차에 남겨진 슈트케이스들, 크리스티앙 볼탄
스키Christian Boltanski의 설치 작품인 〈사람들〉Personnes을 연상시키는
버려진 옷더미들, 해진 옷을 입고 바다를 바라보는 지민, 바다에

서 건져 올린 신발 한 쌍, 나무에 걸린 신발 등의 이미지를 극도로 상징화하여 배치한다. 이 영상에서 다른 뮤직비디오들과의 공통점이나 상호참조하는 성격은 그리 눈에 띄지 않는다. 하지만 이 영상 역시 미술, 문학, 영화 작품과 더불어 구체적 현실을 참조할 수밖에 없도록 이미지들을 상징화하는 방식으로 구조적으로 열려 있다. 게다가 뮤직비디오에 등장하는 멤버들 각각은 하나의 역할로 한정되지 않는다. 누가 죽은 아이일까, 누가 죽은 친구를 그리워하는 역할일까에 대해 배역을 할당하지 않고 멤버 모두가 여러 역할을 동시에 수행하며 다른 멤버들을 참조하게 한다. 이렇듯 파편화된 이미지들의 상징성 때문에 의미는 단일한 방식으로 확정되지 않고 관점이나 해석에 따라 다양한 변화와 생성이 가능하다.

《WINGS》에 수록된 〈피 땀 눈물〉은 〈봄날〉과는 다른 맥락으로 상징성을 극단적으로 강화한 작품이다. 전반적으로 바로크풍의 퇴폐적인 분위기가 강조된 공간과 의상이 두드러지는 이 작품에는 미술사에 등장하는 수많은 모티브들이 활용된다. 우선 17세기 바로크풍의 분위기부터 상징적이다. 17세기는 지배적인 종교적 세계관이 더 이상 유지되지 못한 채 몰락하면서 근대 과학과 이성이 본격화된 격동기였다. 새로운 세상을 찾아 기존의 세계를 깨고 나간다는 《WINGS》의 콘셉트와 부합하는 시대다. 방탄 스스로 헤르만 헤세의 《데미안》이 이 곡을 비롯한 《WINGS》 앨범 전체 콘셉트의 모티브가 되었다고 밝힌 바 있다. "새는 알에서 나오기 위해 투쟁한다. 알은 세계이다. 태어나려고 하는 자는 누구든 하나의 세계를 파괴하지 않으면 안 된다"는 《데미안》의 새와 알, 파괴 등은 〈피 땀 눈물〉에서 다양한 시각적 상징으로 변형되어 등장한다.

미켈란젤로의 〈피에타〉, 브뤼헬의 〈추락하는 이카루스가 있는 풍경〉, 〈반역 천사의 추락〉 등 여러 미술 작품 역시 《데미안》에 나오는 문학적 상징의 시각적 변형으로 볼 수 있다. 이러한 상징들은 알을 깨고 새로운 세계로 나아가는 성장을 둘러싼 두려움, 위험, 유혹, 혼란 등을 나타낸다. 예컨대 마리아의 품에 안겨있는 죽은 예수는 죽음의 위험성과 부활을 함축하고 있다. 〈반역천사의 추락〉과 〈추락하는 이카루스가 있는 풍경〉에서는 날개가 달렸다고 모두 새가 아니라는 것, 그것이 날개 달린 악마일 수도 있다는 혼란과 새가 된다는 것이 날 수 있다는 것뿐 아니라 이카루스처럼 추락할 수도 있다는 두려움도 상징하고 있다. 이 영상들은 또한 두려움과 위험에도 불구하고 끊임없이 찾아드는 유혹, 위험하지만 달콤한 유혹에서 만나게 되는 선과 악의 혼란 등도 나타낸다. 여기에 멤버들의 연기까지 더해지면서 더욱 다의적인 해석이 가능해진다.

〈피 땀 눈물〉도 이 뮤직비디오만 보면 모호하고 혼란스러워 보이는 상징들의 의미를 파악하기가 쉽지 않다. 하지만 이 영상을 공개하기 전에 시간차를 두고 공개된 《WINGS》의 쇼트 필름들과 앨범 트레일러 및 티저 영상 등을 참조하면 모호성이 많이 줄어

든다. 뮤직비디오와 관련해서 다른 영상들이 상호참
조하는 관계는 각각의 상징 이미지를 해석할 수 있는
의미 맥락을 제공해 준다. 《WINGS》의 각 쇼트 필름
들은 《화양연화》의 이미지들이 변형되어 반복되면서
이와도 연결되어 있다. 그렇기 때문에 〈피 땀 눈물〉을 이해하고자
하는 관객들은 《화양연화》에 등장했던 이미지와 맥락들을 소환할
수밖에 없다. 상호참조적 연관이 점차 확장되면서 상징으로서의
이미지를 해석하기 위한 의미 맥락은 넓어지면서도 구체화된다.
이렇듯 영상들 간의 상호참조적 관련성은 방탄의 영상들이 지닌
의미를 분석하기 위해 고려해야 할 가장 중요한 요소 중 하나다.

온라인 설치영상

방탄 영상에서 가장 주목해야 할 특징은 영상들 간
의 상호참조적 관계를 더욱 증폭시키는 '온라인 설치영
상'이다. 〈화양연화 on stage: prologue〉, 〈EPILOGUE:
Young Forever〉, 〈WINGS SHORT FILMS〉, 〈LOVE
YOURSELF Highlight Reel '起承轉結'〉이라는 이름이 붙
은 이 영상들은 영화로도 뮤직비디오로도 규정할 수 없
는 새로운 종류의 영상들이다.

그 구체적인 예로 《WINGS》를 보자. 방탄은 앨범
《WINGS》의 트레일러, 일곱 편의 쇼트 필름, 〈피 땀
눈물〉 뮤직비디오에 대한 티저 영상을 공개하고 난

뒤에야 뮤직비디오 본편을 공개했다. 〈피 땀 눈물〉의 티저 영상은 본편에 등장할 이미지들이 영화 예고편처럼 편집되어 있는 짧은 영상으로 일반적인 티저 영상과 큰 차이가 없다. 하지만 《WINGS》의 트레일러와 쇼트 필름들은 본편 뮤직비디오와는 확연히 다른 내용과 이미지로 이루어져 있다.

특히 《WINGS》에 속한 일곱 편의 쇼트 필름들은 이런 특징을 잘 보여준다. 〈#1 BEGIN〉, 〈#2 LIE〉, 〈#3 STIGMA〉, 〈#4 FIRST LOVE〉, 〈#5 REFLECTION〉, 〈#6 MAMA〉, 〈#7 AWAKE〉라 는 쇼트 필름들의 제목은 《WINGS》에 수록된 솔로곡의 제목과 동일하지만 그 솔로곡의 뮤직비디오라고 할 수는 없다. 각 쇼트 필름에서 해당 솔로곡이 배경음악으로 나오지만 뮤직비디오에서처럼 노래 전체가 나오지도 않고, 영상도 노래를 전달하기 위한 방식으로 구성되어 있지 않다. 각 쇼트 필름들은 각기 다른 콘셉트를 중심으로 극도로 상징적인 이미지들을 추상적으로 제시하고 있다. 마치 실험적인 단편영화나 비디오아트의 연작 설치 작품들을 보는 듯하다. 분명히 어떤 정서들이 강렬하게 전달되긴 하지만, 그것들을 언어로 규정하여 표현하기에는 지나치게 추상적이고 모호하다.

각 단편의 시작 부분에는 헤르만 헤세의 《데미안》 구절들이 내레이션으로 흐르면서 극도로 추상적이고 상징적인 이미지들이 등장한다. 이 쇼트 필름들은 각 필름마다 방탄의 서로 다른 멤버가 주연을 맡고 있기 때문에 멤버 개개인의 캐릭터를 설정하기 위한 것으로 보기 쉽다. 실제로 팬들이 그런 식으로 해석하는 경우도 보인다. 또한 이 필름들이 부분적으로 멤버들의 캐릭터를 설정하는 역할을 하는 면도 있다. 하지만 방탄의 비디오에서는 다른 아티스트들의 비디오와 달리 멤버의 매력을 강조하거나 어떤 허구적인 캐릭터를 부여하는 식으로 캐릭터가 설정되지는 않는다. 이 쇼트 필름들에서 캐릭터 설정보다 더 중요한 것은 캐릭터가 여러 앨범을 거치며 변화, 성장하면서 다른 시기의 영상들을 참조하게 하는 상호참조적 관계이다. 예를 들어 〈#7 AWAKE〉에서 진이 하얀 방에 혼자 있는 모습, 방에서 흰 꽃을 태우는 장면과 같은 모티프는 이전에 발표된 《화양연화》에 속한 뮤직비디오와 온라인 설치영상들에서도 등장한다. 〈#7 AWAKE〉에서는 방의 모습과 크기 등 디테일이 변화하고 새로운 상징 이미지들이 추가된다. 그리고 이러한 상징들은 〈피 땀 눈물〉과 연결되면서 새로운 의미들을 부여받는다. 흰 꽃과 함께 있는 진은 이후 발표되는 《LOVE YOURSELF: 承 'Her'》의 쇼트 필름 〈Highlight Reel '起承轉結'〉에도 다시 등장한다. 한편으로는 이전 앨범의 장면들과 연결되고 다른 한편으로는 새롭게 등장하는 다른 이미지 상징들과 이어지면서 캐릭터의 의미는 다시 한 번 변형, 확장된다. 이런 식으로 모든 멤버들과 관련된 이미지와 에피소드들은 앨범별로 분리되지 않고 2015년부터 지금까지 발표된 대부분의 앨범들에서 서로 관련되며 의미를 확장한다. 물론 각 멤버들과 관련된 이미지와 에피소드들이 시간적, 논리적으로 일관된 방식으로 연관성을 제시하지는 않는다. 이 때문에 각 멤버별 쇼트 필름이 보여주는 에피소드 역시 명확한 서사를 구성하지 않은 채 주로 의미 연관을 구성하고 있다고 할 수 있다.

이런 방식으로 쇼트 필름들은 앨범 《WINGS》 전체의 주제라고 볼 수 있는, '이전 세계를 벗어나 새로운 세계를 창조하는 것으로서의 성장'과 관련을 맺는다. 나아가 《WINGS》의 쇼트 필름들에서 모호하게 드러나는 고통, 불안, 외로움, 괴로움 등의 감각들은 다른 앨범들의 온라인 설치영상 및 뮤직비디오들과의 관계 속에서 보다 구체화된다. 각 쇼트 필름이 제시하는 감각의 파편들이 서로 마주치고 〈피 땀 눈물〉의 뮤직비디오와 어우러지면서 《WINGS》의 전체 주제가 '따로 또 같이' 드러나는 것이다. 이렇듯 각 쇼트 필름들은 그 자체로만 의미를 가진 것이라기보다는 다른 영상들과의 관계 속에서 보다 풍성하고 적실성 있는 의미를 획득하게 된다는 점에서 상호참조적 관련성을 더욱 증폭시킨다. 이는 《WINGS》만이 아니라 2015년에 발표된 《화양연화》 시기부터 현재까지 지속되고 있는 방탄의 영상 전체에 해당되는 이야기다.

상호참조성과 관객의 참여

유사한 이미지의 반복과 변형, 이미지의 상징성, 온라인 설치 영상들의 존재 등 지금까지 이야기한 방탄 영상의 특징들은 모두 상호참조성과 관련된다. 이들 특징들이 상호참조적인 열린 구조를 형성함으로써 관객들이 방탄 영상들을 서로 참조하여 의미를 그려내도록 만드는 것이다. 다시 말해 방탄 영상의 상호참조적인 열린 구조는 관객을 방탄의 예술 세계에 참여하도록 만든다. 이는 영상들이 시간적 간격을 두고 온라인에 공개됨으로써 더욱 증폭된다. 이 과정은 의미의 변형과 확장을 필연적으로 동반한다. 개별적인 상징 이미지와 시기별 작품 세계들이 모두 이후에 발표되는 작품들과의 상호참조 속에서 그 의미가 변형되고 확장되고, 이러한 과정에서 열린 전체로서 예술 세계도 변형, 확장되어 간다. 방탄의 세계가 형성되는 데에는 무엇보다 상호참조를 현실적으로 실행하는 관객의 참여가 중요하다. 방탄의 영상들은 관객의 참여를 현실화시키기 위해 몇몇 방법을 사용하고 있는데, 그 가운데 중요한 것은 시간적 간격을 두고 작품을 공개함으로써 관객의 참여를 구조적으로 강력하게 유도한다는 점이다.

《화양연화》시리즈에 속하는 영상들을 보자. 〈화양연화 on stage: prologue〉는 〈I NEED U〉와 〈RUN〉 사이의 시기에 공개되었고 〈EPILOGUE: Young Forever〉는 〈RUN〉이 발표되고 다섯 달 정도 지난 뒤에 공개되었다. 시간차를 두고 공개된 이 네 편의 영상에는 분명히 서로 관련되어 있는 상징적 이미지들의 파편화된 조각들이 흩어져 있다. 이런 배치는 이 조각들을 맞춰 하나의 그림을 완성해보고자 하는 관객들의 참여를 유도한다. 또한 시간 간격을 두고 공개되는 각 영상들은 관객에게 각기 다른 정보를 제공하므로 관객의 해석은 수정을 거듭하며 달라진다.

　그런데 《화양연화》에는 이 네 편의 영상만 있는 것이 아니라 〈쩔어〉, 〈불타오르네〉, 〈Save ME〉라는 세 편의 영상이 더 있고 이는 《화양연화》와 《WINGS》의 영상들과 관련 되며 관계의 복잡성을 증가시킨다. 이를 좀 더 구체적으로 보자. 〈I NEED U〉와 〈RUN〉 사이에 공개된 〈쩔어〉의 뮤직비디오는 앞서 언급했던 《화양연화》네 편의 영상들과 관련이 없고, 약 열 달 뒤에 공개된 〈불타오르네〉 뮤직비디오의 초반부 배경음악으로 삽입된다. 또 〈

불타오르네〉는 마지막 화면에 'BOY MEETS WHAT'이라는 문구가 나오며 관객의 호기심을 자극하면서 끝난다. 이 문구는 보름 후에 공개된 〈Save ME〉 뮤직비디오의 마지막에서 'BOY MEETS…'라는 변형된 문구로 등장하고 이 문구는 다시 4개월 후에 공개된 《WINGS》의 트레일러 〈BOY MEETS EVIL Comeback Trailer〉의 첫 부분에서 'BOY MEETS EVIL'이라는 문구로 다시 모습을 드러낸다. 팬들에게 궁금증을 남겼던 퀴즈의 답이 공개되듯이 대략 다섯 달이 흐른 후 이 마지막 문구를 통해 《WINGS》의 전체 방향을 보여주는 것이다. 이 문구들은 다른 한편으로는 《화양연화》와 《WINGS》사이의 연관성도 보여준다. 따라서 《화양연화》의 영상 4편을 보면서 계속 해석을 수정해왔던 관객은 거듭 수정된 《화양연화》에 대한 해석을 바탕으로 《WINGS》에 속한 영상들의 의미를 해석하게 된다. 이뿐 아니라 'BOY MEETS EVIL'이라는 문구가 담긴 《WINGS》의 트레일러가 발표되기에 앞서 《WINGS》에 속한 7편의 쇼트 필름이 2, 3일 정도의 간격을 두고 순차적으로 공개됨으로써 《화양연화》와 《WINGS》의 상호참조성은 더욱 강화된다. 왜냐하면 이 쇼트 필름들은 이전 《화양연화》의 영상들뿐 아니라 이후 《WINGS》에서 발표된 〈피 땀 눈물〉의 상징적 이미지들과도 긴밀히 연결되기 때문이다. 〈피 땀 눈물〉만을 볼 때에는 이해할 수 없는 상징들의 의미가 이 쇼트 필름들과 《WINGS》의 도입부에 해당하는 〈BOY MEETS EVIL Comeback Trailer〉 영상과 더불어 드러나기 시작하는 것이다.

파편적 영상들이 형성하는 의미의 관계는 비슷한 주제를 다루면서도
다른 차원으로 확산되는 나선형 모델로 볼 수 있다.

《화양연화》에서부터 시작된 이 복잡한 연결망은 《화양연화 YOUNG FOREVER》, 《WINGS》와 《YOU NEVER WALK ALONE》을 거쳐 《LOVE YOURSELF: 承 'Her'》로 성장해간다. 시간 간격을 두고 발표된 방탄 영상들이 상호참조하는 관계를 통해 변화하는 과정은 양적 확장이나 직선적 발전의 형태를 띠고 있지 않다. 이전 앨범의 영상들이 보여주는 주제는 다음 앨범의 영상들에도 연관되어 변형된 형태로 나타나지만 차원이 달라지며 성장한다.

따라서 방탄의 예술 세계는 마치 그림의 나선형 모델에서처럼 파편적인 영상들을 통한 의미가 다른 차원에서 반복되면서 성장하는 것으로 볼 수 있다. 이를테면 《화양연화》에 '소년이 청년으로 성장해가면서 겪는 불안, 고통, 외로움, 두려움' 등이 두드러진다면 《WINGS》는 비슷한 감정들이 '청년들이 마주하는 새로운 세계'라는 차원에서 변주되어 나타난다. 또한 《YOU NEVER WALK ALONE》은 《WINGS》의 연장선상에 있는 것이지만 〈봄날〉, 〈Not Today〉가 새로 포함되면서 《WINGS》에서 다소 추상적이고 몽환적인 방식으로 '악마를 만났던 청년들'은 개인적 고통과 불안이라는 성장 통에 머물지 않고 《화양연화》의 〈뱁새〉와 《WINGS》의 〈Am I Wrong〉 등에서 보여준 사회비판적 문제의식을 변화, 발전한 형태로 보여준다. 〈봄날〉의 뮤직비디오는 세월호 참사의 희생자들을 〈오멜라스를 떠나는 사람들〉의 지하실 아이나 〈설국열차〉의 기관실 아이와 상징적으로 연결함으로써 이 참사가 우리 사회의 구성원들이 외면할 수 없는 문제임을 보여주고, 〈Not Today〉는 공개 당시 우리 사회를 휩쓸고 있었던 촛불 혁명에서의 투쟁과 연대를 연상하게 한다.[4]

나아가 〈Not Today〉에서 외쳤던 '힘없는 자들, underdogs, 뱁새의 연대'는 《LOVE YOURSELF: 承 'Her'》에 이르러 다채로운 색깔들, 즉 다채로운 정체성들과 더불어 지구적 연대, 우주적 연대의 차원으로까지 확대된다.

열린 구조의 상호참조적 영상들이 시간차를 두고 온라인 에서 공개되는 동안, 관객은 관객대로 공개된 영상들에 대한 수많은 분석 영상, 리액션 영상, 리믹스 영상들을 만들어낸다. 그리하여 방탄 영상들과 관객들이 만들어낸 영상들은 리좀처럼 수많은 이질적 계열들을 형성해 의미를 생산하고, 이 수많은 영상 계열들이 마주치면서 의미의 네트워크는 좀 더 촘촘하고 넓게 확장된다. 따라서 관객들은 수많은 영상 계열들의 네트워크를 형성해 의미의 네트워크를 만들어내는 필수 행위자라고 할 수 있다. 결국 관객은 방탄 영상들의 의미를 해석하는 해석자이자 그 의미를 영상으로 만들어내는 작품 생산자, 수많은 영상 계열들을 통해 만들어지는 의미의 네트워크이자 그 네트워크를 만들어내는 행위자가 되는 것이다.

네트워크 - 이미지의 출현
지금까지 살펴본 바에 따르면 방탄 영상들의 상호참조적인 열린 구조는 뮤직비디오와 온라인 설치영상, 한 앨범 전체를 연결하고 나아가 한 앨범을 이전 혹은 이후 앨범들과 연결시킨다. 상호참조적 열린 구조는 관객의 참여를 초청하지만 영상들의 상호참조성이 현실화되는 것은 어디까지나 관객의 현실적 참여를 통해서다. 이제 관객은 더 이상 전통적인 의미의 관객일 수 없다. 단순히 방탄의 예술 세계를 감상하는 수용자를 넘어 그 자체로 방탄 예술 세계의 구성원이다.

> 대중은, 예술 작품을 대하는 일체의 전통적 태도가 새로운 모습을 하고 다시 태어나는 모태이다. 양은 질로 바뀌었다. 예술에 참여하는 대중의 수적 증가는 참여하는 양식의 변화를 초래하였다.[5]

예술양식의 변화는 수많은 대중이 예술 작품을 어떻게 대하는가의 태도에 달려 있다. 따라서 방탄 영상을 대하는 관객의 태도 변화, 즉 예술 작품의 일부분이라고 할 수 있는 수많은 관객의 참여는 예술의 전체 성격을 변화시킬 수밖에 없다. 작품 생산 참여자로서 관객의 태도 변화를 가능하게 만든 근원적인 기술적 토대는 온라인 네트워크 플랫폼이다.

유튜브에 공개되는 영상들은 관객의 스트리밍streaming과 공유에 의해 그 존재 방식과 역할이 주어진다. 유튜브 영상들은 극장에 상영되거나 DVD에 담긴 영화처럼 극장이나 DVD라는 물질적인 장치가 없기 때문에, 정보의 상태로 존재하다가 네트워크에서 관객의 스트리밍과 공유에 의해서만 현실화되는 방식으로 존재하게 된다. 관객의 스트리밍과 공유가 온라인 동영상을 존재하게 하기 때문에 관객의 존재와 행위는 온라인 영상이 현실화되는 데 필수적이다.

이러한 기술적 토대의 변화가 가져온 관객 참여 구조는 방탄 영상들에서 두드러지게 나타난다. 관객은 분석 영상, 리믹스 영상, 리액션 영상 등을 생산하고 이 생산물들은 유튜브라는 동일한 플랫폼에서 방탄의 작품들과 함께 다양체로서의 작품을 구성한다. 그러므로 이제 작품의 영역 혹은 범위에는 아티스트가 생산한 작품만 있는 것이 아니다. 작품의 범위는 상호참조적 구조 때문에도 유동적이지만 관객의 참여가 작품 생산 과정에 필수적인 것이 되면서 더욱 유동적인 것이 된다. 이런 작품 생산에서는 예술가와 관객, 예술 생산자와 소비자의 경계가 무너진다. 전통적 예술 개념에서의 예술가의 초월적 지위와 권위, 역할도 유지될 수 없다. 관객은 온라인 네트워크를 기반으로 작품과 관계를 맺으며 함께 예술 창작 과정 속에 참여하고 그 안에서 새로운 의미들을 생성 한다. 한마디로 말해 예술의 전체 성격 자체가 달라지는 것이다.

방탄 현상은 기술적 토대의 변화가 가져온 관객 참여 구조를 포함해 예술의 전체 성격 자체에 변화가 일어나고 있다는 것을 단적으로 보여준다. 이 변화는 기존의 예술 범주와 개념들로 설명되거나 포섭될 수 없는 변화이므로 새로운 현상을 적절하게 설명할 수 있는 새로운 예술 개념이 필요하다. 물론 이러한 변화는 방탄 현상 이전부터 이미 일어나고 있었다. 현대 예술의 몇몇 장르들은 방탄 현상에서 볼 수 있는 특징들을 각기 부분적으로 갖고 있다. 방탄의 온라인 설치영상처럼 매체적 경계를 가로지르는 혼종적 경향성Hybridity은 현재 영상 예술 전반에서 찾아볼 수 있다. 영화감독의 작품이 갤러리에서 전시되고, 영상 작가가 미술을 기반으로 한 영화를 만들고, 갤러리에는 비디오인지 실험 영화인지 구분 짓기 힘든 영상 작품들이 설치되고 있다. 네트워크 플랫폼에서만 체험되는 시각 예술인 넷아트NetArt는 방탄 현상을 가능하게 한 예술과 네트워크의 결합의 산물이다. 이뿐 아니라 컴퓨터 프로그램을 바탕으로 작품과 관객의 상호작용을 작품의 범위에 포함시키는 인터랙티브 아트Interactive Art에서도 관객 참여가 작품의 일부를 이루는 방탄 현상의 한 측면을 볼 수 있다.

　　방탄 현상은 이러한 예술 장르들이 부분적으로 갖고 있는 특징을 모두 보여준다. 하지만 방탄 현상이 보여주는 새로운 예술 형식은 그러한 특징의 단순한 총합이 아니라 질적으로 다른 차원으로의 융합이다. 방탄과 관객들이 함께 만들어가고 있는 이 새로운 형식의 예술은 기존의 매체적 경계 및 전통적인 예술가와 수용자의 경계를 무너뜨리며 영상 예술의 새로운 영토territory를 형성한다. 새로운 영토를 가진 이 영상 예술은 변형과 확장의 과정 속에 있으면서 기존의 개념이나 용어로 포섭되지 않는다. 새로운 예술형식의 의미를 정확히 이해하기 위해서는 새로운 개념이 필요하다.

　이 새로운 예술형식인 '네트워크-이미지'는 온라인 네트워크의 수평적이고 지배적 중심이 없는 리좀적인 잠재성이 예술형식의 영역에 촉발하여 생겨나게 된 것이라고 할 수 있다. 이 예술형식이 목적으로 삼는 것은 기존의 '진리', '관조', '지고의 아름다움'과 같은 전통적인 예술 가치들이 아니다. 네트워크-이미지라는 예술형식에 요청되는 사회적 역할은 네트워크를 통한 전염, 확장과 관객의 공유를 통한 의미의 생성이라는 '공유가치'이다. 따라서 방탄-아미 다양체가 생성하고 있는 네트워크-이미지는 새로운 예술형식을 통해 그들의 리좀적 혁명이 빛나는 사례, 정치와 미학이 아름답게 조우하는 사례라고 말할 수 있다.

2

네트워크-이미지와 공유가치

네트워크–이미지란 예술 생산자와 수용자의 전통적인 구분을 벗어나 예술 생산자와 수용자가 함께 만들어가는 이질적 영상들의 배치로 이루어진 영상 예술 작품을 말한다. 방탄 현상이 보여주는 예술적 표현은 기존의 개념으로는 담을 수 없는 수준으로 변화하고 있기 때문에 네트워크–이미지라는 새로운 용어를 제시하였다. 방탄의 온라인 영상들과 관객들이 생산한 영상들이 네트워크되면서 생산되는 작품들은 기존의 매체적 경계 및 전통적인 예술가와 수용자의 경계를 무너뜨리면서 영상 예술 작품의 새로운 영토를 형성한다는 점에서 기존의 예술 개념으로는 설명할 수 없는 새로운 영상 예술이다.

네트워크-이미지의 특징

네트워크-이미지가 왜, 그리고 어떻게 출현했고 그 의미가 무엇인지를 살펴보기에 앞서 기존의 영상 예술들과 구분되는 네트워크-이미지의 특징들을 보자.

첫째, 네트워크-이미지는 작품의 범위가 유동적이다. 기존의 작품들처럼 극장에서 상영되는 영화 한 편, DVD로 출시된 영화 한 편, 하나의 제목으로 방송되는 드라마 시리즈, 하나의 이름으로 갤러리에 전시되는 설치 비디오 작품, 책 한 권 등으로 범위가 한정되어 있지 않다. 기존 작품들의 범위가 한정되어 있는 것은 각각의 예술 작품이 터 잡고 있는 물질적 장치와 관련이 있다. 아무도 없는 극장에서도 필름은 상영되며, 누가 펼쳐보지 않아도 종이로 만들어진 책은 서고에 꽂혀 있다. 네트워크-이미지의 작품 범위가 고정되어 있지 않고 유동적인 것도 네트워크-이미지라는 새로운 예술형식이 토대로 한 물질적 장치와 관련이 있다. 온라인에 공개된 영상들은 정보의 형태로 업로드되어 있다가 관객 혹은 사용자가 '클릭'을 통해 스트리밍하거나 공유할 때에야 비로소 물질적인 이미지로 나타난다. 소극적이건 적극적이건 관객의 참여가 작품의 존재와 분리할 수 없는 방식으로 연결되어 있다. 따라서 '클릭'을 통해 이루어지는 관객의 참여는 작품이 존재하는 일종의 물질적 장치에 해당하고, 작품은 관객의 참여에 의해 그 범위가 정해진다고 할 수 있다. 네트워크-이미지의 작품 범위가 유동적인 것은 이 때문이다.

둘째, 네트워크-이미지에서는 예술가의 영상뿐 아니라 관객이 생산한 영상까지 포함한 영상들의 네트워크가 작품의 열린 영토를 형성한다. 물론 과거에도 관객의 참여는 있었다. 그러나 이 참여는 그저 머릿속으로 생각을 해보는 정도거나 아주 적극적인 경우라고 해도 지면을 통해 감상이나 비평 글을 쓰는 데 그쳤다. 그러나 현재 온라인에서 이루어지고 있는 관객의 참여는 다양한 형태를 띠고 있다. 블로그나 동호회의 게시판, SNS에 글을 쓰거나 댓글을 통해 감상을 표현하는 것은 전통적인 방식에 속한다. 관객은 여기서 나아가 다양한 형태의 동영상을 생산해 예술 작업에 직접 참여하기도 한다. 기존 영상을 화면의 일부에 배치하고 관객이 직접 출연해 그 영상을 설명·분석하는 영상을 만들거나 여타 반응을 담은 모습을 촬영한 리액션 영상을 제작하는 것이 그 예이다. 또 예술 생산자에 의해 주어진 영상들을 다른 작품으로 재탄생시키는 리믹스 영상도 새로운 형태의 관객 참여다. 이제 예술가가 만들어낸 영상은 그 자체만으로 충분한 것이 아니라 관객이 생산하는 영상과의 네트워크에 의해 의미가 생성되는 것이다. 따라서 네트워크-이미지의 영토 또한 고정된 것이 아니다. 이 영토는 네트워크를 바탕으로 관객들이 생산한다양한 영상들과의 연결접속으로 변화하며 유동적인 것이 된다.

셋째, 네트워크-이미지에서는 예술가(혹은 생산자)와 수용자의 경계가 무너진다. 예술가의 지위와 권위는 더 이상 특권적이거나 초월적이지 않다. 예술가의 역할도 축소된다. 이는 예술가가 만든 영상이 관객의 행위에 의해 비로소 온라인에서 현실화되기 때문이기도 하고 관객이 생산한 영상과의 네트워크가 작품의 범위를 규정하고 의미를 생성하기 때문이기도 하다. 이런 점에서 네트워크-이미지에서는 예술가와 관객이 중심과 주변 혹은 주체와 대상의 관계에 있지 않다. 이를 보여주는 단적인 예로 유튜브를 들 수 있다. 유튜브에서는 영상을 업로드하는 사람(생산자), 리믹스 영상을 업로드하는 사람(생산자+수용자), 감상하는 사람(수용자)이 모두 유저(사용자)라는 하나의 이름으로 불린다. SNS도 마찬가지다. 이러한 네트워크-이미지의 탈중심적인 수평성은 낭만주의적 예술관에 기반한 예술가에 대한 신화를 완전히 해체하게 될 것이다. 이 신화의 해체와 더불어 기존 예술계의 권력을 유지하던 제도권의 카르텔 역시 해체될 것이다. 네트워크-이미지가 지배적인 시대에 더 이상 예술가와 일반인을 구분하던 명확한 기준들은 통용될 수 없다.

넷째, 네트워크-이미지는 관객의 현실적 운동성을 조건으로 한다. 모바일 네트워크 기술은 어두운 극장에 갇혀 있거나 데스크탑 컴퓨터의 모니터 앞에 붙박여 있던 관객의 부동성을 해방시켰다. 관객은 모바일 기기를 들고 세계 어디로든 이동할 수 있다. 이제 관객은 버스 안에서도, 기차 안에서도, 길을 걸으면서도 영상을 체험하고 영상에 개입할 수 있다. 이러한 관객의 존재 방식의 변화는 예술 체험 방식을 변화시키고 그에 맞춰 예술형식도 변화시킨다.

길을 걸으면서 2시간짜리 영화를 볼 수는 없다. 또한 큰 스크린에 맞게 제작된 영상은 작은 모바일 기기의 화면에는 적합하지 않다. 이런 점들 때문에 영상의 포맷도 모바일 기기에 적합하게 바뀔 수밖에 없다. 이동성을 확보한 고객이 쉽게 체험할 수 있는 영상은 짧은 시간 안에 메시지를 효과적으로 전달하고 쉽게 공유할 수 있는 것들이다.

방탄 영상으로 대표되는 네트워크-이미지의 이러한 특성들은 예술의 개념과 예술의 가치 등에도 변화를 요구한다. 예술의 물질적 기반, 예술의 범위, 예술제도, 예술가의 개념, 예술가와 수용자의 관계 등이 전반적으로 변화하고 있으므로 기존 예술의 개념과 가치가 그대로 유지될 수는 없다. 이러한 예술의 변화는 모바일 테크놀로지라는 새로운 기술의 등장 및 발전과 밀접하게 맞물려 있다. 모바일 테크놀로지와 네트워크-이미지의 관계를 다루기 전에 먼저 기술의 발전과 예술형식 간의 일반적인 관계부터 살펴보자.

기술의 발전과 예술의 변화

새로운 예술의 등장은 큰 틀에서는 사회의 변화와 관련되는데, 사회 변화의 주된 동력은 무엇보다도 기술 발전에서 비롯된다. 발터 벤야민에 따르면 기술 발전은 생산력 발달을 야기하고, 생산력 발달은 기존의 생산 관계를 변화시키며, 나아가 생산양식 전체를 변화시킨다. 생산양식의 변화는 다시 법, 제도, 예술 등이 포함된 사회의 상부구조의 변화를 초래한다. 이 같은 벤야민의 마르크스주의적 사회, 역사 해석은 논란의 여지가 있을 수 있지만 기술 발전 혹은 새로운 기술의 출현이 사회의 전반적인 변화와 예술의 변화를 가져온다는 사실만큼은 부정할 수 없다. 이때 말하는 예술의 변화란 새로운 예술의 출현과 그로 인한 예술 전체의 성격 변화를 가리킨다.

벤야민에 따르면 복제 기술이 전면화한 19세기 중반 이후, 특히 20세기 들어 복제 기술을 바탕으로 하는 예술형식인 사진과 영화가 사회적으로 중요한 예술형식이 된다. 전통 예술인 그림의 경우, 진품이 존재하고 기술적으로 아무리 정교하게 복제한다고 해도 진품과 복제품의 구분은 여전히 중요하다. 진품이 가지는 아우라Aura는 복제 기술에 의해 복제될 수 있는 것이 아니기 때문이다. 그런데 복제 기술을 기반으로 하는 사진과 영화에서는 무엇이 진품이냐는 물음 자체가 성립하지 않는다. CGV에서 상영되는 영화와 미국 극장에서 상영되는 영화 중 어떤 것이 진품이냐는 질문은 무의미하다. 복제 기술은 전통적으로 존재해왔던 진품과 복제품 사이의 구분을 없애면서 예술의 개념 자체를 변화시키게 된다.

벤야민은 복제 기술의 발달과 그로 인한 인간의 지각 방식 변화, 예술 작품 수용 방식의 변화 등을 중심으로 영화라는 새로운 예술형식을 통해 드러나고 있는 예술 가치의 변화와 예술 개념의 변화를 다룬다. 그에 따르면 본래 예술은 "처음에는 마술적 의식, 다음으로는 종교적 의식에 봉사하기 위해 생겨났다."[6] 예술은 오랜 세월 동안 의식 가치Kultwert를 수행하는 사회적 역할을 담당했다. 동굴벽화에서 분명하게 드러나듯 석기시대에는 일종의 마법적 도구 역할을 하였고, 종교가 사회의 지배적 이념이었던 시기에는 종교 의식과 깊은 관련이 있었다. 조각상, 패널화, 벽화, 모자이크화, 스테인드글라스 등 오래된 유럽 성당에서 주로 볼 수 있는 예술 작품들은 종교적인 역할을 수행하기 위한 것이었다. 대부분이 문맹 이었던 중세 유럽 사람들에게 예술 작품으로 성경의 내용을 알려준다거나 아름다운 교회 음악으로 영적인 체험에 도움을 주었다는 것은 익히 알려진 사실이다. 이 과정에서 예술 작품은 종교적인 신성성과 결합되면서 단순한 도구를 넘어 특유의 아우라를 가지게 되었다. 사람들이 예술 작품을 직접 보지 못한 채 그 아우라를 지닌 진품이 어딘가에 있다는 것만으로도 그것은 충분히 의식 가치를 가질 수 있었다. 르네상스 이후 종교의 지배가 약화되고 세속적인 것들이 종교의 자리를 대신하게 된 뒤에도 예술 작품의 아우라는 예술지상주의 혹은 순수 예술 이론을 통해 면면히 이어지게 된다.

그런데 1900년 무렵 기술 복제가 일정한 수준에 이르게 되면서 사태가 달라지기 시작한다. 물론 예술 작품의 복제는 원칙적으로 역사상 모든 시기에 언제나 가능했다. 하지만 사진의 등장은 기존의 모든 예술 작품을 복제의 대상으로 삼았으며 인간이 손으로 복제하는 것과는 질적으로 다른 복제품을 생산해내게 되었다. 손이 담당했던 역할을 기계가 담당하고, 손이 담당해왔던 예술적 의무를 렌즈를 투시하는 눈이 담당하게 되면서 영상의 복제 과정은 급격히 촉진되었다. 예술 작품을 기술적으로 무한정 복제할 수 있는 가능성은 유일무이한 진품의 아우라를 파괴하기 시작했다.

아우라가 파괴되면서 예술 작품은 역사상 처음으로 세속 적인 아름다움에 대한 숭배까지 포함하는 넓은 의미의 종교적 의식과 관련된 존재 방식에서 벗어나게 되었다. 예술에 종교가 아닌 다른 가치가 요구된 것이다. 사진과 영화는 복제 기술 자체를 물질적 기반으로 하는 예술이다. 예술 작품의 진품성을 판가름하는 척도 자체가 무력화되는 순간, 예술의 사회적 기능도 변화했다. 기술적 복제가 발달하면서 예술 작품의 관람 방식을 포함한 예술 개념 자체의 변화를 촉발한 것이다. 이를테면 소수의 사람들에게만 관람이 허용되었던 회화와 달리, 영화는 극장에서 많은 사람들을 대상으로 상영된다.

관람 방식의 차이는 예술 작품을 대하는 대중의 태도에 변화를 가져온다. 이제 작품은 숭배의 대상이 아니라 관객들이 집단으로 관람을 하여 서로의 감상이나 의견, 반응 등을 나누고 조정할 수 있는 대상이 되며, 관조하며 바라볼 사색의 대상이 아니라 정신 산만하게 즐기는 오락의 대상이 된다. 이러한 변화들은 예술이 무엇이고 어떤 역할을 해야 하고 어떤 가치를 갖는 것인지 등 예술 전체의 성격 변화를 동반하게 된다.

모바일 네트워크로 인한 정보 개방, 참여, 공유

사진과 영화의 경우에서 볼 수 있듯이, 기술 발전은 그 기술적 토대에 기초한 새로운 예술형식들을 낳고, 이 새로운 예술형식들은 그 시대가 요청하는 예술의 새로운 사회적 가치를 수행한다. 그렇다고 해서 전통적으로 존재해온 예술형식들이 사라지거나 의미가 없어진다는 이야기는 아니다. 사진과 영화라는 새로운 예술이 등장했지만 회화, 문학 등의 전통 예술은 지금까지 나름의 의미를 가지고 존재하고 있다. 벤야민이 이야기하는 것은 특정한 시대에는 그 시대의 사회적 중요성을 가지는 특정한 예술형식이 존재하며 예술형식의 사회적 중요성은 시대의 변화에 따라 달라진다는 것이다. 벤야민의 주장대로 새로운 기술의 등장이 예술 개념의 전면적인 변화를 가져온다면, 모바일 네트워크가 전 세계를 연결하고 있는 지금 시대에는 어떤 예술이 등장해서 예술 전체의 성격을 어떻게 변화시키고 있는가?

스마트폰으로 대표되는 모바일 네트워크 기술은 20세기 후반부터 발전하고 있는 디지털 혁명을 본격적으로 가속화하고 있다. 디지털 기술의 특성으로 평가되는 '융합'convergence과 '공유'sharing는 모바일 네트워크를 기반으로 한 기기들에서 더욱 두드러진다. "디지털 기술은 태생적으로 모든 매체 형식들의 융합을 함축"[7]하는데, 이러한 특성은 스마트폰에서 극명하게 나타난다. 스마트폰에서는 카메라, 사진첩, MP3 플레이어, 동영상, 영화, 텔레비전, 컴퓨터, 휴대전화, 계산기, 타자기 등 기존에는 분리되어 있던 여러 매체들의 경계가 무너지면서 하나로 융합된다. 그리고 디지털 기술은 인터넷의 본격화와 더불어 그 위력을 전면적으로 드러내게 되었다. 디지털 기술이 모든 자료들의 호환성을 확보해 주었다면 인터넷 네트워크는 그 가능성을 현실화시켰다. 텍스트, 이미지, 동영상, 사운드 등 모든 자료들은 디지털화되어 인터넷에 업로드되고 네트워크에 의해 공유된다. 모든 정보들은 디지털로 처리되어 데이터의 형태로 가상공간 속에 저장, 보관되기 때문에 접속하기만 하면 누구든 전 세계의 수많은 정보와 자료를 공유할 수 있다. 이제 인터넷 없는 삶은 상상하기 힘들다.

특히 모바일 네트워크 플랫폼이 개방, 참여, 공유를 통해 사용자가 정보의 사용자인 동시에 생산자가 되는 인터넷 통합 환경 플랫폼으로서의 Web 2.0으로 진화하고, 이 Web 2.0의 참여 구조가 네트워크를 더욱 공고히 하면서 모든 매체의 디지털적인 융합은 결국 공유로 귀결된다. 스마트폰이 야기한 Web 2.0 기반의 정보 공유 속도와 용이함은 가히 혁명적이라 할 수 있다. Web 1.0 시기에도 모든 정보들은 인터넷상에서 네트워크되어 이동하고 있었다. 그러나 Web 1.0 시기의 사용자는 정보를 찾으러 다녀야 했다. 하지만 Web 2.0에서는 정보가 사용자를 직접 찾아온다.

사용자와 정보가 맺는 관계의 방향이 바뀐 것이다. 예를 들어 이전에는 어떤 정보를 이용하려면 그 정보가 있는 사이트를 알아내고, 그 사이트를 방문해야 했다. 하지만 Web 2.0에서는 사용자가 직접 콘텐츠를 생산하여 쌍방향으로 소통하는 네트워크를 중심으로 정보가 공유된다. 정보의 개방, 참여, 공유가 Web 2.0 시대 모바일 네트워크의 가장 중요한 특징이 된 것이다. 그런데 쌍방향적 참여와 공유가 전면적으로 되기 위해서는 사용자─관객이 컴퓨터 스크린 앞에 고정된 채 앉아 있어야 하는 상황에서 해방되어야 한다.

관객의 현실적 운동성과 공유가치

Web 1.0 시기에 인터넷에 접속하여 정보를 얻기 위해서는 컴퓨터 앞에 앉아 있어야 했다. 매체학자 프리드버그Anne Friedberg는 이러한 상황을 가리켜 스크린 속의 가상적 운동성virtual mobility이 관객의 부동성immobility of the spectator을 함축한다고 말한다.[8] 그러나 "모바일 네트워크 기술이 전면화된 현재는 모두가 이동하면서도 실시간으로 전 세계와 접속하고 자료를 공유할 수 있는 상황이다. 모든 경계, 지연遲延, 공간적 제약이 사라진다. 모바일 네트워크 기술은 '관객의 현실적 운동성'을 가능하게 하였다."[9] 관객의 현실적 운동성이야말로 새로운 미디어 환경의 핵심이다.

관객의 운동성은 예술 작품을 수용하는 관객의 태도를 변화시킨다. 버스나 지하철에서 많이 볼 수 있듯이, 관객들은 흔히 이동 중일 때나 일상생활 중 잠깐 짬을 내어 스마트폰으로 동영상을 관람한다. 이러한 관람 방식은 영상 제작과 관련해 실질적인 변화를 불러일으킨다. 영화나 텔레비전 드라마처럼 상영 시간이 긴 영상은 이동하면서 보기 힘들다. 개인차가 있겠지만 대체로 10분이 넘는 동영상은 길게 느껴진다. 그래서 드라마나 오락 프로그램은 5분에서 10분 안팎 길이의 클립들로 나뉘어 업로드되고, 10분 내외의 웹 드라마 같은 것들이 만들어지고 있다. 또한 롱숏으로 촬영된 화면은 스마트폰 화면으로는 너무 작아서 제대로 볼 수 없기 때문에, 시청률에 예민한 TV드라마들은 클로즈업을 더 많이 사용할 수밖에 없다. 뿐만 아니라 스마트폰 화면에 적합한 영상은 극장 스크린에 적합한 영상과 다를 수밖에 없고, 화면 크기의 변화는 영상 구성과 카메라 워킹 등에도 변화를 가져온다.

한편 이러한 영상을 공유하는 SNS는 단순히 홍보 수단에 그치는 것이 아니라 다른 영상들과의 연결접속에 따라 영상의 의미 구성에도 영향력을 행사하게 된다. "동영상 테크놀로지의 역사상 결정적인 기로에서는 언제나 스크린 포맷상의 실험들이 존재해왔다"[10]는 프리드버그의 진단은 현재의 변화에 대해서도 유효하다. 요컨대 이동성을 갖춘 오늘날의 관객들이 가장 많이 접하는 스크린이 바로 모바일 네트워크 플랫폼을 구현하는 스마트폰의 작은 스크린이라는 사실은 지금 시대의 영상 예술을 이해하는 데 매우 중요하다.

스마트폰으로 가장 많이 접하는 영상들은 아기나 동물의 귀여운 동영상, 게임 동영상, 음식 동영상, 화장 동영상, 스포츠 동영상, 신기하고 웃기는 동영상, 영화 트레일러, TV 프로그램의 클립들, 팟캐스트 뉴스 등 개인의 관심사에 따라 천차만별이다. 하지만 모든 동영상의 공통점은 SNS를 통해 공유되는 영상이거나 유튜브라는 세계 최대 공유 사이트의 동영상이라는 점이다. 즉, 우리가 보는 대부분의 동영상은 '공유'된 것들이다. 이는 모바일 네트워크가 갖고 있는 공유라는 특징을 잘 보여준다. 유튜브에는 없는 것이 없다고 할 만큼 공유되는 콘텐츠의 종류와 양이 어마어마하다. 젊은 세대의 거의 대부분은 신문 대신에 SNS와 유튜브를 통해 뉴스를 접한다. TV 프로그램도 이른바 '본방 사수'보다는 유튜브로 보거나 P2P로 파일을 다운받아서 본다. 영화를 공부하는 학생들에게 유튜브는 거대한 필름 아카이브이자 영화학교이고, 게임을 좋아하는 학생들에게 유튜브는 끝을 알 수 없는 게임 동영상들의 바다이다. 유튜브가 젊은 세대들에게 가장 영향력 있는 매체가 된 것이다.

공유 플랫폼의 폭발적인 양적 성장은 많은 양의 콘텐츠가 축적되는 것만을 의미하지는 않는다. 양적 변화는 질적 변화를 야기한다. 예술에 대한 대중의 태도가 바뀌면서 새로운 사회적 가치를 갖는 새로운 예술형식이 출현한다. 모바일 네트워크를 바탕으로 하는 SNS와 유튜브의 사회적 장악력과 이 서비스를 이용하는 절대 다수의 대중을 고려할 때, 21세기 모바일 네트워크 사회가 새로운 예술에 요구하는 것은 '공유 가치'라고 할 수 있다. 복제 기술이 등장하면서 예술의 가치가 '의식가치'에서 '전시가치'로 바뀌었듯이, 모바일 네트워크 기술이 전면화되면서 21세기 예술의 가치는 '전시가치'에서 '공유가치'로 바뀌어가고 있다고 볼 수 있다.

이 공유가치를 수행하고 있는 예술형식이 '네트워크–이미지'이다. 앞에서 제시했듯이, 네트워크–이미지란 서로 연결접속되면서 끊임없이 의미를 생산하는 이질적 동영상들의 열린 '배치'다.[11] 여기서 배치란 사용자들이 모바일 네트워크 플랫폼에서 공유를 실행함으로써 끊임없이 변형되고 생성되는 다양체로서의 배치를 가리킨다. 이러한 네트워크–이미지를 보여주고 있는 것이 방탄 현상이다. 방탄 영상들과 그에 연결접속되는 영상들은 사용자들의 생산과 공유라는 구체적인 실천에 의해 의미를 생성하고 확장해가는 다양체로서의 배치를 보여주고 있기 때문이다. 이때의 배치란 이질적 동영상들의 단순한 총합이 아니라 질적으로 다른 차원으로의 융합을 의미한다.

새로운 예술형식의 전조들

네트워크–이미지라는 새로운 예술형식의 출현을 예감하게 하는 전조들은 이미 존재하고 있었다. 그 전조 중 하나로 2010년 6월 솔로몬 R. 구겐하임 재단이 유튜브와 함께 발표한 새로운 프로젝트인 〈유튜브 플레이 비엔날레〉YouTube Play Biennale를 들 수 있다. 이 프로젝트는 유튜브에 올라와 있는 온라인 비디오 중 새롭고 창의적인 비디오 20편을 선정하여 온라인과 구겐하임 박물관에 동시에 전시하는 새로운 개념의 프로젝트였다. 당시 구겐하임 박물관의 리처드 암스트롱Richard Armstrong 관장은 "창의적인 온라인 비디오가 오늘날 개인이 자신을 표현하는 가장 강력하고 혁신적인 기회를 제공하는 것이며 […] 또한 컴퓨터를 사용하고 인터넷에 접속할 수 있는 사람은 누구나 이를 즐길 수 있다는 것"을 보여 주고자 이 콘테스트를 시작한다고 밝히고 있다.[12] 구겐하임 박물관의 수석 큐레이터인 낸시 스펙터Nancy Spector 역시 "이 온라인 글로벌 활동을 통해, 우리는 '현재'를 찾는 게 아니라 '미래'를 찾을 것이다. 지난 20년 동안, 비주얼 문화에서 패러다임의 변화가 있었다. 움직이는 이미지가 핵심적인 현대 예술 활동에 완전히 흡수되었으며, 이제 우리는 온라인 비디오를 포함하여 새로운 디지털 미디어 형태를 인터넷이 촉매 역할을 하며 전파하는 능력을 목격하고 있다"[13]며 시각 문화의 패러다임 변화를 지적하고 있다.

이들의 말로 미루어볼 때, 구겐하임의 유튜브 플레이 프로젝트는 유튜브에서 공유되는 동영상들이 시각 예술 문화 전반의 변화를 가져올 수 있는 혁신적 예술형식이 될 수 있다는 판단에 기초해 시작되었다고 할 수 있다. 다시 말해 구겐하임 프로젝트에서 선정된 동영상들이 구겐하임 박물관에 전시되었다는 것은 예술 영역의 변화를 포함한 예술 전체의 성격 변화를 시사하는 상징적인 사건이라고 할 수 있다. 동영상의 가능성, 온라인 네트워크의 중요성, 예술 개념 전반의 변화를 시사한다는 측면에서 이 프로젝트는 네트워크-이미지라는 새로운 예술형식과 그것이 불러올 예술 전반의 변화의 전조다.

비슷한 시기인 2010년 7월 프로듀서인 리들리 스콧과 토니 스콧 그리고 케빈 맥도널드 감독도 공동으로 유튜브와 프로젝트를 시작했다. 그들은 유튜브 사용자들에게 2010년 7월 24일 하루 동안 자신의 삶을 찍은 영상을 업로드해달라고 요청했고, 그 결과 197개국 8만 1000명으로부터 영상이 업로드되었다. 감독은 이 영상 자료들을 편집해 90여 분의 실험적인 영화 〈하루 동안의 삶〉Life in a Day을 탄생시켰고 2011년 개봉했다. 이와 유사한 실험은 국내에서도 있었다. 박찬욱, 박찬경 감독은 2013년 8월부터 11월까지 접수된 서울에 관한 1만 2000개의 영상 중에서 152편을 선택하여 〈고진감래〉Bitter, Sweet, Seoul라는 서울 홍보 다큐멘터리를 2014년에 발표한 바 있다.

케빈 맥도널드와 박찬욱, 박찬경 감독의 영화적 실험들은 한 편의 동영상 자체가 가진 '예술적 완성도' 같은 미학적 가치를 추구했다기보다는 '2010년 7월 24일 하루'와 '서울'이라는 포괄적인 주제로 서로 다른 사용자들이 생산한 영상들을 연결하고 배치해 새로운 예술형식을 실험했다는 점에서 네트워크-이미지의 전조로 볼 수 있다.

직접적으로 유튜브와 연관된 실험들 외에, 1994년부터 시작된 넷아트도 주목할 만하다. 넷아트는 인터넷을 주된 매체로 하는 일군의 예술가 집단의 작업을 일컫는다. 넷아트의 작품들은 관객들이 오로지 인터넷에서만 작품을 경험할 수 있다는 점 외에는 서로 아무런 공통점도 없다. 독일 비평가 바움가르텔Tilman Baumgartel은 넷아트의 특성으로 "연결성connectivity, 전지구적 접근성global reach, 다중매체성multimediality, 비물질성immateriality, 상호작용성interactivity, 평등성egality"[14]을 들고 있다. 넷아트는 인터넷에서만 경험될 수 있는 예술형식이라는 점에서 본질적으로 온라인 네트워크의 특징들에 기반을 두고 있다. 예술과 네트워크 기술의 결합이라는 예술 변화의 방향성을 보여준다는 측면에서 넷아트 역시 네트워크-이미지의 전조로 볼 수 있다.

구겐하임의 유튜브 플레이 프로젝트가 누구나 생산하고 공유하는 온라인 동영상들로 이루어진 네트워크-이미지라는 새로운 예술형식의 등장을 예고했다면, 케빈 맥도널드와 박찬욱, 박찬경 감독의 영화적 실험들은 수많은 유튜브 사용자들이 생산한 동영상들의 연결과 배치를 통해 새로운 예술형식을 실험한 것이었다고 평가할 수 있다. 하지만 구겐하임의 시도는 개별적인 공유 동영상의 예술적 완성도에 초점을 맞추는 바람에 온라인 공유라는 근본적 특성을 제대로 살릴 수 없었다는 한계를 가진다. 영화감독들의 실험은 수많은 동영상들의 연결접속을 통한 다양체로의 배치가 새로운 예술형식의 탄생으로 이어질 수 있는 가능성을 포착하였으나, 동영상의 '온라인 공유'라는 특성을 제거하고 전통적인 영화 형식으로 재맥락화했다는 점에서 한계를 가진다. 또한 넷아트는 예술과 네트워크 기술의 결합이 새로운 예술을 탄생하게 할 것이라는 점을 포착하였지만 "대중이라는 시험관試驗管"[15]을 갖지 못함으로써 사회적 중요성을 가진 예술형식을 만들어내지 못한 채 말 그대로 실험에 그치고 말았다. 이러한 점들을 종합적으로 고려해볼 때, 네트워크-이미지는 각각의 사례들이 보여 주는 전조로서의 측면들을 현실화하고 동시에 각각의 한계들을 극복하면서 등장한 새로운 예술형식이라고 할 수 있다.

새로운 예술형식과 민주화, 그리고 희망

앞의 사례들과 네트워크-이미지가 보여주는 현대 예술의 경향은 '예술의 민주화'라는 말로 요약할 수 있다. 예를 들어 구겐하임 같은 권위 있는 미술관에 작품을 전시하기 위해서는 적어도 대학에서 예술을 전공하여 학위를 받거나 예술 전문가 집단에서 주최하는 공모전에서 수상하거나 비평가들에 의해 좋은 평가를 받거나 갤러리에서 여러 차례 전시한 경험이 있어야 한다. 사실 이런 조건들을 갖춘 사람들 중에서도 극소수만이 구겐하임의 문턱을 넘을 수 있다. 그런데 구겐하임의 유튜브 플레이 프로젝트는 이러한 문턱을 조건 없이 넘어서는 기획이었다. 동영상 제출자들에게 어떠한 자격도 요구하지 않았기 때문이다. 이는 어찌보면 당연한 일이다. 유튜브에 동영상을 공유하는 데는 자격이 필요하지 않다. 어떤 사람을 예술가로 공인해주는 예술 제도권의 권위와 폐쇄적 카르텔이 유튜브에 개입할 여지는 없다. 유튜브와 같은 공유 플랫폼에서는 학위도, 수상 실적도, 전시 경험도, 권위 있는 비평가의 추천서도 필요하지 않다. 사용자 누구나 간단한 클릭 몇 번으로 자신이 생산한 동영상을 업로드할 수 있다. 이 간단한 작동을 통해 사용자와 창작자의 경계는 허물어진다.

유튜브에서는 모두가 사용자이면서 생산자이다. 예술가와 관객 사이의 전통적인 구분 자체가 적용되지 않으며, 사용자 누구나 원칙적으로 창작자 혹은 예술가가 될 수 있다. 유튜브 사용자는 업로드하는 모든 콘텐츠를 반드시 100% 창작할 필요도 없다. 기존 영상들의 간단한 편집이나 리믹스 영상이어도 되고, 기존의 여러 콘텐츠들을 수준 높게 변형하거나 편집한 영상이어도 되고 오리지널 창작물이어도 된다. 다양한 수준과 종류의 콘텐츠가 얼마든지 가능하다. 따라서 창작자 혹은 예술가의 개념과 역할은 이전과 달라질 수밖에 없다. 고도의 예술적 테크닉을 통해 일반인은 범접할 수 없는 놀라운 수준의 새로운 콘텐츠를 창조하는 예외적인 존재로서의 예술가 개념은 이제 더 이상 현실과 맞지 않는다는 점에서 용도 폐기되어야 한다. 앞서 예로 든 영화적 실험들의 경우에도 작가는 콘셉트를 정하고 기존의 영상 자료들을 편집 하는 역할만 할 뿐이다. 예술가는 창작의 모든 영역을 포괄 하던 창조자에서 주로 편집이나 콘셉트를 담당하는 존재로그 역할이 축소되고 있다.

예술가의 역할 축소는 집단 창작의 경향과도 맞물려 있다. 오늘날 창작 활동에서는 협업collaboration이 점차 늘어나고 있으며, 개별 예술가의 창작 작업부터가 점차 협업화되고 있다. 방탄의 작품만 해도 멤버들뿐 아니라 안무가, 뮤직비디오 감독 및 스태프, 음악 프로듀서, 백댄서, 스타일리스트, 메이크업 아티스트 등 수많은 이들이 함께한 협업의 산물이다. 또한 아티스트 간의 협업도 심심찮게 볼 수 있다. 방탄 역시 DJ 스티브 아오키Steve Aoki, DJ 듀오 체인스모커스, 래퍼 디자이너Designer 등의 뮤지션들과 협업을 하고 있다. 협업은 이에 그치지 않고 일반 사용자 및 관객과의 상호작용성을 통한 협업이라는 새로운 형태로 발전하고 있다. 방탄 영상과 관객이 생산한 영상들의 배치로서 네트워크—이미지는 바로 이러한 형태로 이루어지는 협업의 대표적 사례다.

협업을 통해 예술가와 예술가 간의 경계, 예술가와 조력자 간의 경계, 예술가와 관객 간의 경계 등이 허물어지면서, 이들 사이에는 '자유간접적 관계'가 형성된다. 러시아 사상가 미하일 바흐친Mikhail Bakhtin이 제안하고 들뢰즈가 발전시킨 개념인 자유간접적 관계란 서로 다른 목소리들이 구분될 수 없는 방식으로 혼합되어 그 누구의 목소리로도 환원되지 않으면서 새로운 의미를 창출하는 관계를 가리킨다. 예를 들어 방탄의 노래 한 곡만 해도 멤버들뿐만 아니라 작곡가, 프로듀서 등 여러 사람의 이질적인 목소리와 생각들이 만나 뒤섞이면서 만들어진 새로운 차원의 융합물, 즉 자유간접적 관계의 산물이다. 이것이 노래 한 곡의 차원을 넘어 방탄의 작품 전체와 관객으로서 팬들의 관계 전체로 범위를 확대하면 자유 간접적 관계는 매우 복잡하게 다층적으로 확장된다.

예술가, 조력자, 관객 간의 자유간접적 관계로 인해 관객의 참여는 예술가가 작품을 완성하고 배포한 이후에야 이루어지는 것이 아니라 작품 완성에 앞서 이루어지거나 생산 전 과정의 모든 단계에서 이루어지기도 한다.[16] 방탄의 경우, 앨범 트레일러와 뮤직비디오 티저 영상이 공개된 순간부터 이미 팬들은 그에 대한 영상들을 생산한다. 또한 앨범과 관련된 영상들이 순차적으로 공개되는 단계마다 팬들의 다양한 영상들이 생산되면서 개입한다. 관객의 참여가 작품 생산 이후에만 이루어지는 것이 아니라 작품 생산과 동시에도 이루어지는 것이다.

이런 측면에서 볼 때 '공유가치'를 기반으로 하는 네트워크-이미지라는 새로운 예술형식이 이전의 예술들과 차이를 보이는 가장 핵심적인 지점은 예술 영역에서의 "민주화의 약속" promise of democratization[17]이라고 할 수 있다. 네트워크-이미지에서는 전례 없이 많은 사람들이 참여와 공유를 통해 작품 생산과 현실화의 일원이 된다. 이뿐 아니라 여기에는 기존 예술 제도권의 특권적 권위가 개입될 여지가 없다. 예술의 민주화가 전면적으로 이루어지기 위해서는 돈의 제약이나 공간의 제약이 없어야 하는데, 네트워크-이미지에 참여하는 관객은 인터넷만 연결되어 있다면 티켓을 살 필요도 없이 언제 어디서든 참여할 수 있다.

네트워크-이미지라는 새로운 예술형식의 출현은 단순한 예술형식의 변화를 의미하는 것에 그치지 않는다. 거대한 세계사적 변혁의 표현이라는 보다 근원적인 의미를 갖고 있다. 네트워크-이미지는 세계의 변화가 나아가고 있는 방향성의 징후적 표현이다. 사회, 문화적 측면에서의 방탄 현상이 보여 주고 있듯이 세계는 기존의 위계와 경계를 가로질러 수평적이고 탈중심적인 방향으로 나아가고 있고, 이러한 리좀적 변화가 예술에서 네트워크-이미지라는 새로운 형식으로 표출되고 있는 것이다. 바꿔 말해 네트워크-이미지는 그동안 결코 무너지지 않을 거대한 벽처럼 보였던 기존의 세계와 현실에 근본적인 변화가 일어나고 있다는 것을 알리는 일종의 지진계다.

현실을 살아가는 사람들에게 기존 체제나 질서는 결코 무너지지 않고 영원히 지속될 거대한 벽처럼 보인다. 그 벽의 거대함 앞에서 사람들은 무기력과 순응에 익숙해지게 된다. 그러나 역사는 그 어떠한 강고한 체제나 질서도 결국은 붕괴된다는 것을 보여준다. 그러한 붕괴는 갑자기 일어나는 듯이 보이지만 사실은 오래전부터 일어나고 있던 크고 작은 침식의 결과다. 이런 침식들이 끊임없이 일어나고 있다는 것, 그리고 결코 변하지 않을 것 같은 강고한 현실이 그저 스쳐가는 역사의 한 단계에 지나지 않는다는 사실을 인식하는 것이야말로 희망의 원천이다. 이 인식은 절대적이고 영원해 보이는 현실의 권위와 힘을 무력화시키는 출발점이다. 방탄 현상은 그러한 출발점의 하나다. 현실의 권위와 힘이 무력화되기 시작하는 순간 우리는 다른 삶, 다른 세상을 꿈꿀 수 있다. 이 꿈은 백일몽이 아니라 세계사적 변혁이라는 객관적 사태 인식을 바탕으로 꾸는 꿈이다. 이것이 희망이다. 많은 사람들이 다른 삶, 다른 세상을 함께 꿈꾼다면 이 희망은 새로운 현실이 될 것이다.

부록 1

들뢰즈의 시간-이미지 너머:
네트워크-이미지[1]

"예술 작품은, 그것이 미래의 반영물에 의해 전율을 하고 있는 한에서만

가치를 갖는다"라고 브르통은 말하고 있다. 실제로 완성된 모든 예술형식은

세 개의 발전 교차로에 서 있는 것이다. 즉 첫째로 기술은 어떤 일정한 예술형식을 향해 나아간다. [···]

둘째로 전통적인 예술형식은 어떤 일정한 발전 단계에서,

훗날 새로운 예술형식에 의해 저절로 얻어지게 될 효과를 애써 얻으려고 노력한다. [···]

셋째로 눈에 잘 띄지 않는 사회적 변화는, 새로운 예술형식이 대두되어야만

비로소 도움이 될 수 있는 감수성의 변화를 가져오게 한다.

- 발터 벤야민, 〈기술복제시대의 예술 작품〉, 《발터 벤야민의 문예이론》,

  반성완 편역, 민음사, 224쪽.

새로운 영상 예술의 등장

지난 20세기 말부터 영화를 둘러싸고 이루어지고 있는 가장 치열한 논쟁 중 하나는 '포스트-시네마' 혹은 '영화의 죽음'에 대한 논쟁이다. 제작, 배급, 상영 등 영화의 모든 과정이 디지털로 변화하였고, 필름의 소멸이라는 물질적 기반의 변화는 기술적 변화에 머무는 것이 아니라 영화에 대한 존재론적, 미학적 개념의 변화로 이어지고 있다. 이런 상황을 기술하기 위해 미국의 철학자이자 문화비평가, 영화이론가인 스티븐 샤비로Steven Shaviro는 필름 시대의 영화를 '시네마'로, 디지털 시대의 영화를 '포스트-시네마'로 규정한다. 샤비로가 말하는 '포스트-시네마'에서 '포스트'라는 접두어는 필름 시대의 영화인 '시네마'가 사라진 이후를 뜻하는 것이 아니다. 샤비로는 영화가 20세기 중반에는 텔레비전에, 최근에는 디지털과 네트워크에 기반하고 있는 뉴미디어에 문화적 지배소cultural dominant의 자리를 내주었다는 의

미에서 '포스트'라는 접두사를 사용하고 있다.[2]

이어 그는 디지털로 야기되는 변화가 충분히 거대했고 오랜 시간 지속되어왔기 때문에 지금 우리는 20세기를 지배해온 생산양식과 미디어 체제와는 다른 생산양식과 다른 미디어 체제를 목격하고 있다고 말한다. 그는 이러한 변화들은 지칭할 어휘조차 없을 만큼 너무나 새롭고 익숙하지 않은 것들이지만 동시에 너무나 흔하게 어디에서든 볼 수 있는 것들이어서 우리는 그것들을 주목조차 하지 않는 경향이 있다고 지적한다.[3]

샤비로의 지적은 이미 우리의 일상을 지배하고 있는 뉴미디어의 영향력을 잘 보여주는 동시에 우리의 일상을 파고 들어와 있는 새로운 미디어 체제가 기존의 개념과 정의들로 규정되지 못하고 있다는 점을 보여준다. 이러한 상황을 가리켜 미국의 철학자이자 아티스트, 큐레이터인 데이비드 로더윅David N. Rodowick은 "명명의 위기"naming crisis[4]라고 말한다. 그에 따르면, 이러한 명명의 위기는 현재 출현하고 있는 새로운 동영상 예술을 기존의 매체 고고학적 입장에서 어디에 위치시킬 것인지 그리고 그러한 동영상 이미지가 가질 수 있을 역량을 무엇으로 볼 것인지에 대한 물음들과 관련되어 있다. 그러나 아직은 누구도 이 새로운 동영상 이미지가 무엇이고, 어떤 역할을 하며, 새로운 예술형식이라고 말을 할 수 있는 것인지 등을 정확히 알지 못한다. 하지만 로더윅은 명명의 위기를 야기하고 있는 이 새로운 예술이 무엇과 관련될 것인지에 대해서만큼은 분명히 이야기한다. 로더윅은 "알고리즘적 사유, 디지털로 시뮬레이트되거나 변형된 이미지들, 그리고 컴퓨터로 매개된 커뮤니케이션이 존재론적 매혹과 탐구의 가장 강력한 현대적 장소임은 의심할 수 없다"[5]고 지적한다.

샤비로가 말하는 포스트-시네마도 로더윅과 궤를 같이한다. 포스트-시네마는 디지털 영화만을 지칭하는 것이 아니다. 포스트-시네마는 디지털 영화보다는 오히려 매체고고학적 계통수를 가로지르는 새로운 동영상 예술을 가리키는 것으로 볼 수 있다. 그 이유는 첫째, 새로운 동영상 예술은 극장 영화라든가 우사이Paolo Cherchi Usai가 말하는 영화의 표준 이미지the Model image of cinema와 분명히 다르기 때문이다. 둘째, 영화는 그 문화적 지배력을 다른 매체에게 내어준 지 이미 오래되었기 때문이다. 셋째, 명명의 위기에 있는 새로운 동영상 예술은 분명 디지털 및 네트워크와 관련된 동영상 이미지일 것이기 때문이다.

'이 새로운 동영상 예술형식이 무엇이 될 것인가'라는 질문은 사실 디지털이 본격화되기 한참 전인 1985년에 들뢰즈가《시네마 II: 시간-이미지》의 결론 부분에서 제기한 질문이기도 하다. 그는 당시에 새로 도래하고 있던 이미지를 '전자기적 이미지'라고 부르면서, 이 이미지에 대해 모호하지만 대체로 부정적인 태도를 취했다. 그로부터 33년이 지났다. 이 시간을 거치며 디지털 기술과 그와 관련된 영상 예술의 변화는 들뢰즈가 책을 쓰던 시기에는 예측조차 할 수 없었을 심도 깊은 변화를 겪었다. 디지털과 인터넷 기술은 비약적으로 발전했다. 기술 발전과 사회

전반의 변화는 동영상 예술 영역에서의 다양한 실험과 변화를 가능하게 했다. 영화가 문화적 지배소였던 시기, 혹은 벤야민 식으로 표현하면 영화가 사회적 중요성을 가졌던 시기가 끝났다고 한다면, 포스트-시네마 시대에 사회적 중요성을 가진 예술형식 혹은 새로운 문화적 지배소를 가진 예술형식은 무엇일까? 혹은 들뢰즈 식으로 다시 표현하면, 시간-이미지에서 새로운 전자 이미지로의 다가올 변화에는 '어떤 예술 의지 혹은 시간-이미지의 알려지지 않은 측면들이 있는가?'

들뢰즈가 예견했던 미래의 영상 예술은 이미 현재가 되었다. 그런데 현재가 되어버린 미래의 영상 예술에 대한 이론은 아직 확립되지 못하고 있다. 그리하여 이 글은 들뢰즈가 말하려 했으나 말할 수 없었던 시간-이미지 다음의 세 번째 이미지를 제안함으로써 새로운 영상 예술에 대한 이론을 제시하고자 하는 이론적 실험이다. 이 실험을 위해 이 글에서는 들뢰즈와 벤야민의 만남을 시도한다. 벤야민이 〈기술 복제 시대의 예술 작품〉에서 제시하고 있는 예술형식에 대한 논의들은 들뢰즈의 한계를 극복 혹은 확장하는 데에 중요한 길잡이 역할을 수행하게 될 것이다. 이 이론적 실험은 다음과 같은 순서로 진행된다. 첫째, 들뢰즈의 영화철학의 맥락을 살펴보고, 그 맥락에서 들뢰즈가 제기한 미래의 이미지에 대한 문제를 살펴보면서 그의 시대적 한계를 지적할 것이다. 둘째, 온라인 공유 동영상이 들뢰즈가 '전자기적 이미지'라고 불렀던 새로운 영상 예술에 해당되는지를 현재의 모바일 네트워크 기술과 미디어 환경과 관련해서 살펴볼 것이다. 셋째, 이 새로운 영상 예술의 존재 방식과 특징들을 검토함으로써 그 새로운 이미지를 '네트워크-이미지'라고 명명하고, 네트워크-이미지가 동반하는 다양한 예술 개념 전체의 변화들을 살펴볼 것이다. 넷째, 이 네트워크-이미지가 과연 들뢰즈가 말하는 세 번째 이미지가 될 수 있는지를 검토할 것이다. 다섯째, 네트워크-이미지를 제안하는 것이 들뢰즈의 영화철학에 어떠한 의의를 가져올 수 있을 것인지 살펴볼 것이다.

《시네마》의 전체 체계

들뢰즈가 《시네마 II: 시간-이미지》의 끝부분에서 언급하는 새로운 전자기적 이미지에 대한 문제 제기를 비판적으로 검토하고 이를 극복할 수 있기 위해서는, 먼저 《시네마》라는 저작이 영화에 대해 어떠한 철학적 체계를 제시하고 있는지부터 살펴봐야 한다. 1895년 영화의 등장부터 1980년대 중반까지, 거의 90년 동안의 영화의 역사가 담겨 있는 이 저작을 요약하는 것은 결코 쉬운 일이 아니다. 하지만 자신의 영화철학을 크게 두 체계로 구분하여 전개하고 있는 들뢰즈 자신의 방식을 따라 각 이미지의 핵심이 무엇인지만 간략히 스케치하겠다.

들뢰즈는 1983년과 1985년에 영화에 관한 자신의 존재론적 탐구를 담은 두 권의 책, 《시네마 I: 운동-이미지》와 《시네마 II: 시간-이미지》를 출판한다. 이 두 권의 책은 영화 이미지를 '운동-이미지'라는 개념을 통해 존재론적으로 정의하면서, 영화 매체가 인간적인 한계를 벗어나 실재를 사유하게 해주는 사유-기계임을 보여준다. 들뢰즈는 프랑스 철학자 앙리 베르그손H. Bergson의 운동, 지속, 이미지 등의 개념을 자신의 영화 철학의 존재론적 출발점으로 삼고, 《물질과 기억》에서 제시되는 '감각-운동 도식', '주의도식', '원뿔도식'의 이론틀을 통해 영화 이미지를 체계적으로 분류한다. 전체 체계의 대전제에 해당하는 것은 운동-이미지라는 개념이다. 이 개념은 베르그손의 이미지와 운동 개념을 바탕으로 들뢰즈가 만든 용어다. 베르그손에 따르면, 이미지는 보통 사람이 외부 세계에 대해 지각하는 대로 존재하지만 동시에 인간의 지각에 의존함이 없이도 그 자체로 존재하는 것이다. 다시 말해 단순히 주관적인 인상이나 가상적인 것이 아니라 우리에게 지각되는 대로 존재하지만 그 자체로 즉자적으로 존재하는 물질이 이미지다. 이미지는 물체나 사물의 차원만이 아니라 그것을 구성하는 물질의 입자 차원에서부터 우주 전체의 차원에 이르기까지 모든 물질을 통칭하는 개념이다. 중요한 점은 이미지들은 언제나 복수적으로 존재하며 서로 작용과 반작용이라는 '운동'을 주고 받는 방식으로만 존재한다는 점이다. 이렇듯 이미지는 근본적으로 '운동'이라는 존재 방식을 통해서만 존재할 수 있다는 의미에서 들뢰즈에 의해 '운동-이미지'라고 개념화된다.

들뢰즈는 이 운동-이미지들이 무한히 펼쳐져 있는 물질적 우주 속에서 베르그손의 도식들을 기준으로 다양한 영화 이미지를 분류한다. 이 글에서 그 내용 전부를 살펴보는 것은 불가능하다. 다만 한 가지만은 분명히 강조해두고 싶다. 이미지에 대한 들뢰즈의 새로운 개념화에서 중요한 것은 들뢰즈가 영화를 통해 실재하는 세계에 대한 사유를 전개하고 있다는 점이다. 들뢰즈는 영화를 흔히 생각하듯 그럴듯한 가짜 이미지인 허상을 보여주는 예술로 간주하지 않는다. 들뢰즈에 따르면, 영화가 보여주는 이미지는 운동-이미지로 이루어진 물질적 세계의 선택된 일부이고 우리는 그러한 영화적 지각을 통해 인간 중심적인 우리의 지각과 인식의 한계를 벗어날 수 있다.

이러한 운동-이미지 개념에서 출발하여 들뢰즈는 영화를 '운동-이미지의 영화'와 '시간-이미지의 영화'라는 두 개의 상이한 체계로 구분하고 있는데, 이는 대략 '고전영화'와 '현대영화'의 구분과 일치한다. 여기에서 고전과 현대는 시대 구분이 아니라 영화 형식의 측면에서 본 구분이다. 대부분의 관객에게 익숙한 서사 영화들은 대체로 고전영화에 속한다. 들뢰즈는 주인공과 중심 사건을 기본 축으로 하면서 특정한 시공간에서 사건들이 펼쳐지는 영화 형식을 '고전영화' 혹은 '행위-이미지의 영화'라고 부르고, 이러한 영화들을 비롯해 외부의 행위나 사태를 지각하고 그에 대해 어떻게 반응할 것인가를 규정하는 반응-행위 체계인 '감각-운동 도식'과 관련되는 영화들을 '운동-이미지의 영화'라고 부른다. 행위-이미지의 영화는 운동-이미지의 영화에 포섭되는 하위 개념이다.

운동-이미지의 영화에 속하는 대표적인 것으로는 미국 고전영화를 들 수 있다. 그런데 2차 세계대전이라는 세계사적 사건과 더불어 인류는 전처럼 합리성에 따라 일관된 방식으로 외부 세계에 반응하며 살 수 없게 되었고, 이로 인해 새로운 종류의 이미지가 출현했다. 인간과 세계의 관계의 단절이 감각-운동 도식의 단절로 이어진 것이다. 이 단절의 틈에서 새롭게 등장하는 것이 '시간-이미지'다. 대표적으로 유럽의 예술영화들이 이에 속한다고 할 수 있다. 시간-이미지의 영화가 갖고 있는 특징들은 2차 세계대전 이전에도 존재했다. 그러나 시간-이미지의 영화는 그 형식이 고전적인 서사 영화 형식과 다르다는 점에서 '현대영화'라고도 불린다. 시간-이미지의 영화는 주로 세계사적 격동기의 혼란과 좌절이 영화적인 형식으로 나타나며 시간에 대한 사유, 즉 시간 속에 존재하는 삶과 실재에 대한 사유를 새롭게 창조한다는 특징이 있다.[6]

시간-이미지의 영화들은 일단 운동-이미지의 영화의 특징들을 비판하고 부정하는 것에서 출발한다. 시간-이미지의 영화에서는 주인공을 중심으로 한 사건들의 인과적인 연쇄가 느슨해지거나 깨진다. 주인공은 분명한 목적의식 없이 방황하며, 그러한 방황은 영화 속에서 해결되지도 않고 깨달음으로 이어지지도 않는다. 이는 이미지들을 연결해주던 강력한 서사적 원리인 감각-운동 도식의 단절과 관련된다. 그러다 보니 서사적 맥락에서는 이해할 수 없는 시각적이고 청각적인 이미지들이 자율성을 가진 것으로 출현하게 되고, 영화는 파편화된다. 서사에 전제되어 있는 시간성은 '과거에서 현재로 그리고 미래로 진행하는 선형적인 성격'을 상실하게 되고, 과거와 현재와 미래가 공존하고 뒤섞이는 복잡한 시간성이 등장하게 된다. 이미지들은 고전영화에서처럼 말끔하게 이어지지 않고 이미지와 이미지 사이의 간격들이 두드러지게 된다. 관객의 관람을 힘들게 하는 이 간격들은 편집 실수가 아니라 시간 속의 실재를 사유하게 하는 중요한 역할을 한다. 들뢰즈는 이러한 공통점을 갖는 시간-이미지들을 베르그손의 '원뿔도식'과 '주의도식'을 기준으로 재분류한다(회상-이미지, 거울-이미지, 크리스탈-이미지, 과거 혹은 현재를 중심으로 한 직접적 시간-이미지 등).

　　들뢰즈는 1980년대까지의 유럽 중심의 서양 영화를 중심으로 영화를 거대한 존재론적 체계로 파악하고 그 체계의각 부분에 속하는 이미지들을 분류한다. 그런데 중요한 점은 1980년대 이후로 기술 발전과 더불어 영화에 급격한 변화들이 발생하기 시작했다는 점이다. 들뢰즈가 살아 있던 시기에는 맹아적 상태만 짐작할 수 있었던 디지털 이미지가 제작, 배급, 상영 등 영화의 전 과정을 장악하게 된 지는 이미 오래되었다. 1980년대까지의 대표적 관람 방식인 극장 관람 외에 수많은 영화 관람 방식이 생겨났다. 《시네마》 출판 이후 약 30여 년의 시간 동안 영화와 인접 영상 예술들은 들뢰즈가 살아 있던 당시와는 비교하기 힘들 만큼 광범위하고 심대한 변화를 겪었고 지금도 변화는 계속되고 있다. 그렇다면 이 시점에서 당연히 던져야 할 질문이 있다. 들뢰즈가 제시했던 운동-이미지 그리고 시간-이미지 이후, 새로운 기술적 사회적 조건 속에서 어떠한 새로운 이미지가 등장할 것인가? 그리고 그러한 이미지는 우리로 하여금 어떠한 사유를 가능하게 할 것인가? 이 질문에 대해서는 아직 분명한 답이 제시된 적이 없다. 그 새로운 이미지가 디지털 영화와 디지털을 기반으로 한 영상 예술일 것이라는 점은 부인할 수 없지만 그것이 무엇이고 그것을 어떻게 바라보아야 할지에 대해서는 아직까지 본격적으로 연구된 바가 없다. 이 글은 이 질문에 대해 가능한 하나의 답을 제시하여 들뢰즈의 영화철학의 정신 내에서 들뢰즈의 시대적 한계를 극복해보려는 시도다.

전자기적 이미지에 대한 들뢰즈의 태도

들뢰즈는 《시네마 II: 시간-이미지》의 결론에서 시간-이미지의 영화들이 다른 종류의 새로운 이미지로 변화할 것임을 예고한다. 그는 이 새로운 이미지를 전자기적electronique 이미지라고 부르면서, 전자기적 이미지로의 변화에는 어떤 예술 의지 혹은 시간-이미지의 알려지지 않은 측면들이 있다고 말한다.

전자기적 이미지들은 다시 한 번 또 다른 예술 의지will to art , 혹은 아직 밝혀지지 않은 시간-이미지의 양상들에 기반을 두어야만 할것이다.[7]

이로부터 들뢰즈가 운동−이미지와 시간−이미지 이외에 이미지의 또 다른 단계가 도래할 것임을 가정하고 있고, 이 변화(혹은 발전)는 그가 예술 의지라고 부른 것에 기반하고 있다는 추론이 가능하다. 또한 들뢰즈가 전자기적 이미지들이 시간−이미지와 특정한 관계를 맺고 있다고 본다는 사실로부터 전자기적 이미지들을 시간−이미지와의 관계 속에서 규정할 수 있는 가능성이 있다는 추론도 가능하다. 들뢰즈는 시간−이미지의 등장이 운동−이미지의 내적 파열과 극복이라는 관계에 있었듯이, 새로운 이미지 역시 시간−이미지와 그 당시까지는 알 수 없는 어떤 관계에 있을 것이라고 말한다. 그와 함께 들뢰즈는 새로운 이미지로의 변화는 "영화를 변형시키거나 대체하고 그 죽음을 선언했음에 틀림없다"[8]면서, 새로운 기술과 새로운 이미지의 등장 이후 영화 예술은 이전과 동일한 방식으로 유지되지 않을 것이라는 점을 분명히 밝히고 있다. 그리고 "새로운 자동기계들은 새로운 자동운동이 형식의 변형을 보증하지 않는 한 그 내용을 점령하지 못한다"[9]고 말하면서, 테크놀로지의 변화에 의해 새로운 예술 형식이 탄생하지 않는 한 실질적으로 새로운 자동기계의 내용과 의미는 담지될 수 없다고 분명히 지적하고 있다. 벤야민과 마찬가지로 새로운 예술적 생산수단인 기술의 등장이 새로운 예술형식의 형식 및 내용과 긴밀한 관련성을 가지고 있다는 점을 지적하고 있는 것이다. 이 지점까지는 들뢰즈의 예측과 입장에 전혀 문제될 것이 없다.

그런데 들뢰즈는 새로이 등장할 자동기계와 새로운 이미지들에 대해서 부정적인 혹은 최소한 방어적인 태도를 보인 다. 글을 쓰던 당시에는 짐작도 할 수 없었던 새로운 현상에 대한 두려움이 기대감보다 앞섰던 것 같다. 들뢰즈는 미래의 자동기계의 현대적인 형상으로 전자기적 이미지, 즉 텔레비전이나 비디오의 이미지와 디지털 이미지를 들고 있다. 하지만 우리는 이미 텔레비전과 비디오가 디지털과 얼마나 다른지, 그러한 텔레비전 이미지들의 존재 방식이 온라인 이미지들과 어떻게 다른지 너무나 잘 알고 있다. 이러한 차이는 우리로서는 너무나 쉽게 알 수 있는 것이지만 아무리 위대한 철학자라고 해도 과거의 인물에게는 짐작조차 하기 힘든 것이었으리라. 예상할 수 없는 미래에 대한 두려움 때문인지 들뢰즈는 새로운 이미지에 대해 소극적인 태도를 취한다.

> 나는 새로운 수단을 원한다. 동시에 나는 이 새로운 수단이 모든
> 예술의지를 무효화시키지는 않을지, 혹은 상업, 포르노그라피,
> 히틀러주의적인 것이 되지는 않을지 두렵다. 중요한 것은, 영화
> 이미지는 전자기적 이미지의 효과와는 전혀 닮지 않은, 그러나
> 예술의지로서 시간-이미지에서 예상할 수 있었던 자율적 기능
> 을 갖는 효과 들을 이미 쟁취해냈다는 것이다.[10]

여기서 들뢰즈는 새로운 이미지의 등장이 모든 예술의지를

없애고 나쁜 것이 될지 모른다는 두려움을 내보이면서 전자기적 이미지에서 구현될 것으로 보이는 어떤 예술의지를 이미 시간-이미지의 영화가 실현했다고 강조한다. 이 말에서 이미 시간-이미지 영화가 실현했으니 괴물이 될지도 모를 전자기적 이미지는 없어도 되지 않을까 하는 두려움 섞인 소망을 읽어낼 수 있다. 또한 들뢰즈는 기계적 재생산의 시대에 정치의 미학화 가능성에 대한 벤야민의 비판적 분석을 지적하면서, 새로운 전자기적 이미지가 가져올 귀결들에 대한 두려움을 넌지시 표현한다. 물론 어떤 매체이든 파시스트적 전체주의나 상업주의로 귀결될 가능성은 언제나 존재한다.

들뢰즈의 이러한 지적 자체가 틀린 것은 아니다. 문제는 들뢰즈가 벤야민의 논의를 선택적으로 인용하면서 새로운 전자 이미지의 가능한 위험들에 대해 과장하고 있는 것으로 보인다는 점이다. 들뢰즈는 아날로그 영화, 즉 운동-이미지와 시간-이미지의 영화들에 대해서는 위험성을 거의 언급하지 않았으면서 전자기적 이미지에 대해서는 지나치게 부정적인 태도를 보인다. 전자기적 이미지에 대한 이러한 태도는 자신이 이전에 전개했던 주장들과도 모순된 것으로 보인다. 들뢰즈는 《시네마 I: 운동-이미지》의 영어판 서문에서 다음과 같이 말한다.

시간-이미지의 현대영화가 운동-이미지의 고전영화보다 더 가치 있는 것이라고 말하려는 것이 아니다. 우리는 단지 어떠한 가치의 위계도 적용되지 않는 걸작들에 대해서 말하고 있을 뿐이다. 영화란 언제나 그러할 수 있는 바대로 완벽하다.[11]

　그는 《시네마 I: 운동−이미지》에서 다양한 운동−이미지들을 분류하면서 어떻게 이러한 이미지들이 사유의 새로운 메커니즘을 보여줄 수 있는지를 높이 평가하였고, 나아가 《시네마 II: 시간−이미지》에서는 미래의 방향으로 영화적 사유를 열어젖힐 수 있는 영화의 창조적 역능에 대해 강조한 바 있다. 이렇듯 영화의 가치에 대해 긍정적 태도로 일관했던 들뢰즈는 디지털 영화에 대해서는 정반대의 태도를 보이고 있다.

　문제는 이러한 태도에 대한 근거를 제시하고 있지 않다는 데 있다. 게다가 벤야민의 이론 중에서 영화의 긍정적이고 혁명적인 가능성들에 대한 분석은 전혀 언급하지 않고 영화가 야기할 수 있는 부정적인 측면들만을 부각하고 있는 점은 디지털 이미지에 대한 들뢰즈의 논의에서 가장 문제가 되는 부분이다. 왜냐하면 벤야민은 〈기술복제시대의 예술 작품〉에서 영화의 전체주의적 위험성을 지적하면서도 영화 매체의 혁명적이고 민주적인 가능성을 더 강조하고 있기 때문이다. 따라서 디지털 영화에 대한 들뢰즈의 주장과 벤야민에 대한 들뢰즈의 제한된 해석은 문자 그대로 받아들일 것이 아니라 들뢰즈의 전체 논지와 정합적인 방식으로 재해석되어야 한다. 왜냐하면 아무리 들뢰즈의 주장이더라도 미래의 예술 변화에 대한 들뢰즈의 예상은 미래가 현재가 된 지금의 현실에 따라 수정되어야 하기 때문이다. 또한 벤야민에 대한 들뢰즈의 선별적 해석은 사유 기계로서 운동-이미지의 역능에 대한 자신의 입장과 정합적이지 않을 뿐만 아니라 영화에 대한 벤야민의 입장도 충분히 반영하지 못하기 때문이다. 따라서 사유 기계로서 영화의 역능에 대한 들뢰즈 자신의 입장과 벤야민의 예술에 대한 논의들을 통해 디지털 영상에 대해 고찰한다면, 포스트-시네마 시대의 새로운 영상 예술에 대한 이론적 지도를 그릴 수 있을 것이다.

새로운 이미지의 등장: 들뢰즈의 전자기적 이미지?

그렇다면 시간-이미지 이후의 새로운 이미지, 즉 들뢰즈가 전자기적 이미지라고 불렀던 이미지는 어떤 것일까? 들뢰즈는 텔레비전, 비디오, 디지털 모두를 전자기적 이미지라는 애매한 용어로 불렀다. 그런데 30여 년 사이에 비디오는 이미 사라진 매체가 되었고 텔레비전 역시 디지털화되었다. 들뢰즈가 전자기적 이미지라고 불렀던 이미지는 이제 디지털 이미지밖에 남지 않은 상황이다. 그런데 디지털 기술이 등장한 이래로 디지털 이미지 역시 큰 변화와 발전을 겪고 있기 때문에, 전자기적 이미지를 단순히 디지털 영화로 한정 짓기도 곤란하다. 왜냐하면 디지털의 전면화는 영화의 모든 과정만이 아니라 예술 전반의 지형도 완전히 바꾸어놓았기 때문이다. 디지털의 대표적인 특징이 기존의 매체 구분들을 혼종적으로 가로지르는 융합이라는 점을 고려할 때, 전자기적 이미지를 디지털 '영화'일 것이라고 가정하는 것은 디지털 자체의 특성을 고려하지 않는 결과라고 할 수 있다. 샤비로가 밝히고 있듯, 포스트 – 시네마에서 '포스트'의 의미를 '디지털 영화'가 아니라 '디지털의 전면적인 변화가 가져온 영화 이후의 문화적으로 지배적인' 예술형식으로 이해한다면, 전자기적 이미지가 디지털 영화와 동의어가 아님은 분명하다.

영화학자 필립 로젠Philip Rosen에 따르면, 디지털의 특징은 상호작용성interactivity, 융합convergence, 혼종성hybridity으로 대표된다.[12]

이러한 특징들은 매체들이 기존의 경계에 따라 구분되지 않고 혼종성을 띠며 새로운 차원에서 융합하는 새로운 형식들 에서 드러난다. "태생적으로 모든 매체 형식들의 융합을 함축"[13]하는 디지털 기술의 특성은 모바일 네트워크 장치들에서 더욱 발전된 방식으로 극명하게 나타난다. 카메라, 사진첩, MP3 플레이어, 동영상, 영화, 텔레비전, 컴퓨터, 휴대전화 등 기존에 분리되어 있던 여러 매체들의 경계가 무너지면서 스마트폰으로 융합되었다. 컴퓨터의 개발과 더불어 시작된 디지털 기술은 인터넷 네트워크의 본격화와 더불어 그 위력을 전면적으로 드러내게 되었다. 디지털 기술이 모든 자료들의 호환가능성을 확보해주었다면, 네트워크는 그 가능성을 현실화시켰다. 텍스트, 이미지, 동영상, 사운드 등 모든 자료들은 디지털화되어 인터넷에 업로드되고 네트워크에 의해 '공유'된다. 모든 정보들은 디지털로 처리되어 데이터의 형태로 가상공간 속에 저장되고 보관된다. 누구든 전 세계의 수많은 정보와 자료를 공유할 수 있다. 인터넷 네트워크 없는 일상생활은 상상조차 힘든 수준이 되었다. 특히 모바일 네트워크 플랫폼에 기반을 둔 스마트폰을 사용하는 오늘날의 인터넷 플랫폼은 사용자들의 개방, 참여, 공유를 통해 사용자가 정보의 사용자이자 동시에 생산자가 되는 인터넷 통합 환경 플랫폼으로서 Web 2.0으로 변화하였고, 이 Web 2.0의 참여 구조에 의한 네트워크를 공고히 구축하고 있는 상황에서 모든 매체의 디지털적 융합은 결국 공유로 이어진다. 스마트폰이 야기한 Web 2.0 기반의 정보 공유의 용이함과 속도는 가히 혁명적이라 할 수 있다. 모바일 네트워크의 가장 중요한 특성은 디지털의 '혼종성'과 '융합'을 바탕으로 한 상호작용적 '공유'라고 할 수 있다.

디지털 기술은 모바일 네트워크를 통해 자신의 가장 중요한 특성을 본격적으로 구현하게 되었다고 할 수 있다. 논의를 이어나가기 위해 앞서 본문에서 살펴본 내용을 다시 검토할 필요가 있다. 모바일 네트워크 이전 시기인 Web 1.0 시기에는 모든 정보들은 인터넷에서 네트워크되어 있었으나, 사용자는 컴퓨터 스크린 앞에 고정되어 있어야만 했다. 인터넷에 연결되기 위해서는 컴퓨터 기기 앞에 부동의 자세로 앉아 있어야만 했다. 프리드버그는 이러한 상황을 스크린 속의 가상적 운동성이 관객의 부동성을 함축한다고 기술한다.[13·14] 그러나 모바일 네트워크 기술이 전면화된 현재는 모두가 이동하면서도 실시간으로 전 세계와 접속하고 자료를 공유할 수 있다. 어떠한 경계도 지연도 공간적 제약도 사라진다. 모바일 네트워크 기술은 '관객의 현실적 운동성'을 가능하게 했다. 따라서 적어도 지금으로서는 모바일 네트워크에서 공유되는 디지털 영상이 들뢰즈가 전자기적 이미지라고 불렀던 것에 해당될 것이다. 로더윅의 지적처럼 현재의 영상 예술을 논해야 하는 가장 중요한 장소가 디지털과 네트워크라는 것이 분명하다면, 온라인 네트워크에서 공유되고 있는 영상 이미지이야말로 들뢰즈가 전자기적 이미지라고 불렀던 새로운 이미지라고 말할 수 있다.

이 새로운 이미지(혹은 새로운 예술형식)와 이전 영상 매체의 가장 큰 차이는 어디에 있을까. 매체의 물질적 기반이 아날로그에서 디지털로 변화했다는 점이 포스트–시네마 논쟁에서 가장 핵심적인 부분인 반면, 이 글은 관객성의 변화를 가장 중요한 차이로 제시하고자 한다. 왜냐하면 관객이 현실적으로 이동할 수 있게 되었다는 점은 이전 시기와의 질적인 변화를 함축하는 새로운 미디어 환경으로의 변화의 핵심에 있기 때문이다. 다수의 관객이 이동하면서도 영상을 관람할 수 있다는 점은 예술 작품에 대한 관객의 수용 태도의 변화를 야기하고, 이는 나아가 예술 전반의 변화를 야기한다. 벤야민에 따르면 "대중은, 예술 작품을 대하는 일체의 전통적 태도가 새로운 모습을 하고 다시 태어나는 모태이다. 양은 질로 바뀌었다. 예술에 참여하는 대중의 수적 증가는 참여하는 방식의 변화를 초래"하기 때문이다.[15]

예컨대 관객들은 흔히 버스나 지하철을 타고 이동 중일 때나 길에서 이동 중일 때도 스마트폰을 통해 동영상을 관람한다. 다수 대중의 이러한 일상적 관람 방식은 실질적으로 영상의 포맷에 중요한 변화를 야기한다. 영화처럼 대략 러닝 타임이 두어 시간 걸리는 영상은 이동 중에 보기 힘들다. 개인차가 있을 수 있지만 동영상이 10분을 넘으면 일반적으로 길다는 느낌을 받는다. 그래서 영화, 드라마나 오락 프로그램은 5분에서 10분 안팎 길이의 클립들로 나뉘어져 공유 사이트에 업로드된다. 이런 관람 환경의 변화는 10여 분 내외의 러닝타임을 가진 웹드라마 등의 제작으로 이어진다. 관객의 이동성이라는 관람 환경의 변화는 촬영 방식의 변화로도 이어진다. 드라마의 경우 롱숏으로 촬영된 화면은 스마트폰 화면으로는 너무 작아서 제대로 볼 수가 없다. 그러다 보니 시청률에 예민한 드라마들은 스마트폰 시청자를 위해 예전에 비해 클로즈업을 훨씬 많이 사용하게 된다. 극장 스크린에 적합한 영상과 스마트폰 화면에 적합한 영상은 분명 다르기 때문이다. 화면 크기의 변화는 단순히 크기의 변화에 그치는 것이 아니라 영상의 구성과 카메라 워킹 등을 모두 변화시킨다. "동영상 테크놀로지의 역사상 결정적인 기로에서는 언제나 스크린 포맷상의 실험들이 존재해왔다"[16]는 프리드버그의 진단은 현재의 변화에 대해서도 유효하다. 요컨대 이동성을 갖춘 오늘날의 관객들이 가장 많이 접하는 스크린이 바로 모바일 네트워크 플랫폼을 구현하는 스마트폰의 작은 스크린 포맷이라는 사실은 지금 시대의 영상 예술을 이해하는 데 매우 중요하다.

스마트폰으로 가장 많이 접하는 영상들은 아기나 동물의 귀여운 동영상, 게임 동영상, 음식 동영상, 화장 동영상, 스포츠 동영상, 신기하고 웃기는 동영상, 영화 트레일러, TV 프로그램의 클립들, 팟캐스트 뉴스 등 개인의 관심사에 따라 천차만별이다. 하지만 모든 동영상의 공통점은 SNS를 통해 공유되는 영상들이거나 유튜브라는 세계 최대 공유 사이트의 동영상들이라는 점이다. 즉, 우리가 보는 대부분의 동영상은 '공유'된 것들이다. 이는 모바일 네트워크가 갖고 있는 '공유'라는 특징을 잘 보여준다. 유튜브에는 없는 것이 없다고 할 만큼 공유되는 콘텐츠의 종류와 양이 어마어마하다. 젊은 세대의 거의 대부분은 신문 대신에 SNS와 유튜브를 통해 뉴스를 접한다. TV 프로그램도 이른바 '본방사수'보다는 유튜브로 보거나 P2P로 파일을 다운받아서 본다. 영화를 공부하는 학생들에게 유튜브는 거대한 필름 아카이브이자 영화 학교이고, 게임을 좋아하는 초등학생들에게 유튜브는 끝을 알 수 없는 게임 동영상들의 바다이다. 젊은 세대들에게 유튜브는 가장 영향력 있는 매체라고 할 수 있다.

이 질적 변화를 이해하기 위해 관객성의 변화에 대한 벤야민의 논의를 살펴보자. 벤야민은 예술의 위기의 시기에 나타나는 징후들에 대해 매우 흥미로운 지적들을 제기한다. 그는 이전의 예술형식이 자신에게 적절하지 않은 요구에 부응하려는 현상 자체가 그 예술형식의 위기를 말해준다고 주장한다. 예를 들어, 소수의 관람에 적합한 매체인 회화가 19세기부터 커다란 갤러리에서 다수의 관중에 의한 동시 감상으로 바뀌어가고 있는 점 자체가 회화의 위기를 말해주는 징표라고 주장한다. 흔히 미술사에서 이야기하듯 사진의 등장이 회화에 위기를 가져온 것이 아니라, 이미 사회의 생산양식 자체가 변화하고 있었고 그에 따라 예술에 대한 수용자의 요구가 변화했기 때문에 회화의 사회적 위기가 도래했다는 것이다.

벤야민에 따르면 20세기의 사회적 요구를 가장 잘 구현하는 예술 매체는 영화이다. 영화는 본래 극장의 커다란 스크린을 통해 관객들이 집단적으로 동시에 감상하도록 만들어진 매체이다. 물론 지금도 대형 스크린을 통해 영화를 보지만 파일 다운로드나 DVD, IPTV 등을 통해 영화를 보는 관람 방식이 증가하고 있다. 일반적으로 많은 관객들은 스펙터클이 강조되는 오락영화나 시각적인 요소가 강한 영화는 극장의 큰 스크린에서 보지만, 그 외에 조용히 생각하고 감상할 영화는 집에서 혼자 보는 경우가 많다. 또한 한 편의 영화를 집중해서 보지 않고 유튜브로 짧은 영화 클립들을 보는 것 역시 영화라는 기존 예술형식의 위기를 보여준다고 할 수 있다. 벤야민의 논리를 따라 생각해보면, 영화를 작은 모니터를 통해 개별 관람하고 한 편의 영화를 일시 정지해가며 끊어 보는 방식은 영화가 이미 자신이 수행할 수 없는 사회적 요구에 부응하려는 노력에서 나온 현상이라고 할 수 있다. 즉 20세기의 대표적 예술이었던 영화가 21세기의 새로운 사회적 역할을 수행하려 애쓰고 있음에도 불구하고 영화의 사회적 중요성(혹은 문화적 지배력) 은 줄어들고 있다는 것을 보여주는 현상이라고 할 수 있다. 그렇다고 당장 영화가 사라진다거나 쓸모없어진다는 말은 아니다. 다만 21세기가 예술에 요구하는 사회적 역할을 영화가 수행할 수 없게 되었다는 의미이다. 마치 회화나 고전 음악이 여전히 존재하기는 하지만 현 사회가 예술에 요구하는 역할을 수행한다고 말할 수 없는 것처럼 말이다.

이러한 영화의 위기의 징후는 다른 곳에서도 나타난다. 벤야민은 "어떤 예술형식의 사회적 중요성이 줄어들면 들수록 수용자의 비평적 태도와 감상적 태도는 점점 더 분리"[17]된다고 지적한다. 사회적 중요성이 줄어든 예술의 경우 관습적인 것은 아무런 비판 없이 향유되지만 새로운 것은 혐오감을 가지고 비판되는 현상이 발생한다. 그래서 20세기 초반 영화의 경우, 관중의 비판적 태도와 감상적 태도는 일치했지만 21세기 영화 관객은 다른 반응을 보인다. 관객들은 관습적인 오락영화는 아무런 비판 없이 즐기지만 새로운 실험을 동반하는 예술영화에는 비난과 혐오를 보낸다. 대중 관객들이 실험적인 예술영화에 보이는 일반적 반응은 '새롭다'보다는 '무슨 영화를 이렇게 어렵고 이상하게 만드냐'는 것이다. 흔히 어려운 영화라고 말하는 관습적이지 않은 영화의 경우에는 관중의 비판적 태도와 감상적 태도가 분리된다. 이는 벤야민이 주장하는 영화라는 예술형식의 사회적 중요성이 줄어들고 있다는 것을 뒷받침하는 사실이라고 할 수 있다.

네트워크 - 이미지의 출현

포스트-시네마 시대에 사회적 중요성을 가진 새로운 예술 형식으로 등장하는 온라인 공유 동영상의 특징들을 고찰하기에 앞서, 영화학자 로라 멀비L. Mulvey와 예술사학자 빅터 버긴V. Burgin 의 관람 방식의 변화에 대한 논의들부터 살펴보고자 한다. 왜냐 하면 멀비는 DVD를 통한 관람 방식의 변화가 영화를 둘러싼 중 요한 변화들의 출발점이 되고 있음을 지적하고 있는데, 이들이 논의하는 디지털 이미지의 특성들은 온라인 공유 사이트의 동영 상들에도 해당되기 때문이다.

멀비는 DVD로 관람하는 방식이 영화의 내적인 서사 구조 자체에 영향을 미치며 영화 한 편의 범위를 넘어 다른 영화들과 의 관계를 생성하게 된다고 지적한다. 멀비는 코멘터리, 인터뷰 등의 부가 영상들이 챕터별로 나뉘어져 영화의 본래 순서와 상 관없이 영화를 관람할 수 있게 해주는 DVD의 특성이 내러티브 영화의 선형적인 구조를 파괴해왔다고 주장한다. "일단 영화를 소비하는 과정이 몰입적인 관람이라는 절대 고립으로부터 분리 되자 서사의 결합력은 제작 배경, 뒷이야기, 역사와 같은 외부 담 론으로부터 오는 압력 아래 놓이게 된다. 그러나 디지털 관객성 은 서사 내부의 패턴에도 영향을 준다. 즉, [디지털 관객성이] 특 권화된 위계들을 뒤엎고 원인과 결과가 투여된 의미의 사슬을 대체하는 예상치 못한 연결들을 만들면서, 시퀀스들은 쉽게 건 너뛰거나 반복될 수 있게 된다."[18]

영화를 DVD 플레이어를 통해 관람하거나 아니면 파일 형식으로 보게 되면, 영화를 어떻게 볼 것인지는 순전히 나의 손에 달린 문제가 된다. 극장에서처럼 잠시 쉴 틈도 없이 끝날 때까지 보아야 하는 강제적인 상황이 존재하지 않기 때문이다. 주어진 순서대로 보거나 내가 원하는 장면에서 정지시키거나 아니면 반복해서 볼 수도 있다. 영화를 멈춰둔 채 외출할 수도 있다. 이렇듯 관객의 변화된 관람 방식은 대부분의 영화가 기반하고 있는 선형적이고 연속적인 서사를 파편화한다.

나아가 멀비는 이 파편화된 이미지들이 다른 영화의 파편들과 새로운 관계를 맺게 된다고 주장한다. 멀비는 이 새로운 배치 관계를 버긴이 제안한 '시퀀스-이미지' 개념을 바탕으로 주장하고 있는데, '시퀀스-이미지'란 관객의 지각과 기억에 의해 여러 영화의 파편적인 부분들이 연쇄하는 새로운 관계를 가리킨다. 시퀀스-이미지를 통해 개별 영화의 단위 혹은 경계는 깨어진다. 예컨대 영화에서 선택된 어떤 이미지는 관객의 개인적 지각 및 회상들과 더불어 여러 다른 영화들의 이미지들을 불러와 결합하는 방식으로 시퀀스-이미지를 생산한다. 예를 들어, 차이밍량의 〈거기 지금 몇 시니?〉에서 시계를 보던 관객은 자신의 기억 속에서 왕자웨이의 〈화양연화〉의 벽시계 장면과 〈아비정전〉의 손목시계 장면을 떠올릴 수 있다. 어떤 영화의 장면은 우리의 기억 속에 있는 다른 영화의 장면들을 불러내어 어떤 계열을 만들 수 있는데, 이때 떠오르는 장면들에는 어떠한 순서도 서사도 존재하지 않는다. "시퀀스-이미지를 구성하는 요소들, 주로 지각들과 회상들은 연쇄적으로 떠오르지만 결코 목적론적이지 않다. 그것들이 떠오르는 순서는 결코 중요하지 않다. 그것 들은 서사보다 더욱 '객관적인' […] 어떤 배열을 제시한다."[19]

이 배열은 작품의 선형적 서사성도 깨뜨리고 작품의 단위를 깨뜨리고 가로지른다. 이러한 현상들은 유튜브에서 더욱 구체적이고 분명해진다. 유튜브는 모든 영상 자료들이 보관되어 있는 일종의 아카이브로서 나의 현재 지각이나 기억과 관련된 모든 영상들을 불러내어 연결할 수 있게 해준다. "영화 이미지 혹은 시퀀스가 비선형적인 연쇄 속에서 다른 이미지나 아이디어 네트워크의 부분이 될 수 있는 방식"[20]은 오늘날 유튜브를 중심으로 벌어지는 지극히 일상적인 현상이라고 할 수 있다. 우리는 어디에서나 이미지들의 다양한 네트워크를 마주한다. 스크린은 사방에 있고 그 배치 속의 일부분인 사용자-관객으로서의 우리는 SNS와 공유 사이트를 통해 이미지들을 연결하고 변형하고 창조한다. 그 연결되고 변형되고 창조되는 이미지들을 위한 재료들은 다양하게 주어질 수 있다. 영화, 드라마, 뮤직비디오 등 무엇이든 가능하다. 작품의 의미와 쓰임은 변화하는 이미지들의 네트워크 속에서 계속적으로 재규정되고 재창조되므로, 이제 작품은 자신의 개별적이고 단일한 범위로만 한정될 수 없다. 그러므로 네트워크를 바탕으로 공유되는 이미지들이 어떤 영상(들)의 의미를 형성하는 현재의 상황에서 한 편의 영상 텍스트를 단독적인 분석 대상으로 제시하는 것은 무의미하거나 혹은 불가능할지도 모른다. 따라서 우리는 이러한 대상을 정의할 수 있는 새로운 개념이 필요하다.

샤비로와 로더윅 모두 무엇이라 불러야 할지 모르겠다고 고백했던 이 이미지들을 나는 '네트워크-이미지'라고 부를 것이다. 기존의 영상 예술들의 경계를 가로지르며 새로운 차원으로 융합하고 있는 포스트-시네마적인 이 새로운 예술형식을 네트워크-이미지라고 명명하는 것은 현재 영상 예술이 향하고 있는 방향을 분명하게 보여주는 데 도움이 될 것이다.

'네트워크-이미지'란 다양한 동영상들이 열린 집합으로 묶여 있는 배치를 가리킨다. 다시 말해 다양한 사용자들이 생산한 동영상들이 연결접속되면서 확장된 의미를 생산하는 관련 동영상들의 배치가 네트워크-이미지다. 네트워크-이미지는 동영상들의 단순 집적이나 각각의 동영상들의 기술적 차원에서의 융합이나 집합에 그치는 것이 아니다. 모바일 네트워크에서는 다양한 스크린들의 배치 속에서 미디어 사이의 경계가 계속해서 위반되고 가로질러지는 인터미디어intermedia현상이 나타나기 때문이다. 이 현상은 미국의 예술가이자 예술이론가 딕 히긴스Dick Higgins에 따르면, '개념적 융합'conceptual fusion으로서 "서로 다른 미디어의 요소들이 한데 모여 새로운 형식을 만드는 것이다. 하지만 이 새로운 형식은 부분들의 총합이 아니라 제3의 형식으로의 융합"[21]이라 할 수 있다. 따라서 기존의 매체 구분에 따라 정의할 수 없는 이 새로운 융합된 배치가 새로운 미디어 환경에서 등장하고 있는 새로운 예술형식이라고 할 수 있다. 이 융합을 배치라고 부를 수 있는 이유는 "구성요소들의 속성들이 전체를 구성하는 관계들을 설명하지 못하기 때문이다. 이는 배치의 속성들이 요소들의 속성들의 집적aggregation의 결과가 아니라 그 능력들의 실행이기 때문이다."[22] 즉 다양한 동영상들이 열린 방식으로 모여 있는 배치는 모바일 네트워크 플랫폼에서 사용자들의 공유라는 능력의 실행에 의해 변형, 생성 중인 다양체로서의 배치이다.

네트워크-이미지를 형성하고 있는 동영상들의 관계를 배치라고 한 것은 들뢰즈의 '배치'[23] 개념에서 착안한 것이다. 왜냐하면 들뢰즈에게 배치란 "인공적으로 그리고 자연적으로 […] 융합하기 위해 흐름으로부터 […] 추출되는, 특이성들과 특징들의 모든 성좌 constellation"[24]이기 때문이다. 즉 이질적인 특이성들이 한데 모이는 배치에서는 더 이상 각 요소들이 인공적 테크놀로지인지 아니면 자연적 사물인지는 중요하지 않다. 이 배치 개념에서 중요한 것은 그것이 정태적인 개념이 아니라 "자리를 잡고, 조직화하고, 함께 맞추어 나가는 과정"[25]에 강조점을 둔 개념이라는 점이다. 과정으로서의 배치에서 중요한 것은 이질적인 것들이 다양체를 생성하는 과정을 통해서 '그것이 무엇을 할 수 있는지', '그것이 어떤 기능을 하는지'다. 이러한 기능이 창의적이고 생산적일 때, "배치는 새로운 표현 수단, 새로운 영토, […] 새로운 행위, 새로운 실현"[26]이 된다. 동영상 스크린들의 배치가 창의적이고 생산적인 기능을 한다면, 그것은 이제 '네트워크-이미지'라는 새로운 영토가 되며, 이전에 존재하지 않았던 새로운 예술적 실재를 생산한다. 왜냐하면 "배치는 수많은, 하지만 예상치 못한 연결들을 만들어냄으로써 새로운 실재를 생산하는 운명에 처해 있는 것"[27]이기 때문이다. 이 새로운 실재가 바로 '네트워크-이미지'이다.

들뢰즈의 배치 개념을 통해 네트워크-이미지의 작동 방식에 대해 조금 더 자세히 살펴보자. 들뢰즈에 따르면, 영토를 만드는 절차로서의 배치는 수평축과 수직축에 따라 구분되는 네 가지 결합 방식으로 이루어진다. 수평축에는 '물체들의 기계적 배치'와 '언표행위의 집단적 배치'가 있다. 이 두 가지 배치는 함께 맞물려 존재하는데, 물체들의 기계적 배치란 내용에 해당되는 몸들, 행위들, 정념들 사이의 관계이고, 언표행위의 집단적 배치는 관습, 이데올로기, 상징 등을 체계화하는 표현에 해당되는 진술들과 발화들의 관계를 가리킨다. 또한 수직축에는 "한편으로는 자신을 안정화시키는 영토화 혹은 재영토화의 측면들을 가지고 있고, 다른 한편으로는 자신을 실어 나르는 탈영토화의 첨점들을 가지고 있다."[28] 배치가 분해되는 것이 탈영토화, 재구성되는 것이 재영토화인데, 모든 배치는 이러한 동시적 이중 운동 속에 있다고 할 수 있다.

인간의 몸, 모바일 네트워크 기술, 다양한 스크린들과 영상들이 물체들의 기계적인 배치에 해당되며, 사용자-관객이 생산하는 댓글, 리믹스, 리액션, 분석 영상 들은 새로운 표현들로서 언표행위의 집단적 배치라 할 수 있다. 이 과정에서 수많은 사용자-관객들의 발화 행위가 다양한 동영상들과 네트워크를 통해 연결접속된다. 컴퓨터나 스마트폰을 이용해 영상들을 공유하는 과정을 생각해본다면, 물체들의 기계적 배치와 언표행위의 집단적 배치는 결코 분리될 수 없음을 짐작할 수 있다. " 배치의 사유는 어느 정도의 아이덴티티를 표현하면서 […] 영토화와 탈영토화의 배열 양자에 의해 이루어지고 구성되는 하나의 영토를 주장한다."[29] 어떤 작품이 받아들여지는 맥락과 체험되는 다양한 방식들, 그리고 작품에 대한 평가와 해석 그리고 변형들이 네트워크에서 연결되어 펼쳐지면서 작품의 범위, 즉 작품의 아이덴티티를 어느 정도 표현하게 되는 것이다. 이 아이덴티티를 표현하는 동영상들의 열린 집합이 네트워크-이미지의 영토를 생산하며, 이 영토는 융합과 공유라는 네트워크의 특성들에 의해 영토화되고 동시에 끊임없이 탈영토화, 재영토화되는 과정 중에 있다고 할 수 있다.

따라서 '네트워크-이미지'는 개인의 범위를 넘어서는 집단적 기억과 행위를 포함하는 집단적인 이미지들의 배치라고 할 수 있다. 관심과 기억에 따라 이미지들은 네트워크를 통해 배치를 이룰 수 있다. 게다가 이는 스크린-기억, 즉 영상을 통해 매개된 기억들의 거대한 컬렉션의 부분 집합으로 볼 수 있다. 이 부분 집합은 닫히거나 결정된 것이 아니라 무한히 변화 가능한 것이다. 모든 네트워크―이미지의 무한 집합은 인류의 집단적 기억의 거대한 아카이브로 간주될 수 있다. 이 집단적 기억의 아카이브는 멀비가 DVD를 "유사―박물관 같은 상태"[30]라고 일컬은 것과 유사한 구조를 갖지만, 그 유사―박물관과는 비교할 수 없이 큰 규모의 권리상 '무한한 집단적 기억의 아카이브'이다. 이는 어쩌면 우리의 현실적이고 물질적인 세계와 공존하는 외재화된 집단적 기억의 이미지들로 구성되는 일종의 평행 우주라고 부를 수도 있을 것이다.

네트워크―이미지 전체가 인류의 집단적 기억의 아카이브라는 점은 또 다른 중요한 의미를 가진다. 우리의 기억은 미디어 이미지에 의해 끊임없이 매개되고 영향을 받는다. "영화는 집단으로 하여금 기억하게 하며 기억의 사회적 프레임 안에 명백하게 포섭되어" 있었기 때문에 "20세기 기억의 사회적, 정치적, 문화적 변동에서 중요한 요소"가 되었다.[31] 20세기에도 이미 "우리의 기억은 이제 그 진정한 의미에서 영화적"[32]인 것이 되었는데, 영화를 통해서 기억은 더 이상 개별적이고 개인적인 것으로 유지될 수 없었으며 스크린 위의 기억―이미지들을 통해 집단적이 되었다고 할 수 있다.[33] 영화를 통해 이미 집합적 성격을 갖게 된 기억―이미지들이 온라인 네트워크를 통해 연결되면 그 기억의 집합적인 성격은 더욱 확장되고 강화될 수밖에 없다. 단순한 양적 확장이나 강화에 머무는 것이 아니라 온라인으로 연결된 기억의 집합적 성격은 예술형식 자체의 변형과 예술 개념의 변화를 야기한다. 예술가 개인이나 단일한 작품의 경계를 무력화시키고 집단적으로 공유되는 어떤 취향, 생각, 지식, 나아가 신념까지 포함할 수 있게 된다. 이제 어떤 한 작가의 단일한 작품이라는 방식은 더 이상 유지되지 못한다. 온라인에서 점차 확장되는 네트워크─이미지는 그 이미지의 본성상 관객들의 참여를 전제하고 있다. 관객들의 참여가 얼마나 다양하고 심도 깊게 이루어지는가에 따라 네트워크─이미지의 성격은 달라질 수 있다.

새로운 예술의 역할: 공유가치

수많은 사용자─관객의 공유가 이루어지는 유튜브와 같은 공유 플랫폼의 폭발적인 양적 성장은 많은 양의 콘텐츠의 축적만을 의미하지 않는다. 양적 변화는 질적 변화를 야기한다. 예술에 대한 대중의 태도가 바뀌면서 새로운 사회적 가치를 갖는 새로운 예술형식이 출현한다. 모바일 네트워크를 바탕으로 하는 SNS와 유튜브의 사회적 장악력과 이 서비스를 이용하는 절대 다수의 대중을 고려할 때, 21세기 모바일 네트워크 사회가 새로운 예술에 요구하는 것은 '공유가치'라고 할 수 있다. 우선 '네트워크─이미지' 개념의 정의에는 '공유'가 본질적인 부분으로 포함된다. 또한 모바일 네트워크의 가장 중요한 특성은 디지털의 '혼종성'과 '융합'을 바탕으로 하는 상호작용적 '공유'이다. 이러한 모바일 네트워크의 특성을 기반으로 공유 사이트나 SNS에서 다양한 영상들이 네트워크되면서 의미를 생성하는 다양체로서의 배치가 '네트워크 – 이미지'라면, 네트워크 – 이미지의 형성에서 가장 핵심적인 요소는 결국 네트워크에서 사용자 – 관객들의 참여이다. 클릭을 통해 정보의 형태로 있던 동영상을 이미지로 현실화하는 단순한 수준의 참여에서부터 댓글, 리액션, 리믹스, 분석 등 다양한 수준의 영상들을 생산하고 공유 사이트에 업로드하는 비교적으로 적극적인 수준의 참여에 이르기까지 사용자 – 관객의 참여가 없으면 성립조차 될 수 없는 것이 네트워크 – 이미지이다. 따라서 네트워크 – 이미지는 개인의 범위를 벗어나는 집단적 기억과 행위를 자체 안에 포함하고 있으며, 이러한 사용자 – 관객의 참여 행위는 자신의 기억과 생각, 감정 등을 공유하는 행위로 볼 수 있다.

앞서 본문에서 살펴보았듯이, 벤야민은 〈기술복제시대의 예술 작품〉에서 기술의 발달에 의해 예술형식이 변화하고 그에 따라 새로운 예술에게는 새로운 사회적 가치가 요구된다고 말한다. 벤야민은 당시에 등장한 새로운 예술형식으로서 영화를 중심으로 관객의 지각의 변화, 예술 작품의 수용 방식의 변화, 새로운 시대가 요청하는 예술 가치의 변화 등 예술의 전체적 성격의 변화를 논한다. 그에 따르면 본래 예술은 "처음에는 마술적 의식, 다음으로는 종교적 의식에 봉사하기 위해 생겨났다".[34] 의식가치 Kultwert 라고 명명한 예술의 이러한 사회적 가치는 석기 시대의 동굴 벽화에서도 분명하게 드러나듯 일종의 마법적 도구였으며, 이후 종교가 사회의 지배적 이념이었던 시기에도 예술 작품은 종교의식과 깊은 관련이 있다. 조각상, 패널화, 벽화, 모자이크화, 스테인드글라스 등 오래된 유럽 성당에서 주로 볼 수 있는 예술 작품들은 종교적인 역할을 수행하기 위해 생겨났다. 대부분이 문맹이었던 중세 유럽 사람들에게 성경의 내용을 알려준다거나 아름다운 교회 음악으로 영적인 체험에 도움을 주기도 했다는 것은 익히 알려진 사실이다. 이러한 과정에서 예술 작품은 도구에 그친 것이 아니라 그 자체가 종교적인 신성성과 결합되어 특유의 아우라Aura를 가지게 되었다. 사람들이 예술 작품을 설사 보지 못한다 하더라도, 그 아우라를 지닌 진품이 어느 곳에 있다는 것만으로도 그것은 충분히 그 의식가치를 가질 수 있었다. 종교의 지배가 약화되기 시작하는 르네상스 이후부터 약 300년에 걸친 기간 동안 종교 대신에 세속적 아름다움이 숭배 대상이 되면서, 예술 작품의 아우라는 예술지상주의, 혹은 순수 예술의 이론 속에서 면면히 이어져왔다고 벤야민은 말한다.

　그런데 1900년 무렵 기술 복제가 일정한 수준에 이르게 되면서, 사태는 달라지기 시작한다. 물론 역사상 모든 시기에 예술 작품의 복제는 원칙적으로 언제나 가능했다. 하지만 사진의 등장은 기존의 모든 예술 작품을 복제의 대상으로 만들었고 손으로 복제하는 것과는 질적으로 다른 복제품의 생산을 가능하게 했다. 이전에 손이 담당했던 역할을 기계가 담당하게 되고 지금까지 손이 담당해왔던 예술적 의무를 이제는 렌즈를 투시하는 눈이 혼자 담당하게 되면서, 영상의 복제 과정은 말할 수 없이 촉진되었다. 예술 작품을 기술적으로 무한정 복제할 수 있는 가능성은 유일무이한 진품의 아우라를 파괴하기 시작했다. 아우라가 파괴되면서 예술 작품은 역사상 처음으로 종교적 의식과 연관된 존재 방식에서 벗어나게 되었다. 예술에게 종교가 아닌 다른 가치가 요구된 것이다. 사진과 영화는 복제 기술 자체를 그 물질적 기반으로 하는 예술이다. 따라서 인화된 사진이나 영화 중 어느 것이 진품이냐는 질문은 무의미하다. 이렇게 예술 작품의 진품성을 판가름하는 척도 자체가 무력화되는 순간, 예술의 사회적 기능 또한 변화하게 된다. 기술적 복제가 날이 갈수록 발달 하면서, 예술 작품의 전시가능성은 전과는 본질적인 차이를 보이게 된다.

복제기술이 전면화된 20세기에 들어서면서 예술의 가치가 '의식가치'에서 '전시가치'로 바뀌었듯이, 모바일 네트워크 기술이 전면화된 21세기 예술의 가치는 '전시가치'에서 '공유가치'로 바뀌어가고 있다고 볼 수 있다. 의식가치, 전시가치, 공유가치는 모두 개별 작품들이 보여주고 있는 의미를 평가하는 가치가 아니라 각 예술의 사회적 존재 양식과 관련되는 가치들이다. 찰리 채플린C. Chaplin의 영화는 자본주의에 대한 비판을 코메디를 통해 제시했고, 세르게이 에이젠슈테인S. Eisenstein의 영화는 새로운 사회를 위한 사회주의 혁명을 선전했고, 루이스 브뉴엘L. Buñuel의 영화는 시각 예술에서 초현실주의를 실험했다. 각 영화들은 어떠한 공통점도 없이 서로 다른 소재와 주제를 갖지만 공통적으로 많은 사람들에게 보일 수 있다는 점에서 즉 전시가치를 수행한다는 점에서 20세기에 사회적 중요성을 갖는 예술형식이라고 부를 수 있다. 작품에 따라 네트워크-이미지의 소재와 주제는 다양할 것이다. 그러나 사용자-관객이 공유를 통해 함께 작품을 생성하고 많은 사람이 함께 즐기고 생각한다는 점은 모든 네트워크-이미지의 공통된 사회적 존재 양식이자 현시대가 예술에 요구하는 공유가치의 실행이라고 할 수 있다.

지금까지 들뢰즈가 전자기적 이미지라고 불렀던 것에 해당될 수 있는 이미지가 무엇인지, 새로운 이미지의 등장이 어떠한 기술적 변화 속에서 탄생했고 예술형식에서 어떤 변화를 동반하는지, 새로운 예술형식이 어떠한 사회적 역할을 요구하고 있는지를 '공유가치'를 실행하는 '네트워크-이미지'라는 새로운 개념을 통해 살펴보았다. 네트워크-이미지가 과연 시간-이미지 이후의 새로운 이미지로서 주어질 수 있는가를 살펴보기 전에, 네트워크-이미지의 특징들을 보다 분명하게 정리해보자.

첫째, 네트워크-이미지의 경우에는 작품의 범위가 유동적이다. 기존의 작품들처럼 극장에서 상영되는 영화 한 편, DVD로 출시된 영화 한 편, 하나의 제목하에 방송되는 드라마 시리즈, 하나의 이름으로 갤러리에 전시되는 설치 비디오 작품, 책 한 권 등으로 범위가 한정되어 있지 않다. 기존의 작품들의 범위가 한정되어 있는 것은 각각의 예술 작품이 기반하고 있는 물질적 장치와 관련이 있다. 아무도 없는 극장에서도 필름은 상영되며, 누가 펼쳐보지 않아도 종이로 만들어진 책은 서고에 꽂혀 있다. 네트워크-이미지의 작품 범위가 고정되어 있지 않고 유동적인 이유도 네트워크-이미지라는 새로운 예술형식이 기반하고 있는 물질적 장치와 관련이 있다. 온라인에 공개된 영상들은 정보의 형태로 업로드되어 있다가 관객 혹은 사용자가 '클릭'을 통해 스트리밍하거나 공유할 때에야 비로소 물질적인 이미지로 나타난다. 소극적이건 적극적이건 간에 관객의 참여가 작품의 존재와 분리할 수 없는 방식으로 필연적으로 연결되어 있다. 따라서 '클릭'을 통해 이루어지는 관객의 참여는 작품이 기반하게 되는 일종의 물질적 장치에 해당하고, 작품은 관객의 참여에 의해 그 범위가 정해진다고 할 수 있다. 이런 점에서 네트워크-이미지의 작품 범위는 유동적이라고 할 수 있다.

둘째, 네트워크-이미지에서는 예술가의 영상들만이 아니라 관객이 생산한 영상들까지 포함한 영상들의 네트워크가 작품의 열린 영토를 형성한다. 물론 관객의 참여는 언제나 있었다. 그러나 과거에 관객의 참여는 그저 머릿속으로 생각을 해보는 정도거나 아주 적극적인 경우라고 해도 지면을 통해 감상이나 비평의 글을 쓰는 데 그쳤다. 그러나 현재 온라인에서 이루어지고 있는 관객의 참여는 다양한 형태를 띠고 있다. 블로그나 동호회의 게시판에 글을 쓰거나 SNS에 글을 게시하거나 댓글을 통해 감상을 표현하기도 한다. 이뿐 아니라 현재의 관객은 다양한 형태의 동영상을 생산해 예술 작업에 직접 참여하기도 한다. 예를 들면 기존의 영상을 화면의 일부에 배치하고 자신이 직접 출연하여 그 영상에 대해 설명이나 분석 혹은 반응을 하는 모습을 촬영한 영상인 리액션 영상과 예술 생산자에 의해 만들어진 영상들을 다른 작품으로 재탄생시키는 리믹스 영상을 들 수 있다. 이제 예술가가 만들어낸 영상은 그 자체만으로 충분한 것이 아니라 관객이 생산하는 영상과의 네트워크에 의해 의미가 생성된다. 네트워크-이미지의 영토는 네트워크를 바탕으로 관객들이 생산한 다양한 영상들과의 연결접속에 의해 유동적이 된다.

셋째, 네트워크-이미지에서는 예술가(혹은 생산자)와 수용자의 경계가 무너진다. 예술가의 지위와 권위는 더 이상 특권적이거나 초월적이지 않고 예술가의 역할도 축소된다. 예술가가 만든 영상이 관객의 물질적 행위에 의해 비로소 온라인에서 현실화되기 때문이기도 하고 관객이 생산한 영상과의 네트워크가 작품의 범위를 규정하고 의미를 생성하기 때문이기도 하다. 이런 점에서 네트워크-이미지에서는 예술가와 관객이 중심과 주변 혹은 주체와 대상의 관계에 있지 않다. 이를 보여주는 단적인 예로 유튜브를 들 수 있다. 유튜브에서는 영상을 업로드하는 사람(생산자), 리믹스 영상을 업로드하는 사람(생산자+수용자), 감상하는 사람(수용자)이 모두 유저(사용자)라는 하나의 이름으로 불리기 때문이다. 유튜브만이 아니라 SNS도 마찬가지다. 이러한 네트워크-이미지의 탈중심적인 수평성은 아직까지 남아 있던 낭만주의적 예술관에 기반한 예술가에 대한 신화를 완전히 해체하게 될 것이다. 이 신화의 해체와 더불어 기존 예술계의 권력을 유지하던 제도권의 카르텔 역시 해체될 것이다. 더 이상 예술가와 일반인을 구분하던 명확한 기준들은 네트워크-이미지가 지배적인 시대에서는 통용될 수 없을 것이다.

넷째, '네트워크-이미지'는 관객의 현실적 운동성을 조건으로 한다. 모바일 네트워크 기술은 어두운 극장에 갇혀 있거나 데스크탑 컴퓨터의 모니터 앞에 붙박여 있던 관객의 부동성을 해방시켰다. 관객은 모바일 기기를 들고 세계 어디로든 이동할 수 있다. 이제 관객은 버스 안에서도, 기차 안에서도, 길을 걸으면서도 영상을 체험하고 개입할 수 있다. 관객의 존재 방식의 변화는 예술의 체험 방식을 변화시키고, 그에 맞춰 예술의 형식도 변화한다. 길을 걸으면서 2시간짜리 영화를 볼 수는 없다. 또한 큰 스크린에 맞게 제작된 영상은 작은 모바일 기기의 화면에는 적합하지 않다. 이런 점들 때문에 모바일 기기에 적합하게 영상의 포맷에도 변화가 생길 수밖에 없다. 이동성을 확보한 관객이 쉽게 체험할 수 있는 영상은 짧은 시간 안에 메시지를 효과적으로 전달하고 쉽게 공유할 수 있는 것들이다. 이렇듯 관객의 공유라는 행위가 작품의 범위 및 예술가와 수용자 사이의 경계도 해체시키게 되는 네트워크-이미지는 기존 매체 고고학적인 계통을 가로지르며 영상의 포맷 등 콘텐츠의 내적 변화도 야기한다. 기존의 예술 개념이 적용되지 않는 이 새로운 예술형식은 새로운 예술의 가치를 요구하면서 예술 개념 전반의 변화를 야기한다.

들뢰즈의 시간-이미지 너머: 세 번째 이미지

앞에서 밝혔듯이, 들뢰즈가 세 번째 이미지로 언급한 전자기적 이미지는 현재의 영상 예술을 정확히 표현하는 용어라 볼 수 없다. 그렇다면 현재의 영상 예술을 정확히 표현하는 용어는 무엇이어야 할까? 예술 전반의 변화를 야기하는 네트워크-이미지가 들뢰즈가 예고한 새로운 이미지를 나타내는 적절한 용어일수 있을까. 들뢰즈는 시간-이미지와 전자기적 이미지의 관계에 대해 이렇게 말한다.

> 그것은 새로운 정신적 자동운동, 그리고 새로운 심리적 자동기계라는 테크놀로지에 의존하기 앞서 하나의 미학에 의거하고 있는것이기 때문이다. 전자기적인 것이 이미지와 기호의 독창적 체계를 망치기 전, 혹은 역으로 이를 시동하기도 전에, 이 이미지와 기호의 독창적 체제를 요청한 것은 바로 시간-이미지이다.[35]

여기서 들뢰즈는 전자기적 이미지에 대해 유보적 태도를 취한다. 그러면서 그는 '하나의 미학'이 시간-이미지의 예술의지로 간주될 수 있으며 전자기적 이미지가 기술적으로 발전하기에 앞서 시간-이미지의 예술의지가 전자기적 이미지와 기호의 독창적 체제를 요청한다고 말한다. 즉 시간-이미지에서 성취된 이미지와 기호의 체제는 전자기적 이미지에 의해 나중에 성취될것이라는 주장이다. 이는 아래에 인용하고 있는 벤야민의 주장과 궤를 같이한다. 벤야민은 모든 예술형식의 역사에서 위기의 징후들에 대해 다음과 같이 지적한다.

> 위기의 시기에는 이들 예술형식은 변화된 기술 수준, 다시 말해 새로운 예술형식을 통해서만 비로소 아무런 무리 없이 생겨날 수가 있는 효과를 앞질러 억지로 획득하려고 한다. 따라서 위기의 시기, 특히 이른바 퇴폐기에 생겨나는 예술의 괴상하고 조야한 형식들은 실제로는 이러한 시기의 풍부한 역사적 에너지의 중심부로부터 나오는 것이다.[36]

벤야민은 다다이스트들이 대중들이 영화에서 자연스럽게 향유하는 (관조적 침잠Versenkung이 아니라) 정신분산적 오락Ablenkung의 효과를 회화나 문학을 통해 만들어내려고 했기 때문에 괴상한 형식들이 출현하게 되었다고 주장한다. 다다이스트들은 외설스러운 문구나 온갖 말의 쓰레기들을 버무려놓은 듯한 시詩, 단추나 승차권을 몽타주해놓은 그림 등을 통해 기존 예술이 관객에게 요구하던 관조적 침잠의 대상으로서 작품이란 것이 얼마나 무가치한가를 보여주고자 했다.

다다이스트들은 보이지 않는 세계의 변혁의 에너지, 혹은 들뢰즈의 용어로는 '하나의 미학' 혹은 '예술 의지'를 감지하고 그것을 표현하려 했다고 할 수 있다. 하지만 그러한 가치에 적합한 새로운 예술형식을 가능하게 하는 기술적 수준이 도래하지 않았기 때문에, 무리한 표현 방식으로 드러날 수밖에 없다는 것이 벤야민의 주장이다. 버긴 역시 '채널 돌리기zapping'와 같은 너무나 일상적이고 아무것도 아닌 실천마저도 초현실주의자들의 '보행적 표류ambulatory derive' 같은 떠들썩한 퍼포먼스와 동등한 가치를 가진 것이 된다고 지적한다.[37] 다시 말해, 지난날 초현실주의자가 특정한 예술적 효과를 생산하기 위해 행했던 의식적인 실천들이 요즈음의 미디어 환경에서는 어떠한 예술적 노력 없이도 가능한 채널 돌리기 같은 일상적인 실천과 등가 관계에 있다는 것이다.

벤야민에서 영화와 다다이즘의 관계는 들뢰즈에서 전자기적 이미지와 시간−이미지의 관계와 유비적이라고 볼 수 있다. 그렇다고 해서 현대영화가 다다이즘처럼 조야하고 괴상한 표현 형식이라는 말은 아니다. 시간−이미지 영화가 이후에 등장할 전자기적 이미지에서는 쉽고 자연스러운 방식으로 성취될 효과들을 난해한 방식으로 선취했다는 점에서 전자기적 이미지와 시간−이미지의 관계가 영화와 다다이즘의 관계와 유비적이라는 말이다. 브레송, 로메르, 고다르, 스트로브, 뒤라스 그리고 지버베르크 영화들에서 나타나는 효과들이 예술 의지로서 시간−이미지가 전자기적 이미지에 앞서 이루어낸 효과들이라는 들뢰즈의 지적은 이런 추론을 뒷받침한다.

이 선취된 특징들로 들뢰즈가 제시하고 있는 것은 이미지의 가독성readability, 사운드와 이미지의 분리, 창조적인 이야기 꾸며대기fabulation로서 발화 행위, 이미지와 사운드의 무리수적irrational

관계, 무정부적인 거대한 정보공간 등이다. 시각적 이미지와 청각적 이미지가 상응하지 않고 무리수적 단절의 관계로 들어서면서 각각은 파편화되고, 파편화된 이미지들은 의미를 읽어내야 하는 대상으로 주어진다. 서사의 선형성은 깨어지고 매순간 생성이 발생하는 이야기 꾸며대기로서의 발화행위가 이루어진다. 그리고 이러한 모든 특징들은 복합적이고 이질적이면서 무정부적인 거대한 정보공간 속에서 펼쳐진다고 들뢰즈는 말한다.[38]

그런데 이러한 특징들이 네트워크–이미지에서 전혀 난해하지 않고 너무나 익숙하고 단순한 방식으로 재등장한다. 예컨대, 일반적으로 뮤직비디오는 영화처럼 서사를 중심으로 구성되지 않기 때문에, 이미지와 사운드가 상응하지 않고 파편화된다. 리믹스나 리액션처럼 관객이 생산한 영상들도 대체로 서사 구조가 결여된 짧은 단편의 영상들이다. 이미지와 사운드가 파편화된 뮤직비디오에서 이미지들은 독해되어야 하는 상징으로 주어진다. 이미지, 사운드, 이야기는 서로 상응하거나 서로를 종속시키지 않은 채 각각 자율성을 가진 것으로 등장한다. 앞서 방탄 현상에서 살펴보았듯이, 이미지와 사운드는 서로 관련은 있으나 각기 자율성을 유지한다. 이러한 의미에서 파편적이고 무리수적인 것이 된다. 이때 무리수적인 관계란 서사에 의해 메워지고 봉합될 수 없는 본질적인 간격이 이미지와 사운드 사이에 함축되어 있음을 의미한다. 더 나아가 이러한 간격은 이미지와 사운드, 이미지와 이미지, 이미지와 내러티브 등 영상을 구성하는 모든 요소에 본질적인 것으로 존재한다. 서사에 종속되지 않은 이 자율적인 시청각적 이미지들의 의미를 파악하기 위해서는 필름의 진행 방향과 반대 방향에서 생각해보기도 하고 뒤집어서 생각해보기도 하고 한참 앞의 이미지나 다른 작품의 이미지와 연관시켜 생각해보기도 하는 등 다양한 방식으로 이미지를 탐험해야 한다. 이러한 의미 파악 방식을 들뢰즈는 이미지의 독서lecture 혹은 이미지의 가독성readability이라 부른다. 영상들이 공개된 순서에 관계없이 방탄의 여러 영상을 상호참조하며 의미를 독해하는 관객들의 행위(영상들을 해석하는 사유뿐 아니라 그러한 해석을 담고 있는 영상의 업로드를 포함하는 관객들의 행위)가 바로 이와 같은 이미지의 독서다. 유튜브에서 보는 뮤직비디오나 사용자-관객들이 생산한 영상들 대부분은 이러한 형식적 특성들을 보인다. 하지만 시간-이미지의 영화와 달리, 놀랍게도 전혀 난해하지 않다.

또한 리믹스, 리액션, 분석 동영상에서는 작가와 '사용자-관객' 사이의 경계를 가로지르며 그 사이에서 생성하는 관계들과 이 관계에서 들려오는 목소리들을 들을 수 있는데, 이 목소리들은 이미 다음적polyphonic이다. 이 목소리들은 사용자-관객들의 이질적 목소리들, 개별적 특수성을 잃지 않고 있는 상이한 목소리들의 다양체이다. 이 다음적인polyphonic 집단적 발화는 선형적이거나 목적론적이지 않은 이야기의 창조fabulation를 가능하게 한다.[39] 방탄 현상을 예로 들어보면, 새로운 영상들은 이전 영상들과의 관계 속에서 계속 새로운 의미를 생산한다. 그리고 팬들이 생산하는 영상들이 함께 네트워크되면서 여러 방향으로 다양한 의미들을 생산한다. 이 이질적 영상들의 다양체 속에서 다양한 목소리들은 서로 영향을 주고 새로운 의미를 생산하기도 하면서 이야기들의 다양한 계열들을 창조해간다. 방탄 현상을 보면 다음적 발화와 이야기 꾸며대기의 개념을 어렵지 않게 이해할 수 있다. 이 모든 현상은 수직적 위계가 없는 유튜브와 SNS의 거대한 네트워크 공간, 들뢰즈의 표현을 빌면 거대한 무정부적 정보공간에서 이루어진다. 이를테면 방탄 현상 같은 네트워크-이미지에서는 시간-이미지의 영화가 거대한 변혁의 에너지를 감지하고 어렵게 선취한 특징들이 클릭 몇 번의 공유 행위나 리믹스 영상의 업로드 같은 일상적이고 손쉬운 활동들을 통해 다시금 나타난다.

관객론을 통한 들뢰즈 영화철학 체계의 변형 혹은 극복

그리하여 네트워크-이미지를 시간-이미지 이후에 등장하고 있는 세 번째 이미지라고 볼 수 있다. 네트워크-이미지를 들뢰즈의 영화철학적 맥락에서 세 번째 이미지로 제시하는 것은 사실 중요한 함의를 가진다. 그 이유는 첫째, 네트워크-이미지는 관객의 참여를 필수적인 부분으로 상정하는 새로운 이미지의 체제이기 때문이고 둘째, 들뢰즈의 영화철학에서는 영화 연구 분야에서 매우 중요한 위치를 차지하는 관객론을 거의 찾아볼 수 없기 때문이다. 들뢰즈의 영화 존재론은 관객이라는 대자적 존재를 설정하지 않고 즉자적으로 완결된 체계로 보인다. 하지만 관객론을 배제한 그의 철학 체계는 현실적인 운동성을 획득한 관객이 손쉬운 작동들로 이미지들을 연결하고 공유하는 현재의 미디어 상황하에서는 유지되기 어려워 보인다. 더욱이 '공유가치'가 네트워크-이미지를 추동시키는 핵심적인 예술 의지라고 한다면, 관객의 역할은 더더욱 필수적일 수밖에 없다. 관객의 등장은 들뢰즈의 영화 존재론의 체계를 새로운 방식으로 재편하고 변화시킬 것이다. 따라서 '네트워크-이미지'를 들뢰즈의 영화철학 체계에서 세 번째 이미지로 제시하는 것은 들뢰즈의 영화철학에 부재하는 관객론을 들뢰즈의 체계 안에 포함시킴으로써 들뢰즈 영화철학의 시대적 한계를 극복하려는 시도이기도 하다.

　　그렇다면 들뢰즈의 영화철학에서 관객이 자리할 수 있는 곳은 어디인가. 그 장소는 세 번째 시간-이미지인 미래의 시간성에 기반하고 있는 '시간의 계열'에서 마지막 항이 될 것이다. 무리수적 단절을 포함한 시간-이미지 영화의 이미지들은 관객에게 주어지는 필름의 연속성을 벗어난다. 물론 극장에서는 한 방향으로 영화가 상영되지만, 무리수적 단절들 때문에 자율성을 가진 파편화된 시청각적 이미지들은 물리적 연속성과는 다른 방식으로 관객의 머릿속에서 계열을 형성하게 된다. 이를테면 영화가 'A-B-C-D-E-F-G…'의 방식으로 주어졌다고 할지라도, 관객은 자율성을 가진 그 이미지들의 앞면을 뒤집어 뒷면을 생각해보고 이미지들을 'D-A-F-E-B-G-C…'처럼 다른 순서의 계열을 형성해볼 수 있다. 하나의 영화에서도 이러한 계열들은 무한히 형성될 수 있으며, 한 명의 관객에 의해서도 수많은 계열이 형성될 수 있다. 수많은 계열들이 마주치고 교차하면서 영화에 관한 사유와 의미는 확장된다. 이러한 계열을 형성할 수 있는 재료는 영화가 제공하지만 실제로 무한한 이미지의 계열을 형성하고 사유를 생산해내는 것은 결국 관객이라는 마지막 항의 연결접속이다.[40] 이 계열들은 열려 있으며, 새로운 항들과 연결접속하여 새로운 배치를 형성할 때마다 새로운 의미를 생성하게 된다.

이렇듯 시간의 계열에서도 관객의 자리는 요청되고 있으나, 들뢰즈는 관객의 자리를 암시하기만 할 뿐 더 이상의 논의는 펼치지 않았다. 들뢰즈는 계열적 영화에 대한 설명에서 관객과 작가와 배우의 경계가 무너지면서 서로의 목소리가 혼종되는 지점을 보여주는 영화를 '현대 정치영화'라고 부른다. 고전적 정치영화가 특정한 집단을 민중으로 설정하고 이야기를 전개하는 것과 달리, 현대 정치 영화는 미리 주어진 어떠한 집단도 '민중'으로 설정하지 않는다. 들뢰즈에 따르면, 동질적 집단인 '민중'은 존재하지 않는다. 민중은 영화의 계열적 생성을 통해 창조되기를 요청받는 미래적 존재다.[41] 영화에 대한 관객의 사유를 통해 창조되어야 하는 집단, 자동적으로 창조되는 것이 아니라 창조되기를 요청받는 집단이다. 이는 관객의 사유를 통해 어떤 '민중'이 생성되기를 희망한다는 의미로도 볼 수 있다. 어떤 의미에서 그러한가? 관객은 영화가 촉발하는 무언가에 의해 감각적으로 사유하게 되는데, 이때 그저 머릿속의 떠오르는 몇 가지 생각만으로는 진정한 사유라고 할 수 없다. 진정한 사유는 우리의 삶의 태도와 관련되며, 그렇기에 영화를 통해 진정한 사유를 한다면 관객은 새로운 삶을 창조해야 한다. 하지만 이는 결단코 쉬운 일이 아니다. 그렇기에 지금까지 관객의 변화와 생성은 결코 포기할 수 없지만 그렇다고 쉽게 성취할 수도 없는 희망의 다른 이름이었다. 관객의 자리는 미리 주어져 있지 않은 미래 시제에 해당되는 것이었다. 그런데 미래는 자동적으로 다가오는 것이 아니라 창조해내야만 하는 것이다. 진정으로 과거 및 현재의 연속체와의 단절을 가져오는 새로운 미래의 창조, 즉 민중의 생성이란 어쩌면 영화에 의해 계속 요청되기만 했던 미래에 대한 희망이었다.

그런데 관객의 참여가 작품 형성의 주된 요소인 네트워크-이미지에서는 미래의 창조, 민중의 생성이라는 그 요원했던 희망이 가까이 다가오는 것처럼 보인다. 네트워크-이미지에서 관객들의 서로 다른 목소리들의 다중적 계열들은 미리 예견할 수 없는 방향으로 생성된다. 여기서 중요한 것은 시간-이미지에서는 관객들의 머릿속에서만 이루어지던 사유의 계열들이 네트워크-이미지에서는 실제로 영상으로 생산되어 온라인 공간에서 다른 영상들과 계열을 형성한다는 점 그리고 관객들의 사유가 네트워크를 통해 다른 사용자-관객의 사유에 영향을 받고 또 영향을 주면서 개인적인 것을 벗어나 집단적인 것이 된다는 점이

다. 들뢰즈가 시간−이미지에서 대중 영화가 수행해야 하는 과업
이라고 생각한 민중의 창조가 네트워크−이미지의 집단 사유와
행동에 의해 이루어지고 있다고 볼 수 있다. 따라서 온라인 공유
사이트에서 이루어지는 네트워크−이미지는 개인적인 것과 집
단적인 것, "사적인 것과 정치적인 것을 분리하는 경계를 끊임없
이 뛰어넘고 집단적 언표들을 생산해내는 […] 행동하는 발화, 발
화 행위"[42]가 이루어지는 예술이라 할 수 있다. 사용자−관객은
네트워크−이미지를 형성하기 이전에 이미 특정한 방식으로 형
성되어 있던 민중이 아니다. 민중은 결여되어 있었다. 민중은 이
제 네트워크−이미지를 통해 점차 창조되고 있는 중이다. 민중이
앞으로 무엇으로 어떻게 창조되어 나갈지 누구도 알 수 없지만,
중요한 점은 네트워크−이미지라는 새로운 예술형식에서는 손
쉽고 일상적인 행위를 통해, 취미 생활이나 놀이의 일부 같은 사
용자들의 행위에 의해 민중의 창조가 실현되고 있다는 것이다.

　사용자−관객의 일상적 실천은 기존 영화 관객론의 수동적
관객론과 능동적 관객론의 이분법적 단순화를 극복할 수 있게
해준다. 단순화의 위험을 무릅쓰고, 기존의 영화 관객 론을 요약
하면 다음과 같다. 수동적인 관객은 흔히 주류 영화라고 일컬어
지는 할리우드 영화의 생산물로서, 영화가 제공하는 특정한 관
점과 이데올로기를 수동적으로 받아들이고 내면화하는 관객이
다. 반면에 능동적 관객은 아방가르드 영화에서 요청하는 '사유
하는 관객'이다. 능동적 관객은 극작가 베르톨트 브레히트B. Brecht

의 소격효과(낯설게 하기)Verfremdung를 바탕으로 생산된 영화들에서 요청된다. 이 새로운 종류의 영화는 관객이 영화에 몰입하고 영화와 동일시하는 것을 가로막아 영화는 현실이 아니라 판타지라는 자각을 유도해 현실에 대해 사유하도록한다. 따라서 영화에 대한 관객의 몰입을 방해하는 영화 형식은 주류 서사 영화의 재현 방식과는 매우 다를 수밖에 없다. 이러한 영화에서는 관객을 수동적으로 만드는 주류 서사 영화의 중심화된 서사 구조는 비판, 극복되어야 할 대상이다. 나는 기존 관객론의 이분법적 도식에 대해 질문을 던지고 싶다. 그러한 이분법적 분류가 네트워크-이미지의 시대 처럼 다변화된 관람 상황에 대해서도 과연 유효할까.

네트워크-이미지에서 작품의 의미와 쓰임은 변화하는 이미지들의 네트워크 속에서 계속 재규정되고 재창조되면서 새로운 배치를 형성한다. 이러한 배치는 다양한 기계들이 사용자-관객의 행위 속으로 통합되는 일종의 융합 과정이라 할 수 있다. 이러한 융합은 단지 "하나의 기기 안에 여러 가지 미디어 기능을 통합하는 기술적 과정이 아니라 소비자들 스스로 새로운 정보를 찾아 나서고 산재된 미디어 콘텐츠를 연결하도록 고무하고 있는 문화적 전환"[43]이라 할 수 있다. 따라서 멀티미디어 플랫폼을 통한 관람은 사용자-관객의 유동적인 관람 행위와 공유 행위라는 융합 과정을 포함한다고 말할 수 있다. 공유 행위를 통해 사용자-관객은 개인적 관람의 방식을 벗어나 정보 공간 속에서 이루어지는 새로운 집단적 관람 방식을 획득하게 된다. 이렇듯 개인적인 것과 집단적인 것, 개인의 기억과 집단의 기억이 얽혀 있는 복잡한 관람 상황에서 관객에 대해 분명히 말할 수 있는 것이 무엇일까. 더 이상 이전과 같은 방식으로 관객의 성격을 규정할 수 없다는 점은 분명하다. 왜냐하면 이전의 '영화 −(개인)관객'의 2항 관계가 '영화−멀티 플랫폼−온라인 네트워크−(집단)관객'의 다중적 계열로 변화하고 있기 때문이다.

이 새로운 계열에서의 관객은 모바일 장치들을 통해 어디로든 이동할 수 있고, 무엇이든 떠올릴 수 있으며, 어느 부분 이건 편집할 수 있고, 누구하고든 자신의 생각과 개인적 경험을 공유할 수 있다. "다중 미디어 플랫폼을 가로지르는 콘텐츠 흐름, [⋯] 자신들이 원하는 오락 유형을 찾아 거의 어디로든 움직일 의지가 있는 미디어 수용자의 유랑적 행태"[44]는 일상이 되었다고 할 수 있다. 생산자와 소비자의 구분이 무화되는 앨빈 토플러의 '생비자'prosumer처럼, 이제 관객은 더 이상 과거의 수동적/능동적 관객으로 구분될 수 없다. 이제 온라인에서 유동하는 관객은 다중 미디어를 통해 영상 예술을 관람할 뿐 아니라 그와 동시에 미디어를 이용하여 네트워크−이미지 작품 형성에 개입하기 때문에 '관객'보다는 '다중 미디어 사용자−관객'이 현재의 관객의 위치를 더 정확하게 설명해주는 명칭이라고 할 수 있다.

이 새로운 관객이 위치하고 있는 온라인 네트워크 공간은 이제 어두운 극장이 아니라 정보 공간과 일상 공간이 혼종화된 매체 공간이다. 체험 주체들은 이 혼종화된 매체 공간에서 새로운 집단을 형성해 자신의 목소리를 내기도 하고 이 공간을 새로운 놀이 공간으로 삼아 놀기도 한다. 이들은 다양한 미디어 플랫폼을 기반으로 SNS를 오가면서 관객이자 생산자의 역할을 수행한다.

이들은 감성적이며 이성적이다. 비판적이며 순응적이다. 진지하며 가볍다. 이들이 놀이하는 새로운 공간이 혼종화되었듯이, 이들 또한 혼종화된 주체로 그 모습을 드러내는 것이다. 이 혼종화된 주체가 바로 사이버메트로폴리스에서의 산책자Flaneur들이다. 대도시 공간에서 산책자가 그러했듯이, 사이버메트로폴리스에서 산책자도 역시 이 공간을 향유함과 동시에 비판할 수 있는 주체가 될 것이다.[45]

기존 영화학에서의 인간 이해의 범위와 구분을 넘어서는 이러한 새로운 다중 미디어 사용자—관객은 혼종화된 매체 공간을 향유하면서 이전과는 다른 방식으로 자신들의 목소리를 내며 집단화될 수 있고, 이럴 경우 집단적 관객의 영향력은 일상적 공간의 경계를 넘나들 수 있다.

지금까지 현재 영상 예술의 '명명의 위기'에 대해 들뢰즈 영화철학의 맥락에서 시간—이미지 너머의 세 번째 이미지를 제시하는 것을 통해 하나의 답변을 시도해보았다. 이 새로운 이미지는 많은 포스트—시네마 논쟁에서 가정하듯 디지털 영화에 한정되는 것이 아니라 기존의 매체 구분에 속하지 않는 새로운 이미지의 출현과 관련된다. 이 이미지는 모바일 네트워크에서 이루어지는 새로운 형식의 영상 예술의 실천으로서, 이는 들뢰즈의 영화철학에서 담아내지 못했던 미래의 영상 예술형식에 해당한다고 할 수 있다. 나는 이를 네트워크-이미지라고 부를 것을 제안했다. 새로운 영상 예술에 대한 이러한 개념화는 현재의 급변하는 예술 상황을 이해할 수 있게 하는 중요한 실마리들을 제시해 준다.

첫째, 현재의 영상 예술을 네트워크-이미지로 명명함으로써 현재 진행 중인 예술 개념 전반의 리좀적 변화를 파악하게 해줄 수 있다. 모바일 네트워크라는 새로운 기술이 야기한 예술 전반의 변화, 이를테면 예술가-수용자의 경계 약화, 예술 작품의 영역 변화, 새로운 예술형식의 사회적 역할과 그에 따른 새로운 예술 가치 등을 통해 현재의 예술 상황 전반에서 이루어지고 있는 변화를 이해할 수 있다.

둘째, 이러한 변화의 양상들을 확인함으로써 현재 영상 예술이 겪고 있는 근본적인 변화가 어떠한 방향성을 가지고 있는지 새로운 예술형식의 정치적 가능성은 무엇인지를 가늠할 수 있게 해줄 것이다. 예술의 변화가 표현하는 세계사적 변혁의 잠재적 에너지의 방향성을 파악하게 함으로써 현재의 우리에게 요청되는 예술의 역할에 대해 새로이 고려할 기회를 준다.

셋째, 네트워크-이미지라는 새로운 영상 예술을 들뢰즈의 영화철학 맥락에 위치시켜 영화에 한정되어 있던 들뢰즈 영화철학의 영역을 디지털과 온라인 공간의 영상 예술로 생산적으로 확장, 1980년대에 멈추어 있던 그의 시대적 한계를 극복할 수 있다. 이뿐 아니라 관객론을 포함하지 않는 들뢰즈의 영화철학 체계에 관객의 역할이 필수적인 네트워크-이미지를 연결접속함으로써 들뢰즈의 이론적 한계를 극복할 수 있을 실마리를 얻을 수 있다.

디지털과 네트워크의 등장 이후 영상 예술은 전례를 찾아보기 어려울 정도로 심도 깊은 변화를 겪고 있고, 이러한 변화는 사회의 변화와 깊은 수준에서 관련을 맺고 있다. 예술의 변화를 탐색하는 이론적 실험의 진위 여부는 궁극적으로는 미래에 확인될 수밖에 없는 잠정적인 것이다. 하지만 그럼에도 현재의 잠정적인 모든 실험과 실천이 미래를 창안하게 될 것이라는 점에서 앞서 제시한 이론적 실험의 의미를 찾는 것으로 이 글을 마치고자 한다.

부록 2

×

제1회 BTS 국제 학술대회 기조강연문[•]

[•] 제1회 BTS 국제 학술대회(BTS: A Global Interdisciplinary Conference)는 2020년 1월 4~5일 이틀 동안 영국 런던의 킹스턴대학교(Kingston University)에서 개최되었다. 영어로 발표한 기조강연문을 한국어로 번역해서 수록함을 밝힌다.

여러분과 함께 있는 지금 이 순간 제가 얼마나 기쁘고 가슴이 얼마나 벅찬지 말로 형언할 길이 없습니다. 지금 우리는 방탄과 아미에게 그리고 새로운 학제적 연구에도 새 장이 열리는 역사적 순간을 함께하고 있습니다. 콜레트 발메인Colette Balmain 박사와 조직위원회 위원들의 헌신과 노고가 없었다면, 이 놀라운 일은 불가능했을 것입니다. 콜레트 교수는 업무로 바쁜 와중에도 아픈 몸을 이끌고 콘퍼런스를 조직하는 어려운 일에 노고를 아끼지 않았습니다. 콜레트, 나를 초청해주고 너무나도 멋지고 훌륭한 동료 아미들 앞에서 내가 키노트 스피커로서 방탄에 관해 이야기할 소중한 기회를 준 데 대해 더없이 감사한다는 말을 전하고 싶습니다.

저는 지금까지 한국에서 방탄과 아미에 대해 많은 강연을 했습니다. 하지만 대부분의 청중은 아미가 아니었기 때문에, 저는 강연할 때마다 늘 방탄에 관한 아주 기본적인 것부터 이야기해야만 했습니다. 하지만 지금 이 자리에서는 그럴 필요가 없어서 너무나 기쁩니다. 아울러 한국인 학자인 제가 이 학제적인 국제 콘퍼런스에서 키노트 스피커로서 연설할 기회를 갖게 된 것은 영광스러운 일이 아닐 수 없습니다. 제 동료 학자 중 한 분은 말하더군요. 자신이 직접 아는 학자가 국제 콘퍼런스에서 키노트 연설을 하는 것은 처음 본다고 말입니다. 그 이유는 여러분도 잘 아실 거라고 생각합니다. 다른 분야와 마찬가지로 학계 역시 영어와 서양 학자들이 장악하고 있어서 한국에 베이스를 두고 있는 한국인 학자가 키노트 스피커가 될 기회를 갖기란 쉽지 않으니까요. 하지만 방탄과 아미는 이 놀라운 일을 가능하게 만들었습니다.

학기말 채점 지옥에서 벗어난 이후부터, 이 콘퍼런스에서 모국어가 아닌 영어로 무슨 말을 해야 할지 걱정이 되기 시작했습니다. 많은 고민의 시간을 거친 뒤, 저는 방탄과 아미를 발견하게 된 저의 평범하고 개인적인 경험으로 이야기를 시작하기로 결심했습니다. 2017년 어느 날, 저는 우연히 〈불타오르네〉의 뮤직비디오를 보다가 "애쓰지 좀 말어. 져도 괜찮아"라는 노랫말에 신선한 충격을 받았습니다. 그것은 부모님, 선생님, 미디어, 혹은 제가 책에서 본 위대한 역사적 인물 등 누구에게서도, 어디에서도 들어본 적이 없는 말이었기 때문입니다. 반대로 제가 들었던 말은 "칼을 뺐으면 무라도 베어야 한다"*같은 말이었습니다. 이

---

* "문자 그대로 옮기면 'If you take off your sword, you must cut the radish'가 되는데, 사실 그 의미는 "'When you pull a gun, kill a man과 비슷합니다'"라는 내용의 해설을 영어 강연에서는 덧붙인 바 있습니다.

경험을 계기로 저는 방탄소년단이라는 젊은 아티스트들에게는 뭔가 다른 것이 있다는 생각하게 되었고, 그 순간 여기 계신 여러분과 마찬가지로 그 유명한 토끼굴*에 빠져 버리고 말았습니다. 이 순간이 바로 방탄소년단과 관련해서 제게 중요한 의미를 갖는 첫 번째 순간이었습니다.

처음에 저를 사로잡은 것은 방탄 음악이 담고 있는 진지하고 사회비판적인 메시지였지만, 얼마 안 가 저는 그들의 뮤직비디오와 그 밖의 영상들에서 독특한 특징들을 발견했습니다. 제게 중요한 의미가 있는 두 번째 순간은 〈윙즈 쇼트 필름들Wings Short Films〉을 통해 방탄 유니버스**의 존재를 발견했을 때입니다. 이때는 몸 전체에 실제로 소름이 돋았을 만큼 몹시 흥분했었습니다. 하지만 눈물을 터뜨릴 만큼 제게 강렬하기 그지없는 감동을 준 것은 세 번째 순간이었습니다. 그것은 AI 알고리즘의 추천으로 우연히 페이스북에서 유튜브 채널 〈이탈리안 아미Italian ARMY〉, 지금은 저의 사랑하는 친구가 된 안젤라angela Pulvirenti가 올린 〈봄날〉 뮤직비디오에 대한 분석 영상을 봤을 때입니다.

지금까지 말씀 드린 것은 모두 저의 지극히 개인적인 경험입

---

* 방탄소년단 팬들이 방탄소년단을 처음 알게 된 후 유튜브 및 인터넷에 있는 관련 영상들을 보며 정신없이 빠져드는 과정을 '토끼굴(rabbnit hole)에 빠진다'고 표현한다. 《이상한 나라의 앨리스》에서 앨리스가 토끼를 따라 굴로 빠져들어 가서 신기한 경험을 하게 되는 과정을 빗대어 만들어진 표현이다.

** Bangtan Universe, BTS Universe, 줄여서 BU라고 불린다.

니다. 이 세 번의 순간을 계기로, 저는 방탄을 둘러싼 이 거대한 현상이 어떤 것이고 어떤 점들이 중요한지에 대해 숙고하게 되었습니다. 첫 번째 순간인 제가 아미가 된 이야기부터 하겠습니다. 저만이 아니라 대부분의 아미들이 방탄의 메시지가 마음을 움직인다고 말합니다. 방탄의 메시지가 자기 자신의 삶을 살고 자기 목소리를 내고 싶게 한다고 고백합니다. 어떤 사람의 삶과 마음을 변화시킨다는 것이 얼마나 어려운 일인지 모두 잘 아실 겁니다. 그래서 저는 방탄의 메시지가 무엇이길래 전 세계의 수많은 팬들을 사로잡을 수 있었는지 알고 싶었습니다. 비밀은 어디 먼 곳에 숨어 있지 않았습니다. 방탄은 사람들이 원하는 것, 갈망하는 것에 대해 이야기합니다. 그러니 방탄의 메시지가 무엇인지를 묻기보다는 사람들이 이 세계에서 원하는 것이 무엇인지를 묻는 것이 어쩌면 더 적절해 보입니다.

사람들의 갈망에 대해 조금 더 설명해보겠습니다. 지금의 신자유주의적인 세계화가 전 지구를 뒤덮고 있는 사회에서 우리 대부분은 현재의 자신에 만족하지 못합니다. 우리는 위계적 사회에 살고 있기 때문에 여러 가지 측면에서 자신을 남들과 비교하지 않을 수 없습니다. 어떤 사람은 나보다 아름답고, 어떤 사람은 나보다 똑똑하고, 어떤 사람은 나보다 어리고, 어떤 사람은 나보다 부자고, 어떤 사람은 나보다 좋은 직업을 갖고 있고, 어떤 사람은 나보다 좋은 집에 삽니다. 그렇습니다. 항상 나보다 나은 사람들이 수없이 많이 있습니다. 이러한 사실은 지금, 이곳만이 진실이 아니라 시대와 장소를 뛰어넘는 보편적인 진실입니다. 하지만 지금의 신자유주의적인 억압 체제하에서의 경쟁은 과거 그 어느 때보다도 치열하고 심각합니다. 이를테면 저를 예로 들자면, 한국인으로서, 비백인으로서, 인문학 연구자로서, 여성으로서, (남성 중심의 가부장적 사회에서) 결혼한 여성으로서, 엄마로서, 40대 후반의 아미로서의 제가 저 자신에게 만족하는 것은 쉬운 일이 아니었습니다. 저는 사회가 원하는 누군가로 살아야만 했습니다. 이른바 정상 사회의 규범들을 따르지 않을 경우, 우리는 개인적, 사회적 차원에서 숱한 비난과 처벌, 편견, 억압에 직면할 수밖에 없습니다. 그렇게 되면 우리는 자신이 이 사회에서 외톨이고 쓸모없고 열등하고 비정상이라고 생각하고 자신을 싫어하게 됩니다. 우리에게는 우리 자신으로 존재하고 우리 자신으로서 살아가고 우리 자신을 사랑할 시간과 장소가 없게 됩니다.

그런데 방탄은 사람들에게 말합니다. 자신의 삶을 살라고, 자기 자신이 되라고, 다른 사람들과 친구로서 연대하라고 말입니다. 이것이야말로 바로 사람들이 오랫동안 듣고 싶어 하던 말입니다. 방탄의 음악과 방탄이 만들어내는 모든 콘텐츠에는 삶과 인간에 대한 방탄의 태도가 담겨 있습니다. 그들의 태도를 통해 우리는 의식하든 의식하지 못하든 간에 우리 자신이 무엇을 열망하는지, 어떤 삶을 살고 싶은지를 깨닫게 됩니다. 특히 오늘날에는 더 이상 전과 같은 억압적인 삶을 살고 싶어 하지 않는 사람들이 갈수록 많아지고 있습니다. 그 이유는 우리는 소통 방식을 변화시키고 세상의 경계와 영토를 재구성하는 새로운 기술을 토대로 급속히 변화하는 세계에 살고 있기 때문입니다. 따라서 오늘날의 사람들은 과거 그 어느 때보다도 더 평등을 원할 수밖에 없는 세상에 살고 있다고 생각합니다. 기술적 생산 조건 때문에 우리의 생활양식을 이전에 비해 더 수평적으로 만들고 있습니다. 모바일 네트워크상에서 사람들 간의 소통방식은 전보다 더 수평적이고, 경계들을 가로지르는 관계 또한 더 수평적입니다. 이제 사람들은 전과는 다른 꿈을 꾸기 시작했습니다. 아미는 끊임없이 경쟁을 추구하는 생활방식을 위계 없이 친구들과 연대하는 생활방식으로 바꾸고 싶어합니다. 제가 보기에 방탄과 아미는 사람들의 마음 깊숙이 존재하는 소망들의 미묘한 진동과 이 세상의 지표면 아래에서 일어나는 변화들의 미세한 떨림을 감지할 수 있는 지진계 같습니다. 어찌 보면 방탄의 성공을 이끈 요인들이 전 세계의 수많은 사람들이 바라는 변화의 방향과 일치하는 일종의 세렌디피티Serendipity가 이루어진 것 같기도 합니다. 바꾸어 말하면, 방탄의 예술은 현재의 신자유주의적 사회에 사는 많은 사람들의 정치적 무의식을 건드립니다. 방탄과 아미는 현시대의 변화하는 시대정신을 징후적으로 보여줍니다. 바로 그런 점에서 저는 방탄과 아미를 혁명적이라고 말하고 싶습니다. 이렇게 혁명은 우리가 가져오는 것이 아니라 우리의 눈앞에서 일어나고 있는 일을 인정하는 것일지도 모릅니다.

이제 저의 학자-아미로서의 삶에 중요했던 두 번째 순간에 대해 말씀드려볼까 합니다. 여느 때와 다름없이 방탄의 뮤직비디오들을 닥치는 대로 보다가 우연히 〈윙즈 쇼트 필름〉이라고 적혀 있는 몇 개의 비디오를 보게 되었습니다. 여러분들도 그렇겠지만, 저도 방탄의 뮤직비디오들을 정말로 열정적으로 보았습니다. 그때까지 나온 쇼트 필름들을 전부 찾아보았고, 그 내용과 형식들을 되새기면서 〈I NEED U〉, 〈RUN〉, 〈피 땀 눈물〉의 뮤직비디오를 다시 보고 또 봤습니다. 영화철학 연구자인 제게 그것은 놀라움을 안겨주었습니다. '쇼트 필름', '하이라이트 릴', '에필로그 온 스테이지' 등 다양한 이름이 붙어 있는 그 영상들은 지금까지 볼 수 없던 새로운 종류의 영상들이었습니다. 그 영상들은 영상에 관한 기존의 어떤 범주에도 속하지 않는 것이었습니다. 이는 그 영상들이 매체 고고학적 맥락에서 볼 때 기존의 어떠한 예술 장르나 형식으로 범주화되지 않는다는 뜻입니다. 그 영상들은 때로는 실험 영화처럼, 때로는 비디오 아트처럼, 때로는 단편 영화처럼 보입니다. 저는 개별 작품으로서의 영상보다는 그런 개별 작품들이 조합되어 있는 구조가 더 중요하다는 생각이 들었습니다. 왜냐하면 그 영상들의 의미가 그 영상들 전체로부터 생겨나기 때문입니다.

제가 볼 때 방탄 영상들의 배치는 갤러리 공간에 있는 설치 영상과 비슷해 보입니다. 저는 태국 아티스트인 아피찻퐁 위라세타쿤Apichatpong Weerasethakul이 2011년에 발표한 〈프리미티브 프로젝트_{Primitive Project}〉라는 설치 영상의 시간 형식을 분석한 논문[•]을 발표한 적이 있습니다. 그 논문에서 저는 관객의 경험과 사고 양식을 통해 설치 영상의 시간적 형식을 상세히 분석한 끝에 "확장된 몽타주_{expanded montage}"라는 새로운 개념을 제안한 바 있습니다. 조금 자세히 설명해보겠습니다. 설치 영상을 전시 중인 갤러리의 이곳저곳에는 몇 개의 영상들이 설치되어 있습니다. 관객이 갤러리에 전시 중인 설치 영상들을 어떤 식으로 경험하는지 생각해볼 필요가 있습니다. 관객은 설치된 영상들 사이를 거닐면서 자신의 흥미나 기호, 신체적 조건 등에 따라 영상들을 봅니다. 때로는 이 영상 앞에 있지만 다른 영상들에 눈길을 던지기도 하고 때로는 다른 영상들에서 나오는 소리를 듣기도 하면서 하나의 영상 앞에 오랫동안 서 있을 때도 있습니다. 우리는 마음속에서 그 전시의 순서, 의미, 스토리를 자기 자신의 방식대로 편집할 자유를 갖고 있습니다. 이런 종류의 예술형식은 전통적인 필름 형식보다 우리에게 생각하고 상상할 자유를 더 많이 제공합니다. 그런데 전통적인 영화의 형식에서건 아니면 갤러리에서 만나는 비디오 설치 작품에서건 간에 일종의 몽타주가 이루어집니다. 필름에서는 편집자가 몽타주를 하지만, 갤러리에서는 관객이 마음속으로 몽타주를 합니다.

[•] 이지영, [아피찻퐁 위라세타쿤의 〈프리미티브 프로젝트〉의 구조: '억압된 기억의 환기' 로서의 '경계 허물기' 전략], 《영상예술연구》, 19호, 2011년.

방탄의 영상도 마찬가지입니다. 방탄 영상들을 보거나 생각하는 데에 유일무이한 방식 같은 것은 없습니다. 예를 들어 저는 〈피 땀 눈물〉을 보고 〈I NEED U〉와 〈RUN〉을 본 이후에 〈윙즈 쇼트 필름〉과 〈에필로그: 온 스테이지〉를 보았습니다. 맨 처음에는 이런 순서로 영상들을 보았지만, 〈윙즈 쇼트 필름〉을 알게 된 후 동일한 영상들을 다른 순서로 다시 보았습니다. 물론 〈페이크 러브Fake Love〉에서 시작할 수도 있습니다. 우리는 이런 식으로 수많은 방탄 영상들을 보았고 지금도 보고 있습니다. 그때마다 우리는 다른 것들에 초점을 맞추고, 그에 따라 의미들이 바뀝니다. 그리하여 저는 그 영상들을 부를 새로운 이름이 필요하다고 생각해서 저의 책인 《BTS 예술혁명》에서 '온라인 설치 영상'이라는 이름을 새로 만들었습니다. 관객들의 관람 경험이 각기 다르고 관객의 흥미와 배경지식도 다양하기 때문에, 온라인 설치 영상들의 의미는 단 하나로 고정될 수 없습니다. 온라인 설치 영상들 사이에 존재하는 많은 시간적 틈은 질 들뢰즈의 영화철학에서 시간-이미지의 영화가 그렇듯이 관객의 상상력과 능동적 사유와 참여를 유도합니다. 그런데 영화 수용의 경우에는 관객의 사고와 참여가 비교적 수동적이고 제한적인 수준이지만, SNS에서 관객의 참여와 자유의 수준은 정말로 대규모이면서 적극적입니다. 네트워크에서는 다양하고 창조적인 팬들이 생산해낸 이론들이 매일 수없이 많은 곳에서 업로드되고 있습니다. 앞서 말씀드린 새로운 예술형식의 이름을 지은 것의 의미와 방금 말씀드린 수많은 집단적 관객이 가지는 의미에 대해서는 나중에 좀 더 자세히 말씀드리도록 하겠습니다.

앞서 말씀 드린 두 번의 순간도 물론 매우 중요했지만, 제게 가장 매혹적이고 놀라운 순간은 〈이탈리안 아미〉의 분석 영상을 보았을 때였습니다. 그것은 감히 에피파니_epiphany_의('자신'에게 중요한 무언가를 갑자기 이해하게 되거나, 의식하게 되는 것을 느끼는) 순간이 었다고 할 수 있습니다. 〈이탈리안 아미〉가 올린 분석 영상은 제가 2014년에 발표한 논문에서 제안한 바 있는 '네트워크-이미지' 개념에 완벽히 들어맞는 사례였습니다. 앞서 말씀드렸듯이, 저는 2010년에 모바일 네트워크 플랫폼을 기반으로 한 새로운 미디어 예술과 관련해서 "확장된 몽타주"라는 개념을 제안했습니다. 네트워크-이미지는 바로 이 "확장된 몽타주"라는 개념을 온라인으로 발전시켜 만든 확장 버전이라고 할 수 있습니다.

저는 2010년 이후 네트워크-이미지에 관한 연구를 시작했고, 포스트-시네마의 상황에서 모바일 네트워크 플랫폼에 기초한 새로운 예술형식을 다룬 논문*을 2014년에 발표했습니다. 그 논문에서 저는 운동-이미지 예술에서 생겨나는 변화들을 기술하기 위한 새로운 이론적 개념으로 네트워크-이미지를 제안했었습니다. 이런 측면에서 그 논문은 《BTS 예술혁명》을 선취하고

---

* 이지영, 〈모바일 네트워크 플랫폼 사회의 디지털 시네마에 대한 연구〉, 《시대와 철학》, 제25권 66호, 한국철학사상연구회, 2014년.

있었다고 할 수 있습니다. 당시에 저는 이 연구를 계속 이어가고 싶었지만, 그 개념에 걸맞은 적절한 사례를 찾을 수가 없었고, 그 결과 이에 관한 제 연구는 몇 년 동안 중단되어 있었습니다. 바로 이것이 안젤라가 만든 〈봄날〉의 분석 영상을 보고 제가 극도로 흥분했던 이유입니다. 안젤라의 분석 영상과 그밖에 많은 분석 아미들의 영상들을 보고 난 후, 저는 생각했습니다. "이건 완벽한 사례야. 다시 연구를 시작할 수 있겠어. 내 이론이 타당하다는 것을 입증하는 논문을 쓸 수 있을 것 같아." 하지만 방탄과 아미를 중심으로 한 네트워크-이미지에 대한 연구는 처음 생각과 달리 새로운 예술형식에 대한 연구의 범위를 넘어서는 것이었습니다. 한 편의 논문으로는 다룰 수 없다는 생각이 들어, 결국 책을 쓰게 되었습니다.

앞서 이야기한 새로운 예술형식에 대해 조금 더 말씀 드리겠습니다. 방탄 유니버스의 의미는 방탄 음악의 메시지와 관련이 있기는 하지만 그와는 다소 독립적인 성격을 띠고 있습니다. 방탄 앨범들에 담긴 메시지와 방탄 유니버스의 스토리텔링은 별개의 독자적 층위를 갖고 있지만 그와 동시에 복잡하게 상호 관련되어 있습니다. 스토리는 메시지에 의해 활성화, 강화되고, 메시지는 스토리에 의해 형상화됩니다. 더욱이 스토리 자체만 해도 방탄 유니버스에서의 내적 상호참조에서부터 외적 참조에 이르기까지 온갖 종류의 온라인 콘텐츠의 상호 참조를 통해 형성됩니다. 소설, 웹툰, 사진, 비디오, 블로그, 뮤직비디오에서부터 소설, 회화, 철학과 심리학 책들에 이르기까지, 방탄 유니버스의 영토는 고정되어 있지 않고 방탄 유니버스는 외부 타자들에 열려 있습니다. 방탄 유니버스의 영토에는 확실한 경계선이라고 할 만한 것이 없습니다.

이 끊임없이 변화하는 유동적인 영토에서 가장 중요한 요소는 관객입니다. 이 예술에서는 관객의 역할이 가장 결정적입니다. 일련의 다양한 영상들의 의미는 모두 관객들의 현실적이고 물리적인 행위들에 달려 있기 때문입니다. 우리가 클릭하기 전까지는 뮤직비디오들은 색깔도 형상도 이야기도 갖고 있지 않습니다. 그것들은 잠재적인 상태로, 데이터로만 존재할 뿐입니다. 간단한 클릭에서부터 극히 창조적이고 지적인 참여에 이르기까지 관객들의 행위가 없는 한, 그 영상들은 그저 파일에 지나지 않습니다. 그렇기 때문에 이 새로운 예술의 수용에서는 적극적 행위자로서의 관객의 역할이 중요하게 다루어져야 하고 강조되어야 합니다.(전통적으로 그렇게 불러왔기 때문에 잠정적으로 '수용'이라는 표현을 쓰고 있을 뿐, 사실 그것은 '수용'이라고 할 수는 없습니다) 제가 트랜스미디어 스토리텔링 전략이라는 폭넓게 사용되고 있는 용어 대신에 '네트워크-이미지'라는 새로운 용어를 만든 것은 바로 이 때문입니다. 트랜스미디어 전략 혹은 문화는 생산의 측면에 초점이 맞춰져 있습니다. 그것의 초점은 아티스트나 생산자의 역할에 있습니다. '트랜스미디어'라는 용어는 이러한 현상의 한 측면만을 보여주고 있을 뿐입니다. 굳이 전통적인 용어들을 사용하자면, 이 현상의 다른 측면은 참여 문화라고 부르는 것이 적절할 듯합니다. 하지만 두 용어는 각기 동전의 한 면씩만을 대변한다고 할 수 있습니다. 따라서 새로운 예술 상황의 양 측면을 모두 담기 위해서는 네트워크-이미지라는 새 용어가 필요하다는 것이 제 생각입니다.

'명명', 이름을 짓는다는 것은 상황을 정확히 기술하기 위해서도 중요하지만 변화된 현실의 재형성 그리고 이전과는 달라진 초점들을 보여주기 위해서도 중요합니다. 들뢰즈가 주장하듯이, 철학의 목적은 '개념의 창조'입니다. 미디어 이론가이자 영화학자인 스티븐 샤비로는 디지털에 함축되어 있는 변화들이 대단히 거대할 뿐 아니라 오랫동안 지속되어 왔기 때문에 지금의 우리는 20세기를 지배하던 것과는 다른 생산양식과 미디어 체제를 목격하고 있다고 말합니다. 이러한 변화들은 시선을 피할 수 없을 만큼 우리에게 너무나 익숙한데도, 그럼에도 너무 새롭고 낯설어서 지칭할 만한 적절한 용어가 없다고 지적합니다. 샤비로는 한편으로는 우리의 일상생활을 지배해가고 있는 새 미디어들의 영향력을 보여주고, 다른 한편으로는 날로 확산해가고 있는 이 새로운 미디어 체제가 기존의 개념과 용어로 정의될 수 없다는 사실을 보여줍니다.

저명한 영화철학자 로더윅은 이를 가리켜 "명명의 위기"라고 말합니다. 로더윅에 따르면, "명명의 위기"는 새로 등장하고 있는 비디오 아트를 미디어 고고학적 관점에서 어디에 놓아야 할지,

그러한 움직이는 이미지들로부터 어떤 가능성을 기대할 수 있는지 같은 문제들과 관련되어 있습니다. 그런데 이 움직이는 새로운 이미지들이 무엇이고 어떻게 기능하는지 그리고 새로운 예술형식이라고 부를 수 있는 것인지는 누군가에 의해 결정되어야 합니다. '명명의 위기'라고 표현함에도 불구하고 로더윅은 이 새로운 예술형식이 어떤 것들과 관련되어 있는 것인지를 분명하게 이야기합니다. "알고리즘적 사고, 디지털적으로 시뮬레이트되거나 변형된 이미지들 그리고 컴퓨터에 의해 매개된 소통은 의심할 여지없이 존재론적 매혹과 탐험의 가장 강력한 현대적 자리이다"라고요.

그리하여 저는 이 새로운 예술형식에 네트워크—이미지라는 이름을 붙였습니다. 그것은 여러 측면에서 전통적인 예술형식과 다릅니다.

1. 네트워크—이미지의 작품 범위는 다양하고 유연합니다.
2. 네트워크—이미지에서는 아티스트와 관객이 만든 영상들이 함께 예술작품의 열린 영토를 이룹니다.
3. 아티스트[혹은 생산자]와 수용자 간의 경계가 허물어집니다.
4. 네트워크—이미지의 아티스트와 관객은 중심—주변이나 주체—객체 관계에 있지 않습니다. 방탄과 우리는 모두 원칙적으로 마찬가지의 계정이자 사용자입니다.

5. 네트워크-이미지는 네트워크 되어 있는 상태에서의 관객의 현실적 운동성을 필요조건으로 합니다.

관객에 대해 조금 더 말해볼까 합니다. 발터 벤야민이 말하고 있듯이, "오늘날 대중은 예술 작품들에 대한 모든 전통적 행위가 새로운 형식으로 태어나는 모태이다. 양은 질로 전화된다. 엄청나게 늘어난 참가자 대중은 참가 양태에서 변화를 만들어냈다." 그렇습니다. 대다수 관객들의 변화된 경험이 이 예술형식에서 무엇보다도 중요합니다. 아시다시피, 오늘날 우리는 어두운 극장에 앉아 있지도 않고 작은 방의 모니터 앞에 붙어 있지도 않으면서 잠재적 공간에서 네트워크를 통해 연결될 수 있습니다. 물론 그와 동시에 물리적이고 현실적인 공간에 있습니다. 뮤직비디오를 볼 때도, 버스나 기차를 타고 갈 때도, 혹은 거리를 걸어갈 때도 우리는 집단지성으로서 네트워크에서 대화를 나눌 수 있습니다. 우리는 플라톤의 동굴의 비유에서처럼 어두운 방에 혼자 앉아 있는 추상적이고 고립된 개별 관객이 더 이상 아닙니다. SNS 계정의 이면에 있는 우리는 특정한 구체적 사회에서 힘겹게 살아가고 있는 살과 뼈를 가진 인간들이기에, 우리의 집단지성은 예술 수용에 그치지 않고 그 너머로 나아갑니다.

저는 《BTS 예술혁명》에서 아미의 존재 방식과 아미들 간의 연결 방식을 설명하기 위해 '리좀'이라는 철학 용어를 사용한 바 있습니다. 아미들은 리좀적으로 연결되어 있기 때문에 그들이 관객으로서, 인간으로서, 지구적 시민으로서 어떤 일을 할 것이고, 어떤 일을 할 수 있는지는 예측의 범위를 벗어납니다. 방탄을 매개로 한 아미들의 전 지구적 연결은 단지 '팬질'• 이라고 부르는 것을 훨씬 넘어선 것입니다. 팬질이라는 것은 열성적인 팬들이라면 누구나 하는 것이지만, 아미들은 방탄에 대한 팬질을 통해 방탄과 함께 기존의 다양한 장벽들과 경계들을 깨부숴 왔습니다.

이를테면 방탄 혼자만의 힘으로는 오늘날과 같은 정도로 글로벌 주류 음악계에 진입할 수 없었을 것입니다. 방탄과 아미는 서로 다른 존재들이지만, 어떤 의미에서는 서로 분리될 수 없는 존재들입니다. 여러분 모두 기억하시겠지만, 한국의 대표 방송사인 KBS, MBC, SBS가 각기 개최한 2018년 연말 방송에서 방탄은 단 한 차례도 마지막 무대를 장식하지 못했습니다. 세 연말 방송 모두 거대 엔터테인먼트 회사 중 하나에 소속된 아티스트들에게 마지막 무대를 주었습니다. 아미들은 그러한 부정의와 불공정에 격분했습니다. 우리는 대기업이 미디어와 자본과 결탁된 권력이라는 것을 잘 알고 있습니다. 이 자리에서 이에 대해 더 자세히 이야기할 필요는 없을 것입니다. 분명한

• '팬질'이라는 표현은 '팬의 활동'을 '질'이라는 표현을 통해 약간의 비하적인 뉘앙스를 함축하고 있기도 하다.

것은 그들이 미디어에서 현실적인 힘을 행사하고 있다는 것입니다. 그런데 너무나 행복하게도 그런 장벽과 차별의 일부가 2019년에 깨졌습니다. 우리는 사실 우리의 일상적 삶에서 이런 식의 변화를 목격할 기회가 별로 없습니다. 하지만 팬으로서, 인간으로서, 글로벌 시티즌global citizen으로서의 아미는 방탄과 함께 일상의 토대 위에서 기존의 권력 관계들을 변화시켜 왔습니다. 이런 변화들을 지켜보는 것은 실로 짜릿하기 그지없는 일입니다. 이런 예들은 계속 들 수 있지만 모두 아실테니 이만 생략하겠습니다.

제가 들뢰즈의 철학 용어인 '리좀'을 사용한 이유는 네트워크상에서 전 세계 아미들의 탈중심화된 체제를 기술하기 위해서이기도 하지만, 리좀적 네트워크상에서 '연결되어 있다'는 것의 의미를 강조하기 위해서이기도 합니다. 우리가 서로 연결될 때마다, 거기서 다른 뭔가가 생겨나고 그에 따라 연결들 전체의 의미가 달라집니다. 얼마 전까지 방탄은 세계적으로 인기 있고 재능 있는 보이 밴드였지만, 최근 들어 방탄에 대한 인식은 조금씩 변화해왔습니다. 예를 들어 저는 2018년에 여러 미디어와 수차례 인터뷰를 가졌는데, 그때마다 그들이 빠지지 않고 던지는 단골 질문들이 있었습니다. "왜 방탄이 그렇게 인기가 있나요? 방탄이 다른 아이돌과 뭐가 다른가요? 전 세계에 아미가 얼마나 있나요? 왜 방탄에 대한 책을 썼나요?" 이런 질문들을 던지는 이유를 이해하지 못하는 것은 아니었지만, 문제는 그들이 시간이 지나도 방탄의 음악은 들어보지도 않은 채 계속 같은 질문들을 반복하고 있다는 것이었습니다. 그들은 방탄의 음악성도 재능에 대해서도 전혀 모르고 있었습니다. 반복되는 동일한 질문들은 저의 속을 몹시 상하게 했지만, 무엇보다도 2019년 8월 서울에서 열린 〈방탄 인사이트 포럼〉 이후 상황은 조금씩 변하기 시작했습니다.

방탄-아미 다양체는 예측할 수 없는 사물이나 사건, 사람과 연결되면서 다른 차원으로 변화했습니다. 이종적인 것들 간의 연결이 가져온 예측 불가능한 결과라고 할 수 있습니다. 들뢰즈는 이처럼 끊임없는 수평적 네트워크의 과정을 생성이라고 부릅니다. 주의할 점은 이 프랑스 철학자에게 생성은 항상 소수-생성이라는 것입니다. 소수-생성, 즉 소수자-되기는 들뢰즈 철학에서 규범적이고 윤리적인 의미를 갖고 있습니다. 들뢰즈가 말하는 소수-생성의 의미에 따르면, 방탄-아미 다양체가 혁명적 실천을 수행하고 있다고 말할 수 있기 위해서는 생성의 실천 방향이 소수자를 향한 것이어야 합니다. 모든 위계적 권력들 바깥에서 성공한 한국 아티스트인 방탄 그리고 한국 아티스트들의 팬들이었던 아미는 인종, 성별, 언어, 지역, 민족 등 기존의 여러 위계적 질서에서 숱한 편견, 억압, 공격에 직면했지만 그때마다 하나씩 차례차례 깨부숴왔습니다. 많은 노력과 시간이 드는 수고를 아끼지 않으면서 그들은 원하는 것을 실현해왔습니다. 들뢰즈가 《안티 오이디푸스》에서 말하고 있듯이, "욕망은 혁명을 '원하지' 않습니다. 욕망은 자신이 원하는 것을 행함으로써 그 자체로 혁명적입니다."•

이제 〈이탈리안 아미〉의 운영자인 안젤라가 만든 분석 영상에 대해 좀 더 자세히 말씀드리겠습니다. 강연 초두에 제가 안젤라의 분석 영상을 보고 눈물을 터뜨렸다고 말씀드린 바 있습니다. 눈물을 터뜨릴 만큼의 신선한 충격은 제 이론을 예증해주는 고품질의 심도 있는 분석 때문만은 아니었습니다. 그보다는 한국에서 멀리 떨어진 지구 반대편 이탈리아에 사는 사람이, 그것도 한국어를 전혀 모르는 사람이 한국에서 나온 뉴스들과 다큐멘터리들로부터 세월호 참사에 대한 온갖 정보들을 정성들여 모았다는 사실에 어쩌면 더 충격을 받았을지도 모르겠습니다. 여러분도 아시겠지만, 당시에 세월호 참사에 대한 언급은 정치적 이유로 인해 한국에서는 몇 년간 사실상 거의 금지된 상태였습니다. 어느 한국 아미가 제게 들려준 이야기에 따르면, 안젤라의 영상은 세월호 희생자들을 위한 정의를 추구하는 어느 네티즌 공동체에 의해 퍼져나갔다고 합니다. 안젤라의 영상을 보았을 때, 저는 세월호 희생자들을 추모하고 지지하는 사람들과 연결되어 있다는 느낌을 받았습니다. 희망의 빛을 본 것처럼, 마음 맞는 동지와 손을 맞잡은 것처럼 느꼈습니

• 질 들뢰즈, 펠릭스 가타리 지음,《안티 오이디푸스》, 김재인 옮김, 민음사, 2014, 208쪽.

다. 저는 방탄과 아미 덕분에 함께 연대하는 정치적 잠재력을 알게 되었습니다. 그리하여 방탄과 아미에 대한 연구를 하기 시작했고, 자랑스러운 아미가 되었으며, 방탄에 관한 작은 책을 세상에 내놓게 되었습니다.

한마디로 말하면, 저는 새로운 모바일 네트워크 플랫폼에서 형성되고 있는 집단지성과 풀뿌리 운동으로서의 방탄 현상에 매료되었습니다. 이 새로운 플랫폼은 예술의 변화와 더불어 사회-문화적이고 정치적인 변화도 가져왔습니다. 아미의 거대한 풀뿌리 문화 운동이 예술만을 위한 것이 아니라 사회를 위한 것이기도 하다는 사실이야말로 제가 책을 써야 한다고 생각하게 된 주된 이유입니다.

미국의 영화감독인 우디 앨런W. Allen의 영화 〈미드나잇 인 파리Midnight in Paris〉에 나오는 일화를 인용하는 것으로 제 연설을 마칠까 합니다. 이 영화의 주인공은 시간 여행을 통해 과거의 문화적 황금시대로 가게 됩니다. 그는 1920년대에서 살바도르 달리와 헤밍웨이를 비롯해 당대의 많은 뛰어난 예술가들을 만납니다. 저는 그와 같은 황금시대들 가운데 하나에 살았더라면 얼마나 좋았을까 하고 늘 생각하곤 했습니다. 제가 꿈꾼 황금시대는 제가 사랑하는 많은 아방가르드적이고 실험적인 예술가들과 사상가들이 활동했던 1920년대 유럽과 소련 그리고 1960년대 프랑스였습니다. 그런데 저는 이제 더는 1920년대와 1960년대의 황금시대로 돌아가는 꿈을 꾸지 않습니다. 저는 방탄과 아미가 예술, 문화, 집단지성의 새로운 황금시대를 열어가고 있는 지금 여기를 사랑합니다. 지금 시대를 살아가고 있는 것을 행복해할 수 있게 해주신 아미 여러분, 감사합니다. 지금까지 제 이야기를 들어주셔서 감사합니다. 보라합니다*, 여러분!

---

* '보라해'는 방탄소년단과 아미 사이의 특별한 언어로, 콘서트장에서 흰색 응원봉에 보라색 봉투를 씌운 팬들을 보며 멤버 뷔가 "무지개의 마지막 색이 보라색입니다. 보라색은 상대방을 믿고 마지막까지 오랫동안 사랑하자는 뜻입니다"라고 한 말에서 비롯된 신조어이다. "보라해" 혹은 'I purple you" 등으로 사용된다.

부록 3

칼럼

세계를 관통하다

세계를 관통하는 사회 정치적 현상이 된 BTS

방탄소년단BTS의 인기는 새삼 거론할 필요가 없을 것이다. 미국의 빌보드 뮤직 어워드, 아메리칸 뮤직 어워드 등에서 그룹 부문 본상을 받고, 영국 런던 웸블리 스타디움 투어를 매진시켰다. 트위터 팔로워 수 2360만 명이 넘는 막강한 영향력을 가진 슈퍼스타다.

이달 4~5일에는 런던 킹스턴대에서 BTS 국제 학제 간 학술 대회Interdisciplinary Conference까지 열렸다. 30여 개국에서 온 철학·문학·음악·미술·심리·경영·빅데이터·정치학 분야 등 아미(BTS 팬클럽) 학자 140명이 참석했다. 거의 모든 연구 분야에서 자발적 신청자로만 이뤄졌다. 기조 발제자로 참석한 필자는 BTS가 온라인 네트워크 위에서 펼쳐지는 예술 활동의 트랜스미디어적인 측면 및 그것을 현실로 구현해내는 적극적인 관객의 변화에 대해 강연했다.

인상적인 발표 중 하나는 하버드대의 성공회 교목이 자신이 왜 아미가 되었는가를 방탄의 메시지 및 영상들 속에 드러나는 영성을 통해 분석한 발표였다. 안병진 경희대 교수(미국정치 전공)는 "BTS는 촛불혁명 시대의 밥 딜런"이라며 그들에겐 현실 정치인들에게는 없는, 사람들의 마음을 움직여 변화를 야기하는 힘인 '영성'이 있다고 주장했다.

무슬림 아미들이 자신들의 신앙과 그들의 메시지를 결합하여 삶 속에서 받아들이는 방식, 흑인 아미들에게 방탄이 보여주는 다문화주의가 자신들의 문화적 뿌리에 어떤 자긍심을 주는지, 백인 중심 사회에서 목소리를 억압당하는 아시아계 아미들에게 방탄의 존재는 그들의 삶에 존재하는 어떤 억압과 편견을 가시화하게 되었는지 등 다양한 사회 문화적 파장들을 볼 수 있었다.

아미 팬덤에 대한 연구 역시 다각도로 이뤄졌다. 경제학적 가치나 마케팅 관점에서의 소비자 분석을 넘어 종교학·인류학·교육학적 측면의 연구로 확장됐다. 프린스턴대에서 종교학을 전공하는 연구자는 사람들이 아미가 되면서 달라지는 가치 체계 및 삶의 방식 변화를 종교와의 유사성을 통해 구체화하기도 했다. 방탄이 보여주는 마초적이지 않은 새로운 남성성에 대한 젠더 연구, 비디오 아티스트 백남준의 작품과 BTS 뮤직비디오 이미지와의 유사성에 대한 미술학적 연구, BTS의 음악 자체가 가지고 있는 특성들에 대한 음악학적 연구, BTS를 중심으로 바라보는 한·일 역사의 문제를 다룬 역사학자까지 그 분야는 실로 다양했다.

BTS라는 아티스트의 존재를 그저 인기 많은 한국 아이돌 그룹 정도로 정의할 수 없는 상황이 되었다는 것을 여실히 보여준 공론의 장이었다. 방탄은 전 세계를 관통하며 연결하는 사회 정치적 현상이자 예술 문화적 현상으로서, 이미 학문적 연구의 대상으로 자리 잡아가고 있다. 세계의 많은 대학에서 BTS에 대해 작성되고 있는 수많은 석·박사논문들 및 연구논문의 숫자로도 확인된다.

특히 흥미로웠던 점 중 하나는 학회에 모인 아미 학자들이 지금까지의 지배적 담론이었던 서구-백인-남성-영어 중심주의에 대한 비판을 당연하게 공유하고 있다는 점이었다. 아미 학자들의 모임이다 보니 분위기가 다른 학회와는 사뭇 달랐다. 나이·지역·성별·인종에 따른 어떠한 차별도 없이 방탄이라는 아티스트를 매개로 모여 오랜 친구처럼 대화할 수 있었다. 점심시간엔 식당에 모여 방탄의 골든디스크 어워드의 퍼포먼스를 보며 팬챈트를 하고, 폐회식 이후엔 뮤직비디오에 맞춰 춤추는 등 유쾌하고 즐거운 분위기가 모두를 흥겹게 했다.

"지금까지 우리의 연구 대부분은 서양의 남자 학자들의 연구를 인용하며 이뤄져 왔지만, 당신이 방탄에 대한 연구를 책으로 발표해줘서 이제는 모든 세션에서 당신의 연구가 인용되며 발표가 이뤄지고 있어요. 당신의 존재가 수많은 어린 아미 학자들을 키워낼 수 있어요." 한 미국 아미의 소회다. 세상의 변화를 일깨워주는 말로 들렸다.《중앙일보, 2020. 1. 28》

BTS 아미, 팬덤을 넘어 국경 없는 공동체로 진화 중

최근 방탄소년단BTS은 전 세계 대중음악의 중심이라 할 수 있는 미국 빌보드 싱글 차트인 HOT 100에서 신곡 〈Dynamite(다이너마이트)〉로 2주 연속 1위를 기록했다. BTS는 미국에서 차곡차곡 성장세를 보이며 서구 음악 산업에서 무시할 수 없는 주류로 자리 잡아 가고 있었으나, 특히 이번 성취는 그들의 커리어에 정점을 찍는 순간이라고 할 수 있다. 빌보드 역사상 43번째로 발매 첫 주에 HOT 100 차트 1위를 차지한 〈Dynamite〉는 2위에서 50위까지 곡들의 판매량을 모두 더한 수치를 상회하는 압도적 판매량을 보였다. 2주 연속 정상을 유지한 곡도 역대 20곡에 불과하다. BTS 이전에 빌보드 HOT 100 차트에 1위로 입성한 가수가 모두 미국, 영국, 캐나다 출신이라는 점을 고려할 때 이러한 성취는 거의 불가능해 보이는 꿈이었다. 이 꿈이 현실이 된 배경에는 '역사상 가장 강력한 팬덤'으로 불리는 방탄소년단의 팬덤

'아미A.R.M.Y.'가 있다.

먼저 아미의 규모는 어느 정도일까. 정확히 파악할 수는 없으나 BTS의 트위터 계정 팔로어 숫자(약 2900만명)와 YouTube 〈BANGTAN TV〉 채널 구독자 수(약 3600만 명)를 바탕으로 추산한다면, 아미들로 작은 나라를 하나 세울 정도는 될 것이다. 게다가 팬덤 구성원들의 다양한 연령대와 직업군, 전 세계에 걸친 거주 지역 등을 고려하면 "아미는 어디에나 있다ARMY is everywhere"라는 말은 결코 과언이 아니다. 아미는 아이돌 팬덤이 10대 소녀 팬들 위주로 구성됐을 것이라는 고정관념에 정면으로 맞선다. 이는 BTS가 광고하는 상품들의 종류(자동차, 고가의 안마의자, 음료 등)와 아미들의 다양한 활동에서 선명하게 드러난다. 아미 팬덤의 다양성은 BTS의 영향력이 어느 특정 세대나 지역에 한정되지 않는다는 증거다.

이처럼 인구통계학적으로 다양한 아미는 어떤 일들을 할까. 다른 가수들의 팬덤과 마찬가지로 아미 역시 일상적으로는 BTS가 수상을 하도록 투표하고, 뮤직비디오와 음원의 스트리밍, 음반 판매량에서 기록을 세우기 위한 활동을 한다. 이는 기록 경신만을 위한 것이 아니라, BTS라는 아티스트의 장기적이고 안정적인 음악 활동을 위한 실질적 기반을 다지는 활동이다. 나아가 아미는 BTS가 전달하는 음악적 메시지와 가치를 세상에 구현하기 위한 일종의 '가치 지향적 커뮤니티'의 형태로 진화해왔다. 전 세계의 많은 학자가 BTS와 아미에 대해 학문적으로 연구하는 이유 역시 여기에 있다.

아미 내에는 다양한 집단 혹은 개인들이 존재한다. 그중 일부를 소개하자면 소외 계층이나 사회적 문제에 도움이 되고자 매달 기부를 조직하는 집단, 아미 언론의 역할을 수행하는 웹사이트, 학술 저널 등이 조직돼 있다. 올해 초에는 영국 런던 킹스턴대학교에서 아미 학자들이 참여하는 'BTS 국제 학제 간 콘퍼런스'라는 콘퍼런스가 열렸고, 8월에는 아미 학술저널Rhizomatic Revolution Review 주최의 온라인 콘퍼런스도 개최됐다.

그 외에도 아미 학생들에게 무료로 공부를 가르쳐줄 아미 선생님을 연결해주거나, 아미들의 고민을 상담해주는 상담심리 전문가들의 모임도 있다. 이뿐만 아니라 의료진, 법조인 등 아미 내부의 다양한 전문가 집단들이 각자의 방식으로 BTS의 메시지를 구현하기 위한 모임을 만들어 커뮤니티를 이뤄가고 있다. 특히 트위터처럼 다양한 사람이 연결 – 접속하는 네트워크 망 안에서 탈중심적으로 연결된 개인과 집단들은 사안에 따라 흩어지거나 모이며 유연한 연대를 조직함으로써 거대한 아미 커뮤니티를 형성하고 갱신하고 있다.

이러한 전 지구적 아미 커뮤니티의 형성에는 번역 계정들이 아주 중요한 역할을 담당한다. 그들은 BTS의 트윗, 콘텐츠, 관련 기사나 소식이 있을 때마다 거의 실시간으로 영어 및 외국어로 번역하거나 반대로 방탄소년단 관련 외국 소식이나 기사 등을 한국어로 번역하기도 한다. 자원봉사로 번역 활동을 하는 이들은 단순한 문장 번역뿐 아니라, 설명을 덧붙여야만 이해할 수 있는 한국의 특수한 사회문화적 맥락을 전달하는 역할도 수행한다. 이를테면 〈Ma City〉라는 곡에 등장하는 "062-518"이라는 가사는 광주의 지역번호와 5·18 민주항쟁을 암시하는데, 이런 맥락을 외국 아미들에게 소개함으로써 BTS의 노래 가사와 한국의 역사를 전달한다. 이처럼 이들은 한국 아미들과 외국 아미들로 하여금 그들 사이의 언어·문화적 장벽을 넘을 수 있도록 문화적 교량 역할을 한다.

이러한 번역 계정들 덕분에 외국 아미들은 한국어 노래 가사를 여러 번역본을 비교해가며 그 의미를 깊게 이해할 수 있고, 투표, 스트리밍, 자선활동 등 공동의 목표가 있을 경우 전 세계 아미들이 함께 협력할 수 있도록 중요한 역할을 해왔다. 2018년 11월 방탄소년단의 한 멤버가 비공식석상에서 입었던 티셔츠 뒷면의 원폭 이미지가 국제적으로 문제가 되었을 때, 번역 계정들을 중심으로 5개 대륙의 26명의 아미가 모여 그 사건의 역사적, 정치적 배경을 설명하는 A4 106페이지 분량의 백서를 발간한 것은 번역 계정들의 사회 문화적 교량으로서의 역할을 여실히 보여주는 사례라 할 수 있다.

기부 활동 역시 아미의 중요한 특징들을 선명하게 드러내준다. 첫째, 아미는 BTS의 메시지와 가치를 구현할 수 있는 기부처를 찾아 매달 정기적으로 새로운 프로젝트를 세우고 기부 활동을 조직한다. 이 과정을 통해 기부가 아미들의 일상에 자연스럽게 녹아드는데, 여기에서 BTS의 메시지를 구현하려는 가치지향적 공동체로서의 성격이 두드러진다. 둘째, 전 지구적으로 이루어지는 기부의 규모가 압도적이라는 점도 중요한 지점이다. 흔히들 이를 양적 차이로만 환원하곤 하는데, 그러한 판단은 양적 변화가 질적 변화로도 이어지곤 한다는 점을 놓친다.

양적 변화가 일정 단계에 이르게 되면 질적인 비약을 불러일으켜 새로운 질적 상태로 이행하게 된다는 것을 '양질전화量質轉化의 법칙'이라고 부른다. 이 거대한 규모의 전 세계적 움직임은 다양한 영역에서 나타난다. 앨범이 발매될 때마다 기네스 기록을 깨뜨리는 놀라운 스트리밍 기록과 음악상 투표에서의 압도적인 표 차이, 여러 영역에서 주기적으로 이뤄지는 큰 규모의 기부 등 BTS의 메시지와 가치를 제대로 인정받게 하고 그것을 구현하고자 하는 아미의 집단행동들은 이미 사회에 질적 변화를 일으키고 있다. 원래 서구 음악 시장은 영미권 중심으로 굴러가는데, 여기에는 영어만을 언어라고 생각하는 서구 리스너들의 뿌리 깊은 편견도 작용한다. 그런데 BTS와 아미는 바로 여기에 도전하고 있는 것이다.

빌보드 HOT 100 차트의 순위는 음원 판매량, 스트리밍 수, 라디오 스핀 수와 같은 기준으로 결정된다. 특히 라디오 스핀 수는 영어 노래를 부르는 영어권 국가의 가수에게 절대적으로 유리한 지표다. 그런 의미에서 볼 때, 이번 빌보드 HOT 100의 2주 연속 1위는 BTS를 향한 아미의 적극적인 신뢰와 지지가 만들어

온 양적 변화가 영미권 및 영어 중심주의의 균열이라는 질적 변화로 이어지고 있다는 사실을 드러낸 하나의 중요한 전환점이라 할 수 있다.

이 곡은 팬데믹을 살아내는 모두를 위로하고자 쓰였지만, BTS가 수년에 걸쳐 전달해온 메시지를 아는 이들, 즉 아미에게는 곡에 담긴 위로와 긍정이 더욱 빛을 발한다. 팬덤의 활동으로 수년에 걸쳐 태운 도화선이 다 닳아 다이너마이트를 폭발시켜 BTS를 막아온 견고한 벽에 행복과 기쁨으로 균열을 내는 순간이다.(《한국일보》, 2020. 9. 9.)

방탄학BTSology, BTS 연구는 이미 시작되었다

방탄소년단BTS의 전세계적인 인기는 이제 낯설지 않다. 2017년 처음 미국 무대에 선 뒤 지난 3년 동안 빌보드와 아메리칸 뮤직 어워드에서 해마다 상을 받고 있고, 3대 음악상 중 가장 보수적이라고 평가받는 그래미 음악상 후보에 오르고, 올 한 해 동안 빌보드 싱글차트인 핫100에 세 곡을 1위로 올렸으며, 그들이 낸 음반 다섯 장은 발매 즉시 빌보드 앨범차트에서 연속 1위를 기록하고 있다. 이런 기록들이 대부분 한국어로 된 노래들로 이루어낸 성과라는 사실은 음악에 관심 없는 사람이라 할지라도 뉴스를 통해 보았을 것이다. 하지만 그들의 노래와 팬덤 아미를 잘 모른다면, 여전히 방탄소년단을 외국에서 인기 많은 아이돌 그룹 정도로만 알고 있는 사람들 역시 적지 않을 것이다.

중요한 것은 지금 방탄소년단의 인기는 정점이 아니라, 인종·국가·성별·세대에 한정되지 않고 전 세계로 확장되고 있는 거대한 팬덤과 함께 여전히 성장하고 있다는 점이다. 3100만 명이 넘는 트위터 팔로어 수와 4200만 명이 넘는 유튜브 구독자 수는 팬덤의 거대한 규모를 짐작할 수 있게 한다. 이렇게 엄청난 규모의 대중이 방탄소년단을 꾸준히 사랑하고 있다는 것은 대체 무엇을 의미할까?

프랑스의 경제학자인 자크 아탈리_{J. Attali}의 "음악 소비 변화는 미래 소비문화 변화 예측을 위한 지표"라는 주장을 따르자면, 방탄소년단과 아미를 둘러싸고 벌어지고 있는 놀라운 현상들은 단지 음악 산업 분야에만 한정되지 않는다고 할 수 있다. 즉 '방탄현상'은 현재의 세계가 어떤 미래로 변해가고 있는지 파악할 수 있게 해주는 지진계 역할을 한다. 바로 이러한 이유로 다양한 분야에서 방탄소년단에 관한 학문적인 연구들이 활발히 이루어지게 된 것이다.

학술대회·저널 등 연구 발표 활발

현재 방탄소년단에 관한 연구는 국내외를 막론하고 점차 그 범위와 규모가 커지고 있다. 석·박사학위논문, 연구논문, 저서 등 다양한 형태의 연구들이 나오고 있으며, 여러 학교에서 방탄소년단에 대한 정식 강좌들을 개설했다. 필자의 경우만 해도 2020년 하반기에만 미국 대학 두 군데에서 온라인 특강을 진행했고, 조만간 필자가 진행하는 방탄소년단 현상에 대한 한국형 온라인 공개강좌K-MOOC도 시작할 예정이다.

2020년 1월에는 영국 런던 킹스턴 대학교에서 제1회 '방탄소년단BTS 국제 학제 간 학술대회'BTS Global Interdisciplinary Conference가 열렸고, 2021년에도 미국 캘리포니아 노스리지 주립대학에서 제2회 학술대회가 이어질 예정이다. 제1회 학술대회에서는 30여개 국가 140명 이상의 학자들이 모여 뜨거운 토론을 벌였다. 정식 국제표준 정기간행물번호ISSN를 부여받은 온라인 학술 저널인 〈리좀 혁명 리뷰 [20130613]〉(The Rhizomatic Revolution Review [20130613])는 방탄소년단과 아미만을 연구 대상으로 하는데, 지난가을 창간호를 발간한 바 있다. 단일 대중 아티스트에 대한 정기 학술대회 및 저널 등의 집단적 연구가 지금처럼 이루어지는 것은 역사상 처음이다.

방탄소년단 연구의 범위는 철학·문학·음악학·미술학·문화연구·젠더연구·심리학·교육학·경영학·미디어연구·고전학·종교학·빅데이터·영화학·정치학·역사학·인류학 등 인문·사회과학 및 예술 전 분야를 망라하고 있다. 방탄소년단이 지구상에서 가장 강력한 팬덤으로 알려진 아미와 함께하게 된 가장 중요한 이유로는 그들의 진정성 있는 메시지를 꼽을 수 있다. 그들은 8년간 발표한 앨범들을 통해 상호 연관되어 발전하고 있는 메시지들을 전달함으로써 팬들의 삶에 커다란 영향을 주고 있다. 폭력적이고 억압적인 사회에 대한 방탄소년단의 비판은 고통받고 있는 이들에 대한 공감과 연대의 가치로 나아간다. 이를 위해 방탄소년단은 "당신이 누구이든, 어디 출신이든, 피부색과 성정체성이 무엇이든, 당신 자신에 대해 말하세요"라고 말한 2018년 유엔UN 연설을 통해 사회 속에서 고통받는 사람들에게 자신을 사랑하라는 메시지LOVE YOURSELF를 전한다. 다층적으로 구조화된 사회적 존재로서 나 자신을 인정하고 말함으로써만 우리가 자신을 사랑할 수 있게 된다는 이러한 메시지는 지구상의 수많은 사람들에게 보편적인 울림으로 다가가고 있다.

방탄소년단은 이러한 성찰적이고 강력한 메시지들을 다양한 문학, 철학, 심리학 작품들을 활용해 텍스트의 범위를 확장한다. 방탄소년단이 자신의 작품에 영감을 주었다고 직간접적으로 밝힌 작품들은 대표적으로 헤르만 헤세의 〈데미안〉, 어슐러 르 귄의 〈오멜라스를 떠나는 사람들〉, 제임스 도티의 〈닥터 도티의 삶을 바꾸는 마술가게〉, 머리 스타인의 〈융의 영혼의 지도〉, 에리히 프롬의 〈사랑의 기술〉 등이다. 이 때문에 학자들뿐 아니라 팬들도 메시지의 의미를 다양한 문학 작품, 철학, 심리학과의 관계 속에서 분석해오고 있다. 이러한 분석들은 거론된 작품들과 연관성, 나아가 인문학적 성찰을 기반으로 한 연구들로 확장되고 있다. 노래와 뮤직비디오에 담겨 있는 수많은 상징에 대한 분석은 문학, 심리학, 철학을 넘어 고전학과 신학 분야의 연구로까지 확장되는 중이다.

근본적 변화 예견 '방탄 세계관'

또한 그들은 노래 가사, 뮤직비디오, 그리고 뮤직비디오도 단편영화도 아닌 영상들을 통해 메시지를 비롯해 자신들의 독특한 허구적 스토리를 전개하고 있다. 그들의 뮤직비디오는 노래와 가수의 매력만을 강조하는 홍보 영상의 차원을 넘어 마치 시리즈물처럼 여러 영상과 미디어의 경계를 넘나들며 이른바 '방탄 세계관'을 형성한다. 그런데 중요한 점은 영상 작품들의 연결 방식과 의미가 작품으로 완결되지 않고, 관객들의 참여를 통해 결정된다는 점이다. 기존의 어떤 예술형식보다도 더욱 참여적이고 적극적인 관객을 전제하는 이 새로운 트랜스미디어 온라인 영상 예술형식은 예술의 개념 자체, 예술 작품의 범위, 예술가의 역할 및 예술가와 관객의 관계 모두를 변화시키고 있다. 필자는 졸고에서 네트워크를 기반으로 형성된 더욱더 수평적인 관계 속에서 집단지성적인 관객들의 참여로 이루어지는 이 새로운 예술형식을 '네트워크-이미지'라고 명명했다. 새로운 예술형식의 등장이란 단순히 새로운 예술이 하나 등장한 사건이 아니라, 세상 자체가 근본적으로 변화하고 있음을 의미하는 역사적 사건이다. 따라서 이런 새로운 예술형식을 이해하기 위해서는 뉴미디어를 바탕으로 하는 그들의 예술형식을 예술사적 맥락에서 파악하는 미학, 미디어학에 기반한 접근 역시 필수다. 그와 더불어 이미지 및 서사 차원에서 방탄소년단의 영상을 분석하기 위해 미술학과 영화학적 연구 방법들이 사용된다.

방탄소년단과 더불어 아미에 관한 연구 역시 활발하다. 아미는 모든 기업과 모든 아티스트가 갖기를 열망하는 소비자 집단이자 팬덤이라고 해도 과언이 아니다. 자본과 미디어의 지원 없이 자발적인 개인들의 풀뿌리 운동으로 지금의 방탄소년단을 만들었기 때문이다. 영어·미국 중심적인 세계 음악시장에서 특정 집단이 확고한 기득권을 가지고 있는 시스템에 균열을 만들며 기존의 권력관계를 뒤흔들기 위해 방탄소년단과 아미는 수없이 편견과 차별에 부딪혀야 했다. 국내에서는 대형 미디어와 자본권력의 바깥에 있다는 이유로, 외국에서는 백인이 아니고 영어를 쓰지 않는 한국 출신이라는 이유로 그들은 변두리에 있었다. 또한 팬덤의 대다수가 여성이라는 이유로 팬들은 '빠순이'라 무시당하고, 방탄소년단은 '여자들이 좋아하는 보이밴드'라며 예술의 가치를 의심당하는 등 여성혐오적 편견에 시달려야 했다. 방탄과 아미의 역사는 이러한 다양한 편견과 차별에 저항하며 기존 권력들을 깨뜨려 온 역사라고 해도 과언이 아니다.

이러한 과정에서 아미 공동체는 재난, 전쟁, 소외된 사람들을 위한 지속적인 자선 활동을 통해 차별과 폭력이 없는 세상을 향한 행동으로 방탄과 공유하는 자신들의 가치를 표현하고 있다. 방탄을 사랑하고 응원하며 방탄이 추구하는 가치에 공감하여 아미가 되었을 뿐인데, 그들은 일상에서 언론의 편견과 차별, 백인우월주의자들, 인종차별주의자들, 일본 극우세력 등에 맞서 싸워야 했다. 2018년 한국의 대법원에서 일제강점기 강제징용 배상 판결이 나온 얼마 후, 한 일본 방송사는 방탄소년단 멤버 한 명이 입었던 티셔츠의 원폭 이미지를 문제 삼아 생방송을 취소했고, 이후 일본의 언론들, 나아가 서구의 언론들까지 일본 극우 세력의 입장을 받아 적었다. 이에 대항하기 위해 한국인 번역 아미들을 중심으로 하는 전 세계 20여 명의 아미는 이 사건의 역사적, 정치적 배경에 대한 정보들을 망라한 140여 쪽 분량의 백서 White Paper를 한글과 영문으로 동시 발간했고, 이는 서구 세계에 잘 알려지지 않았던 제2차 세계대전 당시 일본의 만행들을 전 세계 아미들에게 알리는 계기가 되기도 했다. 차별에 대한 저항은 어쩌면 '아미 정체성'의 일부라고 말할 수 있을지도 모른다.

일반적으로 기대되는 가수 팬덤의 활동을 넘어서는 이러한 팬덤의 성격이 잘 드러난 것은 지난 5월 흑인 인권 운동 '블랙 라이브스 매터'Black Lives Matter(흑인의 생명도 소중하다)와 관련한 아미의 활동들이다. 팬덤의 이러한 저항적이고 인권 지향적인 활동들 때문에 그들은 역사학, 사회학, 정치학의 연구 대상 하부구조로서 미디어가 변화하고, 이에 따라 사람들의 소통·조직 방식이 변하고, 사고방식도 변하고, 예술과 예술의 참여자 사이의 관계도 달라지고 있다. 여전히 공고한 기존의 권력관계 때문에 현실이 쉽게 바뀌지 않는 듯 보이기도 하지만, 세상의 근본은 변하고 있고 이는 머지않은 미래에 가시적으로 드러나게 될 것이다. 예술가는 바로 이러한 근본적 변화를 감각적으로 포착하고 표현하는 이들이다. 방탄소년단이라는 예술가와 그들의 거대한 팬덤은 이러한 변화를 구체적으로 보여주는 지진계이다. 이들의 활동은 영어중심주의, 백인중심주의, 남성중심주의, 기성 언론의 권력 등 기존의 수직적 위계 구조에 균열을 내며, 지금보다 평등하고 수평적인 세상을 향한 시대정신의 변화를 보여주고 있다. 철학이 세상에 개입하는 방식은 철학자의 수만큼 다양하다. 하지만 그 지진계를 지렛대 삼아 변화하는 세상의 구조와 방향을 사유하는 것은 철학이 해야 할 일이다. 아이돌 그룹이라고 폄하당하고, '빠순이 팬덤'이라고 무시당하는 이 존재들의 활동은 정당한 철학적 탐구 대상이 되어야 마땅한 일이 아닐까.(《한겨레신문》, 2020. 12. 26.)

세상을 바꾸다

BTS와 아미, 친절의 연대

나는 대학에서 〈서양철학: 쟁점과 토론〉이라는 수업을 담당하고 있다. 철학적으로 논쟁적인 주제들에 대해 학생들이 조별로 토론하는 과목이라, 조원들끼리 관계와 협업이 그 학기 학생들의 운명에 엄청난 영향을 미친다. 나는 오리엔테이션에서 주변 학우들에게 친절하라고 말했다. 단지 수월한 조모임을 위해서가 아니었다. 친절은 우리가 타인과 더불어 살아가면서 실천할 수 있는 최소한의 윤리적 행위이자 세상을 변화시킬 수 있는 중요한 힘이다. 이를 간절하게 전달한 후 촉촉한 눈빛의 호응을 기대하던 내 앞에서, 학생들은 대부분 띵한 표정을 지었고, 몇은 피식 웃었다.

요즘 많은 이들에게 친절이란 고객 서비스나 상술의 일부, 혹은 기껏해야 인사치레나 포장일 뿐이다. 게다가 무한 경쟁 사회에서 타인에 대한 친절은 경쟁력을 강화하지 않는다. 학생들의 반응을 짐작했으면서도 그렇게 말한 것은 방탄소년단으로부터 친절함이라는 윤리적 가치의 소중함과 더불어 그것이 세상을 바꾸어 나가는 현장들을 배우고 경험했기 때문이다.

얼마 전, 일본에서 큰 지진이 발생했을 때 나는 일본 '아미'들이 걱정되었다. 그래서 번역기를 돌려 서툰 일본어로 일본 아미들이 안전하기를 바란다는 짧은 트윗을 올렸다. 나의 팔로워 중에는 일본 아미가 별로 없어서, 그저 기원의 마음을 나눌 수 있다면 그것으로 충분할 것 같았다. 그런데 그 트윗에 대한 반응은 예상 밖이었다. 답글이 줄을 잇고 트위터 알림창이 이틀 동안 멈추질 않았다. 번역기를 돌린 감사의 답글들에 오히려 미안할 지경이었다. "당신의 친절함에 감사한다", "따뜻한 마음이 고맙다"는 댓글들이 이어졌다. 정확한 상황은 모르지만, 일본의 어느 트위터 유저는 나의 트윗을 인용하며 지진 이후 일본 안에서 발생한 혐오 선동을 반성하기도 했다.

나만이 아니었다. 어딘가에 산불이나 지진이 발생하면, 전 세계의 아미들은 그곳에 살고 있을 아미들을 걱정하고, 그들에게 연대했다. 아미가 되면서 나는 더 넓은 세상에 관심을 갖게 되었다. 나를 이렇게 바꾼 것은 무대 뒤 일상, 인터뷰, 다큐멘터리에 배어나오는 방탄의 친절함과 여기에 호응하는 아미들이었다. 7명의 20대 남성들이 모인 집단에 흔히 있을 법한 서열이나 명령보다는 돌봄이나 양보가 방탄에게서는 더 두드러진다. 서로에게 스포트라이트를 양보하고, 밥을 챙겨주고 이불을 덮어주는 사소한 친절은 팬들에게 전달되고, 아미들은 그들을 실제로 본받을 수 있게 된다.

이처럼 방탄은 아미들의 롤 모델이다. 아미들은 그들을 닮고 싶다고 말할 뿐 아니라, 실제로 그들을 닮아간다. 이는 7명의 멤버들이 서로에게, 팬들에게, 그리고 다른 사람들에게 보여주는 '사소한 진심' 때문이다. 일상 곳곳에 묻어나는 사소한 친절들은 그들의 예술과 메시지 안에서 세상을 바꾸는, 결코 사소하지 않은 힘이 된다.

나는 방탄현상이 보여주는 사회 구조와 시대정신의 변화를 포착하고자 《BTS 예술혁명》을 썼다. 친절함의 가치는 책에 담지 못했으나, '방탄현상'의 핵심 중 하나이기도 하다. 방탄에 대한 열광과 서로를 걱정하는 아미들의 모습에서 배운다. 그동안 얼마나 사람들이 잔인하고 험한 세상에서 힘들게 살아왔는지. 그리고 낯익지만 새로운 친절이라는 윤리적 실천이 세상이 원해왔던, 그리고 우리가 돌아봐야 할 가치는 아니었는지.(《한국일보》, 2021. 2. 18.)

아미, 혐오에 맞서다

문자 그대로 방탄소년단은 전 세계 음악 시장을 집어삼켰다. 국제음반산업협회(IFPI)가 최근 발표한 리포트에서 방탄소년단은 2020년 전 세계에서 가장 많은 음반을 판 가수로 등극했다.

이들조차 심심찮게 겪는 일들이 있다. 2월 말 방탄소년단은 MTV Unplugged 무대에서 영국 밴드 콜드플레이의 〈Fix You〉라는 곡을 커버했다. 며칠 후 독일의 한 라디오 디제이는 이를 두고 '신성모독'이라 비난하면서 '빨리 백신이 나왔으면 하는 형편없는 바이러스'라고 방탄소년단을 비꼬았다. 심지어 '20년간 북한으로 휴가를 보내야 한다'는 등의 어처구니없는 혐오 발언이 그대로 방송으로 송출되었다.

아시아인에 대한 총격이나 폭행 사건이 매일 일어나는 요즘 저 정도의 발언이야 뭐 대수냐고 생각할 수도 있다. 그러나 일상 속에서의 미세 차별은 사람들이 마음속에 품은 혐오를 손쉽게 밖으로 쏟아내게 해준다. 거기서 확인된 현실적 영향력은 실제 범죄로 이어질 수 있는 추진력이 되기도 한다. 정도의 차이일 뿐 이 또한 '증오 선동'인 것이다.

이런 위험성을 생각하면 이 사건은 개인의 말실수라고 관대하게 넘길 수 있는 일이 결코 아니었다. 분노한 전 세계의 아미들은 방송사와 그 디제이에게 사과를 요구했다. 하지만 얼마 지나지 않아 발표된 사과문은 피해자에게 책임을 떠넘기면서 자신은 인종차별주의자가 아니라는 변명으로 일관하고 있었다. 거기에는 진정한 사과도, 자신들의 어떤 행위가 인종차별적이었는지에 대한 인정도, 재발 방지 약속도 없었다. 마지못해 쓴 흔적이 역력한 전형적인 면피용 사과문은 분노에 기름만 끼얹었을 뿐이었다. 네트워크로 연결된 더 똑똑해지고 더 집요해진 대중은 분노의 항의를 멈추지 않았다.

그러던 어느 날 여성주의 저널 《일다》에 실린 기사 하나를 접했다. 잊고 있던 부끄러운 진실을 되새겨보게 하는 글이었다. "예전 일본이 한국을 식민 지배했던 방식과 현재 한국이 이주노동자를 대하는 방식이 크게 다르지 않다고 생각합니다." 이 문장은 우리 안의 인종차별을 통렬히 지적하고 있었다. 참담하고 부끄러웠다. 외국에서 벌어지는 아시안 혐오 범죄나 방탄소년단에 대한 혐오에 분노하고 있던 나는 너무 부끄러워 순간 할 말을 잃었다.

인종차별과 혐오는 다른 나라에서만 발생하고 우리나라에는 없는 줄 아는 한국인이 상당히 많지만, 우리나라 역시 전혀 예외가 아니다. 이주노동자에 대한 차별이 제도화되어 있다는 점에서 우리나라의 상황이 어떤 면에선 더욱 나쁘다. 한국 내의 인종문제는 그동안 마치 일부 나쁜 사람들에게 한정된 일인 것처럼 모두가 방관해왔는데, 그나마 다행인 것은 독일 디제이 사건을 겪으면서 한국 아미들이 우리나라의 인종차별에 대해서도 반성하기 시작했다는 점이다. 남의 나라에서 벌어지는 혐오에 맞서 싸우면서, 우리 안의 인종주의는 외면한다면 이건 두말 할 나위 없는 이중 잣대가 아닌가.

수년간 방탄소년단을 향한 혐오와 차별에 맞서 싸우면서, 아시아 바깥에서 동양인으로서 인종차별을 경험해온 아미들은 물론이고, 아시아 안에서 살아온 이들도 차별받는 사람의 입장에 서고, 저항하는 사람이 되어간다. '덕질'은 의도치 않게 세상 공부가 된다. 나는 이렇게 함께 고민하고 싸우는 아미들이 더 많아지는 세상을 바란다.《한국일보》, 2021.4. 1.)

BTS <Butter>, 편견에 맞선 보통사람의 승리

5월 21일 공개된 방탄소년단의 신곡 〈Butter〉는 유튜브에서 최단 시간 1억 뷰 등 신기록을 세우며 전 세계에서 인기를 끌고 있고, 5월 23일 개최된 빌보드 뮤직 어워드에서 방탄소년단은 4관왕을 차지했다. 방탄소년단이 보여주고 있는 이러한 성취는 현재 그들이 미국 음악 시장 내에서 행사하는 영향력이 미국의 유명 팝가수들보다 크다는 사실을 드러낸다. 하지만 이러한 성공에 가려진 이면을 생각하면 방탄소년단의 성취가 산업의 측면을 넘어서는 의미를 가진다는 사실을 알 수 있다.

최근 빌보드지는 향후 그래미에 K-Pop(케이팝) 카테고리를 신설하자는 제안과 그에 대한 긍정적인 입장을 개진하는 기사를 발표했다. 사실 케이팝 카테고리는 이미 2019년 MTV 비디오 뮤직 어워드에 신설되어 많은 논란을 불러왔다. 미국 음악 시상식에 케이팝이라는 카테고리가 생기는 것은 케이팝의 커진 영향력을 보여주기도 하지만, 일종의 '분리 정책'이라는 비판을 피할 수 없다. 케이팝 카테고리를 신설하면 한국 아티스트들은 미국 아티스트들이 경쟁하는 '본 무대'에 들어서지 못한 채 서로 경쟁하게 되고, 여기서 '팝'과 '케이팝'의 위계는 오히려 더욱 강하게 구조화되기 때문이다.

사실 이런 '분리 정책'은 미국 음악 산업 내에 계속 존재해왔다. 이를테면 작년까지 존재했던 그래미 어워드의 'Best Urban Contemporary Album' 부문에서 'Urban'은 흑인음악을 가리키는 용어이다. 타일러, 더 크리에이터Tyler, The Creator는 이 'Urban'이라는 용어에 불쾌감을 표현하며, "그건 나에게 N-word(흑인 비하 용어)를 그저 정치적으로 옳은 방식으로 말하는 것일 뿐이다. 왜 우리는 그냥 팝 부문에 들어가면 안 되는가"라고 말하기도 했다. 미국 대중음악에서 흑인 음악의 영향력을 생각한다면 그래미에서 흑인 음악을 팝에서 분리하고 배제하는 행위가 얼마나 황당한지 알 수 있다. 방탄소년단이 지금 활약하고 있는 미국 음악 산업의 민낯이다.

이렇듯 방탄소년단은 미국 음악 산업에서 제도화된 인종차별까지 마주하고 있다. 이는 미국 혹은 영어권 국가 출신이 아니고, 대부분 영어로 노래하지 않았다는 것 때문에 그들이 겪어내야 하는 차별에 겹쳐진다. 이렇게 중첩된 차별은 스트리밍 사이트들의 조회 수 기록 차별로도 이어진다. 스트리밍 기록은 빌보드 차트에 직접 반영되기 때문에 각 회사들은 부정한 방법으로 얻은 조회 수를 걸러내려 한다. 그런데 여기서조차 방탄소년단과 미국 아티스트들 사이에 다른 기준이 적용되고 있다. 한 글로벌 스트리밍 사이트에서 미국 아티스트들의 스트리밍 수에서는 통상적으로 10% 정도를 삭감하는 반면, 방탄소년단의 〈Butter〉는 40% 이상이 매일 삭감되고 있다.

다양한 편견과 차별에 맞서 방탄소년단과 그들을 지지하는 수많은 보통 사람들이 함께 싸우고 노력하며 이런 현실들을 조금씩 이겨내고 있다. 뉴스에서 숫자로만 보도되는 방탄소년단의 빛나는 기록들의 이면이다. 결국 더디게라도 세상을 바꾸어나가는 것은 일상 속에서 수많은 아무것도 아닌 개인들이 이루어내는 연대와 투쟁이다. 이렇게 이번에도 아미들은 방탄소년단의 〈Butter〉를 다시 한번 1위로 HOT 100 싱글차트와 글로벌 차트 진입에 성공시키고야 말았다.(《한국일보》, 2021. 6. 3.)

편견에 저항하다

팬덤이 대중이다

최근 한국의 한 방송사에서 빌보드 HOT 100 연속 4주 1위를 하고 있는 BTS의 〈Butter〉가 〈인기인가, 전략인가〉라는 기사를 냈다. 해당 기사의 요지는 이 성과가 BTS가 같은 곡의 리믹스 버전들을 발매하는 '숨은 전략'이 열성적인 팬덤과 결합한 결과물이기에, 이 곡이 이룬 것은 대중적 성공이 아닌 전략의 성과라는 것이었다. 그런데 이 기사는 다른 팝 가수들이 오랫동안 음반이나 음원에 세차권이나 콘돔까지도 묶어서 판매하는 '끼워 팔기' 전략을 채택해왔다는 사실은 다루지 않는다. 2019년 어느 팝 스타는 심지어 80여 종에 달하는 번들 판매로 차트 상위권을 차지했고, 또 다른 팝 가수가 음원 스트리밍을 했다고 인증한 사람들에게 음료 쿠폰을 주고 있는 것은 현재 진행 중인 사례다.

물론 리믹스 버전 발매에도 전략적 측면이 존재하지만, 이는 끼워 팔기와 달리 아티스트들 사이의 협업의 결과물이거나 다양한 연출의 뮤직비디오 혹은 무대 등 새로운 콘텐츠로 이어진다. 라디오 방송 횟수가 중요한 빌보드 싱글 차트의 순위를 위해 음반사들이 라디오 방송국들에 불법적으로 금전을 제공하거나, 엄청난 자본을 들여 유튜브 조회수에 포함되는 유료 광고로 특정 아티스트의 음악을 밀어주거나, 특정 아티스트 영상의 조회수를 깎아버리는 술수가 횡행하는 게 현재 미국 음악 산업의 현실이라는 점을 상기할 때, 전혀 이례적이지도, 부당하지도 않은 리믹스 발매를 '숨은 전략'이라고 명명하는 것은 납득하기 어렵다.

이런 태도는 미국 음악 시장의 현실에 대한 이해 부족, 그로 인해 실은 현실에 한 번도 존재한 적 없었던 '전략 없는' 순수한 차트라는 판타지에 대한 기이한 집착을 토대로 한다. '진짜 대중이 고른 곡'이라는 의미로 '대중픽'이라는 말이 사용된다는 것은 아티스트의 전략과 팬덤에 의해 '오염'되지 않은 순수한 차트가 존재한다는 기묘한 전제 위에서 성립하는데, 이는 라디오 방송국과 같은 기존 음악 산업계, 매체 권력과 관련된 자본 등 기득권 세력의 게이트키핑과 힘의 논리로 유지되는 시스템에 의해 인기

곡이 '만들어지던' 역사를 표백함으로써 최근 계속해서 등장하는 '대중 vs 팬덤'이라는 부정확한 구분을 구성해낸다.

이러한 이분법은 대중과 팬덤이 다르다고 전제하는데, 여기서 다시금 대중은 순수하게 음악을 듣고 평가하는 주체로, 팬덤은 그저 자신들이 지지하는 아티스트를 위해 차트에 몰려들어 질서를 교란하고 '오염'시키는 존재로 표상된다. 그러나 팬덤은 아티스트의 음악과 활동에 마음이 움직여 팬이 된 '대중'들, 즉 보통 사람들이다. 이 수많은 보통 사람들의 선택이 빌보드 차트 1위를 만들어내는 현실을 '차트 교란'이라고 주장하는 사람들은 과거의 인기 차트는 순수했다고 사람들이 믿어주길 바라는 것이다. 그러나 방송 권력과 자본의 움직임 결과물을 '순수'하다고 할 사람은 누구도 없을 것이다.

앞서 언급한 보도가 있기 전, 한 미국 언론은 BTS의 팬덤이 음원을 대량 구매함으로써 빌보드 차트를 교란했다고 보도했다가, 해당 기사가 오류투성이임이 밝혀져서 글쓴이가 사과하는 해프닝이 있었다. 논쟁이라고 하기에도 민망한 주장을 정당한 논쟁인 양 부활시킴으로써 BTS에 대한 이런 식의 부정적인 프레임을 만들어 보도하는 것은 대체 무엇을, 누구를 위한 것일까?(《한국일보》, 2021. 6. 24.)

미국 언론의 BTS 폄하 프레임

5월 발매 직후 계속 빌보드 싱글 차트 HOT 100의 10위권 안에 머물던 방탄소년단의 〈Butter〉는 8월 27일 미국의 여성 래퍼 메건 디 스탤리언(이하 '메건')이 피처링한 리믹스가 발매된 후 다시 1위에 올랐다. 그런데 팬들은 이번 리믹스 소식을 평상시와 다른 경로를 통해 접했다. 자신의 소속 음반사가 〈Butter〉 리믹스 곡의 출시를 막고 있다며 메건이 법원에 긴급 구제를 요청하고 법원이 메건의 주장을 받아들이면서 그 소식이 알려졌기 때문이다. 팬들의 반응은 여러 측면에서 뜨거웠다. 특히 이 소송 건을 통해 드러난 미국 음악 산업의 아티스트에 대한 불합리하고 부당한 처우 때문이었다.

메건의 소속사가 리믹스 곡 발매에 반대한 표면적인 이유는 이 곡이 메건의 음악적 커리어에 도움이 되지 않는다는 것이었지만, 메건은 이것이 재계약을 앞둔 자신을 흔들기 위한 소속사의 술책이며, 소속사가 지난해부터 여러 차례 그녀의 선택을 가로막고 있다고 밝혔다. 이 사건은 미국의 소속사가 아티스트와의 수익분배나 아티스트의 예술적 자율성을 얼마나 침해하고 있는지 극명하게 보여준다. 사실 지금까지 미국 언론은 기회가 있을 때마다 'K-Pop의 어두운 측면' 같은 제목으로 미국의 음반사들과 달리 한국의 아이돌 기획사는 아티스트의 자율성을 인정하지 않으며 기획사의 이익을 위해 아티스트를 비인간적으로 훈련시키고 착취한다고 비판해왔다

물론 실제로 한국의 음악 산업에는 문제가 많다. 하지만 여기에서 핵심은 '프레임'이다. 서구 언론의 프레임은 미국 음반사

는 한국의 소속사들과는 다르게 아티스트의 자율성을 지지하며 한국처럼 아티스트를 기계적으로 훈련시키지 않는다고, 이른바 '어두운 측면' 따위는 미국 음악 산업에 없다는 식의 허구를 전제한다. 한국 아티스트는 자율성이 없어서 예술성도 없으며, 따라서 미국 아티스트보다 열등하다는 허구적 이데올로기가 생산되고 유지되어온 역사는 바로 그런 미국 중심적이고 인종차별적인 사고방식에 근거한다.

그동안 이러한 프레임을 바탕으로 방탄소년단을 폄하하려는 서구 언론의 무수한 시도들에 질려 있던 아미들 입장에서는 메건 소속사의 만행과 그 이후의 과정들을 보며 통쾌함을 느낄 수밖에 없었다. 미국의 소속사가 아니라, 오히려 방탄소년단과 하이브가 이 리믹스 곡의 수익 배분 문제에서 아티스트의 권리 보호에 누구보다도 애썼다는 사실이 미국 언론을 통해 알려졌기 때문이다. 그들에 의해 악마화되던 한국의 기획사가 오히려 미국 아티스트의 권리를 보호하려고 애쓰고 있는 이 아이러니한 상황은 그동안 서구 언론이 쌓아 올린 허구적 이데올로기를 단번에 우스꽝스럽게 만들어버리고 말았다.

만일 〈Butter〉 리믹스 곡의 출시가 메건의 음악 커리어에 손해라고 판단될 경우, 메건은 11만 달러를 잃을 수도 있다. 그런 큰 손실의 위험에도 불구하고 자신의 소속사에 맞서 용감하게 〈Butter〉 리믹스 곡을 선택한 메건의 결정에 아미들은 감사와 응원을 보내고 있다. 나아가 아미들은 메건의 용감한 결정을 기념하며 흑인 여성과 아프가니스탄 여성을 위한 기부를 조직하기도 했다. 흙탕물 같은 대중음악산업계에서 방탄소년단과 아미가 갖게 된 분노가 세상을 바꿔 나가는 모습을 볼 때마다 떠오르는 한 문장으로 글을 맺는다. '분노는 나의 힘이다.' (《한국일보》, 2021.9.16.)

BTS 가짜 뉴스에 분노한다

지난 9월 20일, 방탄소년단은 UN에서 2018년과 2020년에 이어 세 번째로 연설을 했다. UN은 전 세계 청년대표로 방탄소년단을 SDG(지속가능발전목표) 고위급회의에 연사로 초청했으며, 창설 이래 최초로 UN 건물 전체를 퍼포먼스 무대로 활용할 수 있도록 제공했다.

방탄소년단은 연설을 통해 끝없이 미래를 개척하고 모색하는 젊은이들이 어른들의 눈에 보이지 않는다고 해서 길을 잃은 것은 아니라고 강조했다. 대신 이들을 변화에 겁먹기보다는 '웰컴'이라고 말하면서 앞으로 걸어 나가는 세대라는 의미에서 '웰컴 제네레이션'이라고 부르자고 제안했다. 이에 대한 회의에 참석한 각국 정상들과 미국 현지 미디어의 반응은 매우 뜨거웠다.

그러나 국내 미디어에서 이 역사적 사건들의 의미를 짚어주는 기사는 찾기 어려웠다. 방탄소년단이 UN에서 연설과 퍼포먼스를 했다는 단순 사실 보도만이 이어졌을 뿐이다. 심지어 '열정페이' 운운하며 방탄소년단이 사용한 경비를 정부가 한 푼도 지불하지 않았다는 기사가 나오기도 했다. 곧이어 해당 행사 담당 부처인 문화체육관광부의 해명에 따라 이 기사는 가짜 뉴스로 판명되었다.

이 가짜 뉴스는 표면적으로는 방탄소년단을 위한 것처럼 보이지만, 사실관계 확인조차 하지 않은 채로 작성되었다. 방탄소년단이 문화특사로서 실제로 어떤 대우를 받았는지 정확히 알아보지도 않았다는 건 해당 기사가 방탄소년단을 단지 현 정부와 문재인 대통령을 비판하기 위한 도구로만 활용하고 있음을 방증한다. 이 가짜 뉴스는 한국 문화를 알리고자 기꺼이 문화 특사 임무를 맡아 수행한 방탄소년단의 헌신은 외면하면서, 그 모든 과정을 단지 청와대를 비판하기 위한 수단으로만 동원했다.

하기야 방탄소년단을 정치적으로 이용한 사례는 이번이 처음이 아니었고, 팬덤은 이미 언론의 보도 행태를 학습하고 이에 대응해왔다. 이 신문사, 그리고 그 가짜 기사에 편승해 방탄소년단을 위하는 척하며 자신의 정치적 목적을 챙기려 했던 한 대선 후보의 대변인에게도 방탄소년단 SUGA의 믹스테이프 중 〈어떻게 생각해〉라는 곡의 한 구절을 인용해 아미들의 반응을 전하고 싶다. "우리 이름 팔아먹으면서 숟가락을 얹으려고 한 XX들 싸그리 다 닥치길."

문제의 기사에서 표현된 것처럼 '연예인을 차출하는 문화'가 문제이고 그래서 이런 관행들을 비판하여 제대로 바꾸고 싶었다면, 제대로 취재해 기사를 작성하는 것이 상식이다. 하지만 일부 기자들은 여전히 상식적인 과정을 통해 진정한 문제 해결로 나아가기보다는, 사실 관계를 부정해서라도 공격할 만한 문제를 뽑아내려는 듯하다. 해결할 방법을 찾으려는 시도도 하지 않은 채 부정적 측면만을 강조해 비평이랍시고 프레이밍하며 펜을 들이대는 것은 정말로 무책임한 관성이다. 무엇에 대해 어떻게 글을 쓰고 말할 것인가를 선택하는 것에는 목적과 목표가 있을 수밖에 없다.

방탄소년단은 말했다. "모든 선택은 변화의 시작이지 엔딩이 아니라고." 언론의 선택에는 그것이 가져올 수 있는 변화에 대한 가능성과 희망이 담겨야 한다고 생각한다. "엔딩이 정해진 것처럼" 그저 부정적인 프레임과 편견을 만들어내는 언론은 이제라도 방탄소년단의 연설을 귀담아 듣고 자신의 말과 글에 책임감을 갖기를 바란다.(《한국일보》, 2021.10. 7.)

LA공연에서 BTS만큼 아미도 위대했다

최근 미국 LA의 소파이SoFi 스타디움에서 나흘 동안 진행된 'BTS PERMISSION TO DANCE ON STAGE' 콘서트는 지난 18년 동안 모든 미국 내 공연들 중 단일 공연장 기준 최대 매출, 30년이 넘는 빌보드의 박스스코어Boxscore 역사상 2위에 올랐다고 한다. 추수감사절에 미국인들은 가족들을 만나러 이동하기 때문에 스포츠 경기나 팝스타들의 공연도 열리기 힘들다고 하는데, 명절 연휴에 미국 최대 규모의 스타디움에서 나흘 공연이 전석 매진된 것은 방탄소년단에 대한 놀라운 열기를 보여준다고 할 수 있다.

하지만 진짜 놀라운 건 숫자나 기록보다 공연장에 모인 사람들, 즉 방탄소년단 팬덤 아미들에게서 찾아볼 수 있었다. 공연 첫째 날, 오픈한 지 얼마 되지 않은 소파이 스타디움의 스태프들은 아직 준비가 미흡해서 관객들을 제대로 안내하지 못했다. 관객들은 엉뚱한 곳에서 몇 시간 동안 줄을 서야 했고, 혼란은 공연 직전까지도 이어졌다. 자칫 사고가 일어날 수도 있었을 상황에서 아미들은 오히려 스태프들을 가르치고 상황 정리를 도왔다.

공연 후 주차장에서도 놀라운 일이 있었다. 시내에서 꽤 먼 공연장의 주차장은 팬들이 타고 온 자동차로 가득했고, 여러 구역에 주차되어 있던 수많은 자동차들이 오직 두 차선을 통해서만 빠져 나와야 하는 상황이었다. 그런데 운전자들을 안내해줄 주차요원도 교통경찰도 없어서 차들은 뒤엉킨 채 아무도 제대로 나가지 못하고 있었다. 그런데 30분 이상 줄을 선 채 기다리던 한국 아미들이 상황을 파악하러 나왔다가 교통정리를 시작했고, 응원봉인 아미밤은 안전지시봉이 되었다. 평범한 직장인과 프리랜서라고 밝힌 이 아미들의 교통정리와 모두의 협조로 주차장의 교통난은 해결되었다.

공연장과 주차장에 이어, 아미들은 공연장 주변을 청소해서 하루에 5만 명 이상이 참석한 공연장에 쓰레기도 남지 않았다. 마스크 미착용자가 많은 다른 미국 공연들과 달리, 아미들은 거의 전원이 공연 내내 자발적으로 마스크를 착용했다. 분실물을 보관해주지 않는 소파이 스타디움 대신 아미들이 온라인으로 직접 주인을 찾아주기도 했다. 아미들의 성숙한 시민 의식은 나흘 동안의 공연을 무사고로 마무리한 원동력이었다. 주차장에서 빛나던 아미밤은 팬덤이 가수와의 관계만이 아니라, 팬들의 실천으로 형성되는 팬들 사이의 관계 안에서도 정의된다는 걸 상징적으로 보여주는 것만 같았다.

이것이 가능했던 이유는 무엇이었을까? 그들은 그저 같은 장소에 모여 있는 수만 명의 군중이 아니라, 아미라는 정체성을 가진 공동체였기 때문이다. 다양한 성별, 피부색, 연령, 지역, 직업을 가진 이들은 방탄소년단이 음악을 통해 전달하는 메시지와 가치에 공감하며 자신들도 방탄소년단과 더불어 이를 세상에 구현하려는 공통의 관심사를 갖는 글로벌 공동체 아미의 일원이 되었다. 그래서 그날의 공연은 그저 방탄소년단의 퍼포먼스만을 보기 위한 것이 아니었다. 아미들의 무대는 방탄소년단의 무대가 시작하기 전부터 주차장이 빌 때까지 이어졌고, 이는 아미들과 그곳에 모인 모두가 이 세상을 조금이라도 나은 곳으로 만들려는 마음으로 하나가 되는 시간과 공간이었다. 이 아미들의 무대야말로 방탄소년단이 공연을 통해 그들의 삶과 이 사회에 남긴 찬란하게 빛나는 기록이 아니었을까.(《한국일보》, 2021. 12. 9.)

BTS는 한국의 자부심에 머물지 않는다.

4월 개최 예정인 방탄소년단BTS의 라스베이거스 스타디움 공연 총 24만 장의 티켓이 예매 첫날 거의 두 시간 만에 모두 매진되었다. 팬클럽 선 예매에서 모두 매진되어 일반 예매는 아예 없어졌다. 또한 지난 1일 국제음반산업협회IFPI에서 발표한 2021년 글로벌 아티스트 차트에서 방탄소년단은 4년 연속 10위권 안에 들었고, 2년 연속 1위를 차지했다. 디지털부터 LP에 이르기까지 모든 종류의 판매량과 스트리밍까지 포함한 이 차트에서 방탄소년단은 전 세계에서 가장 많은 판매고를 올린 가수가 되었다. 지금까지 2년 연속 1위를 한 가수는 방탄소년단이 처음이다.

〈오징어게임〉은 배우 이정재와 정호연이 미국배우조합SAG상에서 각각 남우주연상과 여우주연상을 수상했고 스턴트부문 앙상블상까지 3관왕을 차지했다. 배우 윤여정은 지난해 영화 〈미나리〉로 유명 해외 영화 시상식들을 휩쓴 것에 이어, 한국인 최초로 올해 제94회 아카데미에 시상자로 참석한다.

최근 우리나라 대중문화와 대중문화인들이 거두고 있는 성과들은 이처럼 눈부시다. 물론 대단하지만, 그래도 방탄소년단이 빌보드 어워드에서 퍼포먼스를 하고 웸블리 스타디움을 순식간에 매진시켰던 순간들이나 〈기생충〉이 오스카를 탈 때처럼 놀랍지는 않다. 최근 몇 년 사이 방탄소년단이 대중음악계에서 최초이자 최고의 기록을 세우고, 넷플릭스에서 한국 드라마가 전 세계 1위를 기록하면서, 불과 몇 년 전까지는 꿈도 꿀 수 없던 일들이 많은 사람들에게 이제는 꽤나 자연스러운 일로 받아들여지기 시작하는 듯하다.

이러한 사회문화적 변화는 한국인으로서 자랑스럽고 뿌듯하다. 하지만 우리가 진정 다양성을 존중하는 수준 높은 시민의식을 가진 사람들이 되기 위해서는 우리의 인식이 '한국인으로서의 자부심'에만 그쳐서는 안 된다. 글로벌한 차원에서 이루어지는 이 변화의 참 의미는 한국이라는 맥락을 벗어나 글로벌한 맥락을 함께 고려할 때에만 제대로 이해될 수 있을 것이다.

2018년 방탄소년단이 첫 빌보드 퍼포먼스를 할 때의 이야기가 떠오른다. 어느 아메리칸 원주민 아미는 자신은 한국인이 아님에도, 방탄소년단이 미국 미디어에서 멋지게 등장하는 것이 너무나 자랑스럽다며 눈물을 흘렸다. 그는 미국 미디어에서 제대로 재현되지 못했던 자신과 같은 소수 인종들의 문화를 BTS가 대신해주는 것처럼 느껴진다고 말했다. 그 순간 많은 이들은 백인 중심적인 인종적 헤게모니가 방탄소년단의 성공과 함께 흔들리는 것을 목격한 것이다.

방탄소년단이 서구에서 종종 받아야만 했던 인종차별과 배제를 떠올려 보자. 그들이 부당하게 겪어야 했던 일을 다른 누구도 겪지 않는 세상을 꿈꾸어본다. 오랜 시간 동안 백인·서구문화만이 강력한 헤게모니를 가지고 있었던 이 세상에서 한국인이 1등 하는 세상을 꿈꾸는 것이 아니라, 다양한 사람들이 서로의 다름과 차이를 인정하며 더불어 살아갈 수 있는 그런 세상을, 이 세상 그 누구도 그들의 국적이나 피부색 때문에 부당한 대우를 받지 않을 수 있는 세상을 꿈꾸어보면 어떨까. 많은 사람들이 함께 같은 꿈을 꾼다는 것은 세상을 바꾸는 강력한 힘이 될 수 있다. 그래서 꿈꾸어 본다. 한국의 대중문화를 통해 인종 간 혐오가 사라지고 서로의 다름을 존중하는 세상이 오기를.(《한국일보》, 2022. 3. 10.)

또 BTS를 이용한 그래미의 백색 구태

한국 시간으로 지난 4일 개최된 제64회 그래미 어워드에서 방탄소년단은 정교하고 어려운 퍼포먼스와 흔들리지 않는 라이브를 선사했고, 관중들의 기립박수가 이어졌다. 하지만 곧 그들이 2년 연속 후보로 지명된 '베스트 팝 듀오/그룹 퍼포먼스' 부문의 결과에 많은 이들은 크게 실망했고 그래미는 다시 논란에 휘말렸다.

벌써 4년째 방탄소년단을 초청한 그래미 시상식은 작년에 상을 주지 않으면서 방탄소년단 무대를 거의 맨 뒤에 배치해서 몇 시간 내내 시청자들을 인질로 잡았다고 비판받았다. 올해엔 그와 반대로 무대는 앞 순서에 배치하면서, 원래 본 시상식 전 레드카펫에서 시상하는 부문을 본 시상식의 거의 맨 뒤에 배치해서 또 시청자들을 인질로 잡았다. 가장 권위 있다고 자타가 공인하는 그래미가 이렇게 방탄소년단의 인기를 2년 연속 노골적으로 이용하니 비판은 더욱 거세질 수밖에.

그래미상의 권위는 음반 판매량이나 인기보다 가수, 프로듀서, 엔지니어 등 그 분야의 전문가들로 구성된 레코딩 아카데미 회원들의 투표라는 질적 평가에 기반을 두었다. 오랫동안 후보 선정과 투표 과정의 불투명성, 특정 음악 장르에 대한 무시, 인종차별 등으로 그래미가 수없이 논란을 야기한 것도 사실이지만, 개인적으로 나는 전문가들의 식견과 평가를 존중한다. 하지만 그 '전문가' 집단의 압도적인 다수를 차지하는 백인 중년 남성 전문가의 취향만이 다른 전문가 집단에 비해 절대적이라고 생각지는 않는다.

아시안 아티스트라는 것만으로도 방탄소년단은 정말 수많은 편견과 장애물에 부딪혀야 했다. 게다가 '여자애들이나 좋아하는 보이밴드'라니! 그래미의 보이밴드 홀대의 오랜 역사가 보여주는 여성 혐오에도 불구하고, 방탄소년단을 4년 연속 초대하고 2년 연속 후보에 지명할 수밖에 없었던 그들의 내적 갈등에 나는 가슴이 아플 지경이다. 기존의 권위와 더불어 시청률마저 떨어져 가던 상황에서 시청률을 급등하게 해 준 방탄소년단을 이용하기는 해야겠는데, 도저히 상을 줄 수는 없었던 그들. 사실 좀 안쓰럽다.

전 세계 음악 산업의 중심이 미국이었던 때가 있었다. 하지만 이제는 미국의 히트곡이 다른 나라에서 당연히 흥행하는 시대가 아니다. 드레이크가 미국 차트를 장악해도 멜론 차트 상위권에서 그의 이름을 볼 수는 없다. 이것이 한국만의 상황도 아니다. 그러니 팝 음악의 힘이 예전 같지 않은 지금 그래미는 '로컬 시상식'이라고 봐야 한다. 그럼에도 난 언젠가 방탄소년단이 그래미상을 받길 원한다.

로컬 시상식의 특정 기득권 전문가 집단에 인정받고 싶어서가 아니다. 방탄소년단이 증명할 게 뭐가 더 있겠나. 하지만 방탄소년단이 그래미를 거머쥐는 그 순간은 그들이 '아시아에서 온 보이밴드'라는 이유로 차별과 편견을 겪게 했던 미국 음악 시장조차도 그들을 인정할 수밖에 없게 된 사회를 보여주는 것 아닐까?

다양한 아티스트들이 그래미에서 상을 받는 것은 레코딩 아카데미가 백색 구태를 버리고 시대의 흐름과 변화를 그제야 함께 호흡하게 되었거나, 적어도 그런 척이라도 해야 하는 시대가 왔음을 의미할 테다. 부디 그래미가 전문가답게 처신하길 바란다. 투명하고 공정한 시상식은 아티스트들과 대중문화 전반에 얼마나 빛나는 존재가 될까. 과거의 영광에 취해 비틀거리지 말고, 숙취 해소제나 잘 챙겨 드시길.(《한국일보》, 2020. 4. 7.)

축구경기는 맞고 BTS 공연은 틀리다

지난 3월 서울 잠실 주경기장에서 개최된 방탄소년단의 콘서트는 유례없이 고요했다. 기존 객석 규모의 4분의 1만 개방했고 함성, 구호, 합창, 나아가 기립까지 전면 금지됐기 때문이다. 팬들이 그토록 그리던 2년 반 만의 콘서트에서 침묵을 지키는 것은 분명 쉬운 일은 아니었으나, 코로나19 확진자가 나오면 그 비난의 화살이 아티스트에게 향할까 봐 팬들은 규제를 철저히 지켰다.

그런데 3월 24일 서울월드컵경기장에서 열린 한국과 이란의 2022 카타르 월드컵 아시아 최종예선 경기를 보고, 많은 팬들은 무언가 이상하다고 생각하기 시작했다. 거리두기 규제도 없이 객석이 가득 차 있었으며, 마스크는 쓰고 있었으나 관중들은 탄성을 내지르며 일어서서 열광하고 있었다. 코로나 이전과 별반 다르지 않았다.

이 두 행사의 무엇이 그렇게도 달랐을까? 야외 경기장에서 젊은 남성들이 멋진 퍼포먼스를 펼치는 건 똑같은데 말이다. 코로나 시국에 완벽한 행정 절차를 기대할 수는 없더라도, 형평성이 떨어진다는 불만은 당연했다. 아무리 방탄소년단이 국가 경제를 살리고 한국의 소프트파워를 향상시켜도 여전히 존재하는 대중음악에 대한 편견이 아니라면 이 상황을 설명할 길이 없다. 예술체육요원 대체복무제도만 봐도 그렇다. 클래식 음악과 무용만이 국가적으로 진지하게 고려될 가치가 있는 예술로 인정되고 있음을 병역제도 자체가 증명하고 있지 않은가.

대중음악에 대한 편견에 더해 여성들이 대다수를 차지하는 아이돌 팬덤에 대한 편견 역시 뿌리가 깊다. 자신이 아이돌 팬이라고 밝히면 주변으로부터 한심하다는 듯한 시선과 잔소리를 듣는 경우는 일상다반사다. 하지만 축구 팬임을 밝혔을 때 그런 부정적인 반응을 겪는 경우는 들어본 적이 없다. 여성 팬들이 많은 경우 극성스럽고 정신 나간 집단으로 치부된다. 록 밴드도 여성 팬이 많을 때는 음악성이 떨어진다는 비난을 받는다. 이런 편견이 있지 않고서야 야외 공연장에서 '기립'조차 불허하는 것이 가능하겠는가.

트위터에서 한 팬은 이렇게 지적했다. "우리 사회에서 여성들은 종종 혐오적, 억압적인 프레임에 갇히거나 스스로를 가둔다. 예를 들어 '빠순이들이 소리 지르며', '애엄마가 애는 나 몰라라 하고'에서부터 '오빠들 인장 달고 정치적 발언은 자제하자'까지." 여성 팬들에게 파고든 통제는 너무도 일상적이라 그것을 사회·정치적 억압이라고 인지하기도 어렵다. 앞서 언급한 팬이 "우리는 이런 구조적 성차별과 억압에서 스스로 벗어나고, 서로의 경험을 논의하며, 양성평등 사회를 만들기 위해 사회·정치적 개입을 해야 한다"고 말한 데는 그런 배경이 있을 테다.

사적인 것으로만 여겨지는 일상의 정치적 차원을 직시해야 한다. 정치적 문제가 내 삶과 별 상관없다고 믿는 것은 나의 삶을 억압하고 나의 존재를 비하하고 내 목소리를 앗아가는 기득권의 소망을 충족시킬 뿐이다. 우리의 경험과 이야기를 함께 나누며 '우리'가 누구인지 그리고 우리가 원하는 것이 무엇인지를 타인의 목소리가 아닌 우리의 목소리로 담아냄으로써 우리는 스스로를 정의해야 한다. 유명한 말처럼, 변화는 문제로 정의된 이들이 문제를 재정의할 힘을 가질 때 시작된다. 우리와 우리가 좋아하는 음악에 대한 정의를 우리가 일어서지도, 목소리를 내지도 못하게 하는 사회에 맡기지 말자. 정의는 우리의 몫이다.(《한국일보》, 2022. 5. 5.)

Love Yourself의 실천으로서의
BTS의 선택

BTS가 K팝에 던진 숙제들

방탄소년단을 처음 알아가던 시기에 가장 인상적이었던 건
신인 그룹이었던 그들이 '우리가 하는 이야기들을 많은 분들이
들어주시면 좋겠다' 는 이야기를 반복한다는 점이었다. 자신을
기억해달라거나 사랑해 달라는 신인 가수의 인사말은 익숙하게
들어왔지만, 자신들의 이야기를 들려드리고 싶다는 말은 그와
전혀 달랐으니까.

최근 방탄소년단은 진솔하게 현재 자신들이 겪어온 어려움들을 이야기하며, 방탄소년단의 제2막에 대해 팬들에게 고백하는 시간을 가졌다. 개별 활동이 해체로 가는 길이 아님을 말하며, 당분간은 단체 활동보다는 개인 활동을 통해 각자의 정체성도 찾으며 발전하는 시간을 갖겠다는 내용이었다. 7명의 시너지 효과를 사랑한 팬들로서는 한편으로 아쉽지만, 그들의 선택을 이해하고, 존중하며, 앞으로의 선택에도 함께하겠다는 분위기가 압도적이었다.

이번에 발매된 앨범《프루프ₚᵣₒₒf》의 수록곡 〈Yet To Come〉과 〈For Youth〉의 가사를 보면 그들의 이번 선택이 갑작스럽지 않음을 분명히 알 수 있다. 방탄소년단은 "변화는 많았지만 변함은 없었다"고 "A new chapter/매 순간이 새로운 최선/지금 난 마치 열세 살 그 때의 나처럼 뱉어"라며 노래가 좋아 그저 달릴 뿐인 아이였던 그때로 "긴긴 원을 돌아 결국 또 제자리"로 돌아왔다고 신곡 〈Yet To Come〉에서 고백한다. "아직도 배울 게 많고 채울 게 많은" 그들은 "그날을 향해 더 우리답게" 살아가기 위해 개인 활동을 중심으로 하는 제2막에 대한 기대를 노래로도 밝히고 있다.

앞서 언급한 영상에서 리더 RM은 자신이 세상에 하고 싶은 이야기들이 무엇보다도 중요한데 "K팝도 그렇고 아이돌이라는 시스템 자체가 사람을 숙성하도록 놔두지 않아야 하는 것 같다"며 끝없이 시간을 쪼개가며 활동을 이어가야 하는 이 산업 시스템에서는 스스로가 누구인지, 어디로 가야하는지 알 수가 없었다는 어려움을 솔직히 털어놨다.

방탄소년단은 2018년 UN 연설에서 "Love Yourself"를 이야기했다. 스스로가 누구인지를 찾고, 스스로에 대해 말함으로써 자신의 목소리와 이름, 나아가 자기 자신을 찾는 것이 바로 자기 자신을 진정으로 받아들이고 사랑하게 되는 길이라는 것이 그들의 메시지였다. 가장 높은 곳에서 변화를 택한 그들의 용감한 결단은 자신들이 사람들에게 전달하고 싶었던 그 메시지들이 얼마나 진정성 있는 것들이었는지를 다시 확인할 기회를 주었다. 그리고 동시에, 지금의 구조에서 아이돌 아티스트의 휴식과 성숙이라는 게 거의 불가능에 가깝다는 현실도 드러났다.

불가능해 보이는 스케줄들을 소화하며 쉼 없이 달리면 누구든 소진될 수밖에 없다. 게다가 좋은 모습만을 보여줘야 한다는 과도한 부담을 요구받는 아이돌 문화는 최정상인 방탄소년단마저 힘겹게 하는데, 다른 아이돌 가수들은 어떠하겠는가. 상징적으로도 물리적으로도, 아이돌 아티스트에게는 '자기만의 방'이 없다. 어느 정도 연차가 차기 전에는 숙소 생활을 해야 하고, 그룹이 꾸준히 함께 모여 연습하고 무대에 서야 하며, 무대 뒤에서도 수많은 콘텐츠에 참여하고, 다음 컴백을 준비해야 하는 아이돌 아티스트들이 자신의 능력을 키우며 성장하는 것은 정말 어려운 일일 것이다.

방탄소년단만큼 자리를 잡아야만 성숙의 시간을 가지겠다고 말할 수 있는 산업은 너무도 많은 아티스트에게 폭력적이다.

현재 전 세계에 뻗어나가고 있는 한국의 대중문화가 더욱 굳건하게 자리매김하려면, 아이돌 산업은 아티스트 개개인의 인격적, 예술적 성장이 가능한 시간적, 공간적 여유를 주는 시스템으로 변해야 한다. 아이돌도 인간이라는 당연한 사실, 아이돌에게도 쉬고 성장할 시간이 필요하다는 당연한 사실을 인정해야 한다.

케이팝이 한국의 자긍심과 강하게 연결되는 것도 한편으로 아이돌 아티스트들에게는 큰 부담이다. '한국의 자랑'처럼 방탄소년단이 짊어져야 했던 이름들은 자부심과 동시에 큰 부담감으로 다가갔을 것이다. 이는 아이돌이 '공인'이라는 이름으로 때로 정치인보다도 더 높은 도덕적 잣대를 마주하는 사회의 문제이기도 하다. 사생활까지도 기사나 콘텐츠가 되는 아이돌에게 필요한 것은 쳐다봐야 할 카메라가 없는, 표정 하나, 손짓 하나까지 '논란'거리가 되지는 않을지 걱정하지 않아도 되는 자기만의 방일 것이다.

때로는 아이돌을 좋아하는 것만으로도 그들을 '나노 단위'로 쪼개어 소비하는 구조에 가담하는 것 같아 죄책감을 느끼는 팬들이 많다. 팬들이 아이돌뿐 아니라 아이돌을 사랑하는 자신을 사랑하기 위해서도, 아이돌의 '자기만의 방'이 필요하다.(《동아일보》, 2022. 6. 21.)

BTS의 '쇠로 된 증명', 아미

최근 방탄소년단은 개별 활동을 중심으로 하는 제2막을 시작하겠다고 발표했고, 전 세계 언론 및 수많은 사람들이 그들의 결정에 대해 많은 설왕설래하는 동안, 대부분의 아미는 사실 별다른 동요 없이 그들의 결정을 이해했고 지지했다. 왜냐하면 아미들은 BTS의 결정이 자신들의 메시지인 'LOVE YOURSELF'를 스스로의 삶에서 실천하기 위한 하나의 방법이었음을 이해하기 때문이다. 그룹 활동보다는 개인 활동을 통해 스스로를 찾으려는 결정은 방탄소년단이 인간으로서, 또 예술가로서 성장할 시간을 주지 않는 시스템 속에서 그들 역시 살아내기 위해 해야만 했던 선택이었으리라.

우리가 살아갈 수 없도록 하는 혹은 우리를 고통스럽게 하는 세상에서 우리 각자는 자신만의 살아내는 방식을 찾는다. 그것이 BTS에게는 예술을 통해 세상에 메시지를 전하는 것이었고, 아미들에게는 방탄에 대한 '덕질'이었다. 예술을 통해 세상에 이야기를 전하고자 하는 바로 그 BTS에 대한 공감이 만들어낸 전 지구적 공동체인 아미는 '아미로서 할 수밖에 없었던' 어떤 활동들을 해오고 있다. 세상을 조금이라도 더 낫게 하기 위한 다양한 기부 활동, 환경 보호를 위한 활동, 여성 대상 범죄를 개선하기 위한 활동, 정치에 대한 무관심을 없애기 위한 투표 독려 운동, 장애인의 접근성을 개선하기 위한 노력, 이러한 의미를 밝히는 학술활동과 같은 아미들의 활동들은 어쩌면 방탄소년단의 노랫말처럼 '쇠로 된 증명'이 아닐까.

그들은 아미이기 때문에 이러한 활동을 할 수밖에 없었다. 방탄소년단이 지금까지 자신들의 예술 활동을 통해 전해온 메시지에 감응된 아미들을 통해 바로 이런 방식으로 세상에 구현되고 있기 때문이다. 이것이 다양한 분야의 학자들이 BTS만이 아니라 아미도 진지하게 연구하는 이유다. 다가오는 BTS 학술대회는 그러한 연구들이 폭넓게 소개되는 장이다. 7월 13일부터 나흘 동안 한국외국어대학교 서울캠퍼스에서는 영국, 미국에 이어 제3회 BTS 국제 학술대회BTS: The Third Global Interdisciplinary Conference가 BTS 연구모임International Society for BTS Studies과 한국외국어대학교 세미오시스 연구센터(소장 서종석)의 공동주최로 개최된다. 총 25개국에서 온 150여 명의 아미 학자들과 250여 명의 청중들이 서울에서 모여 '포스트 코로나 시대에 필요한 새로운 휴머니티'를 모색한다.

코로나-19는 새로운 재난이라기보다 우리가 이미 살아내고 있던 재앙의 연장선에 가깝다. 이제 3년에 접어든 코로나-19가 드러낸 것은 이 세상의 수많은 불합리와 폭력이었다. 앞서 언급한 아미들의 활동은 항상 우리를 죄어 오던 세계를 직면하기 위한 하나의 대응 방식이었다. 그렇다면 아미들의 이러한 활동을 소개하는 것은 예술과 사랑이 가능하게 하는 싸움 혹은 사회 변화를 보여주는 일이지 않을까? 코로나-19 이후의 이 잔인하고 혼란한 시대를 살아내기 위해 새로운 휴머니티를 찾아내는 학술대회의 목표는 실제 아미들의 사례를 사람들과 나누면서 더 다양한 형태의 만남들과 연대를 촉발할 수 있으리라는 희망이다. 이 학술대회가 BTS의 팬덤 아미들만의 행사가 아니라 보다 보편적인 의미로 많은 사람들에게 희망을 증명해주는 계기이기를 바란다.(《한국일보》, 2022. 6. 30.)

개정증보판 서문

[1] [정희진의 어떤 메모] 혁명은 일으키는 것이 아니라 눈앞에서 일어나고 있는 일을 인정하는 것이다, 한겨레신문, 2013. 5. 24. https://www.hani.co.kr/arti/opinion/column/588955.html (2022년 5월 17일 접속)

[2] 에바 일루즈, 《감정 자본주의》, 김정아 옮김, 돌베개, 2010, 181쪽.

[3] 안희제, 〈영원한 수수께끼라는 공론장의 가능성: 케이팝 세계관 콘텐츠를 중심으로〉, 문화과학 110호, 2022년 여름, 276쪽. 인용문 내의 재인용은 김연화, 성한아, 임소연, 장하원, 《겸손한 목격자들》, 에디토리얼, 2021, 282쪽에서 인용되었음을 밝힌다.

서론

[1] 2020년 8월에 공개된 방탄의 영어 싱글인 〈Dynamite〉는 공개 즉시 Hot 100 1위로 입성하는 소위 핫샷 데뷔(Hot Shot Debut)를 이루었다. 2020년 9월 5일 기준으로 지금까지 빌보드 핫100 1위에 오른 곡은 총 1109곡이며, 이 가운데 발매와 동시에 1위에 오르는 '핫샷 데뷔'를 한 곡은 BTS의 〈Dynamite〉를 포함해 단 43곡에 불과했다. 그런데 방탄을 제외한 나머지 42곡의 가수들의 출신 국가는 미국, 영국, 캐나다 단 세 곳이다. 영어를 쓰는 모든 국가도 아닌 단 세 나라 출신의 아티스트들만 이루었던 기록을 방탄이 이룬 것이다. 〈Dynamite〉의 핫샷 데뷔 이후

방탄이 공개한 모든 곡은 핫샷 데뷔로 1위에 올랐다.

방탄이 공개한 모든 곡은 핫샷 데뷔로 1위에 올랐다.

2 BTS without autotune sounds about as perfect as you can get, *Metro Entertainment*, 2017년 11월 23일 기사.
http://metro.co.uk/2017/11/23/bts-without-autotune-sounds-about-as-perfect-as-you-can-get-7101641/

3 [일문일답 전문] 방시혁이 말하는 '방탄소년단' 성공 요인?, 《경향신문》, 2017년 12월 10일, http://news.khan.co.kr/kh_news/khan_art_view.html?artid=201712101916001&code=960801

4 [방탄소년단, K팝 새 역사 쓰다]BTS 성공비결은 C·M·F, 《경향신문》, 2017년 11월 24일, http://news.khan.co.kr/kh_news/khan_art_view.html?artid=201711242226015&code=960802 이와 더불어 빌보드지는 최근(2017년 12월 21일) 팬클럽 중 번역을 담당하는 팬들 몇몇과 심층 인터뷰를 진행한 기사를 싣기도 했다. 팬들의 헌신적인 사랑과 열정에 대한 기사를 읽노라면 팬들이 서로에게 성공의 이유를 돌리고, 한국 팬과 글로벌 팬들이 서로를 지지하고 협력하는 모습을 볼 수 있다.
https://www.billboard.com/articles/columns/k-town/8078464/bts-fan-translators-k-pop-interview

5 https://en.oxforddictionaries.com/definition/serendipity

1부

1장

1 [딥 포커스] 방탄은 어떻게 넘사벽이 됐을까, 《한국일보》, 2017년 11월 30일, http://www.hankookilbo.com/v/b58f3cd080e342f1a483b038a7b07f43

2 [방탄소년단, K팝 새 역사 쓰다] BTS 성공비결은 C.M.F, 《경향신문》, 2017년 11월 24일, http://news.khan.co.kr/kh_news/khan_art_view.html?artid=2

01711242226015&code=960802 BTS' 11 Most Socially Conscious Songs Before 'Go Go', 2017년 9월 18일, https://www.billboard.com/articles/columns/k-town/7966116/bts-socially-conscious-woke-songs-go-go-list

BTS: K-POP'S SOCIAL CONSCIENCE, 2015년 12월 4일, https://www.fuse.tv/2015/12/bts-kpops-social-conscience

3 Big Hit Producer Pdogg Shares What It's Like To Create Music With BTS, 2017.12.05. 방탄의 글로벌한 성공 이후 많은 케이팝 아이돌 그룹들은 방탄처럼 아이돌 아티스트로의 변신을 꾀하는 경우가 눈에 띄게 많아졌다. https://www.soompi.com/2017/12/05/big-hit-producer-pdogg-shares-like-create-music-bts/

4 지그문트 바우만, 《왜 우리는 불평등을 감수하는가?》, 안규남 옮김, 동녘, 2013, 41쪽.

5 김재인, 《혁명의 거리에서 들뢰즈를 읽자》, 느티나무 책방, 2016, 92쪽.

6 김영희, 《한국 구전서사의 부친 살해》, 월인, 2013. 11-12쪽.

7 같은 책, 269쪽.

2장

8 김재희, 《시몽동의 기술철학》, 아카넷, 2017, 37쪽.

9 "Meet the BTS Fan Translators (Partially!) Responsible for the Globalization of K-pop", https://www.billboard.com/articles/columns/k-town/8078464/bts-fantranslators-k-pop-interview (2017.12.21.)

10 https://youtu.be/clXOslwjPrc

11 https://www.youtube.com/watch?v=FrT4a_Fw6pE

12 [단독 인터뷰] 방탄소년단, "우리도 '덕질' 해봤죠…" '아미 마음 공감' ③, 《연합뉴스》, 2018년 1월 28일.
http://www.yonhapnews.co.kr/bulletin/2018/01/27/0200000000AKR20180127004000005.HTML

[13] "THE POWER IN BTS' PRIDE IN K-POP", 2017.12.13.

https://www.fuse.tv/2017/12/bts-kpop-pride-power-essay-best-of-2017

[14] "Can Conscious K-Pop Cross Over? BTS & BigHit Entertainment CEO 'Hitman' Bang on Taking America", 2017.06.04.

https://www.billboard.com/articles/columns/k-town/7752412/bts-bang-hitmanconscious-k-pop-cross-over-interview

[15] 방시혁 "방탄소년단, 미국서도 한국어로 노래할 것… 그게 K-팝" 2017.12.11.

http://m.segye.com/view/20171211001268

[16] "Catching fire: Grassroots campaign that sold BTS to mainstream America" (Yonhap News Agency), 2017.12.22.

http://english.yonhapnews.co.kr/national/2017/12/22/0302000000A EN20171222003200315.html

3장

[17] 이진경, 《노마디즘 1》, 휴머니스트, 2002, 110쪽.

[18] 같은 책, 111쪽

[19] 질 들뢰즈, 《천개의 고원》, 김재인 옮김, 새물결, 2001, 19쪽.

[20] https://www.love-myself.org/kor/about-lovemyself/

[21] 질 들뢰즈, 《천개의 고원》, 김재인 옮김, 새물결, 2001, 20쪽.

[22] 같은 책, 21쪽.

[23] 같은 책, 21쪽. [ ]는 필자 첨가 24. 같은 책, 24쪽.

[24] 같은 책, 24쪽.

[25] 같은 책, 30쪽.

[26] 이진경, 《노마디즘 1》, 휴머니스트, 2002, 106쪽.

[27] 질 들뢰즈, 《천개의 고원》, 김재인 옮김, 새물결, 2001, 30쪽.

[28] 같은 책, 30쪽.

[29] 같은 책, 32쪽.

[30] "Catching fire: Grassroots campaign that sold BTS to mainstream America" (Yonhap News Agency), 2017.12.22.

http://english.yonhapnews.co.kr/national/2017/12/22/0302000000A EN20171222003200315.html

[31] 안토니오 네그리, 마이클 하트, 《다중》, 정남영·서창현·조정환 옮김, 세종 서적, 2008, 135쪽.

[32] 질 들뢰즈, 펠릭스 가타리 지음, 《안티 오이디푸스》, 김재인 옮김, 민음사, 2014, 208쪽.

4장

[33] 이 장은 2021년 12월에 출판된 인문콘텐츠 제 63호 〈'집단지성'과 그 저항 적 역할을 통해 형성되는 팬덤 정체성: 방탄소년단 아미를 중심으로〉에 게 재된 논문이 수정되어 재수록되었음을 밝힌다.

[34] 유경선, 〈BTS×콜드플레이 '마이 유니버스' 빌보드 핫 100 1위…BTS 6번 째 1위곡〉, 경향신문, 2021. 10. 05. (검색일자: 2021년 10월 7일)

[35] 아미의 공동체성과 관련된 논문들은 다음을 참고하라. 이동배, 〈피스크의 팬덤 논의를 바탕으로 하는 글로벌 팬덤의 공동체성 연구: 방탄소년단 (BTS)의 아미 (ARMY)를 중심으로〉, 《인문콘텐츠》 제55호, 인문콘텐츠학회, 2019. 이재원, 〈소셜 미디어 사회연결성의 팬덤 공동체 형성에 관한 탐색 적 연구: 방탄소년단 사례를 중심으로〉, 《한국콘텐츠학회논문지》 제21권 제7호, 한국콘텐츠학회, 2021. 이지원, 〈K팝 팬덤, 정서적 공동체의 이해: 방탄소년단 팬덤 아미를 중심으로〉, 고려대학교 언론대학원 방송영상학과 석사학위논문, 2020. 장현석, 〈디지털 미디어 환경에서 팬덤의 사회적 참 여에 대한 연구〉, 《인문사회 21》 제12권 3호, 사단법인 아시아문화학술원, 2021.

[36] 헨리 젠킨스, 정현진 옮김, 《팬, 블로거, 게이머》, 비즈앤비즈, 2008, 207쪽.

[37] 스밍총공과 관련된 구체적인 모습은 다음의 기사에서 자세히 볼 수 있다.

신민정, "한심해 보여? 아이돌 팬들 오늘도 '스밍총공' 나선다", 한겨레신문, 2018년 11월 27일. (검색일자: 2021년 12월 12일)

[38] Chang Dong-woo, "Catching fire: Grassroots campaign that sold BTS to mainstream America", *Yonhap News Agency*, 2017년 12월 22일. (검색일자: 2021년 12월 12일)

[39] 국내외 아미들의 협업이 아니었다면 방탄소년단이 지금과 같은 성과를 내기는 쉽지 않았을 것이다. 국내외 아미들의 협력적이고 사로 존중하는 관계는 다른 팬덤과 차이 나는 아미의 변별점들 중 하나이다. "사실 아미만이 국내 팬과 해외 팬이 지지와 애정을 보여주기 위해서 서로를 부르는 애칭을 가지고 있는 유일한 K팝 팬덤이다." (So Yeon Park, Blair Kaneshiro, Nicole Santero, Jin Ha Lee, "Armed in ARMY: A Case Study of How BTS Fans Successfully Collaborated to #MatchAMillion for Black Lives Matter", *Proceedings of the 2021 CHI Conference on Human Factors in Computing Systems*, 2021. p. 11.)

[40] Sonya Field, "American Radio continues to expose themselves by largely ignoring BTS", *Hypable*, 2020년 3월 4일. (검색일자: 2021년 12월 12일)

[41] 아미 팬덤은 상시적인 미디어에 대한 감시를 바탕으로 미디어가 만들어내는 다양한 프레임에 대한 대항 담론을 만들어내고 동시에 미디어를 포섭하기 위한 다양한 활동들을 수행한다. 이에 대해서는 이지행, 〈서구미디어의 지배담론에 대한 방탄소년단 글로벌 팬덤의 대항담론적 실천 연구〉, 《여성문학연구》 50호, 2020에 다양한 사례 분석이 제시되어 있다. 뉴미디어 시대 매개자로서의 팬덤의 역할에 대해서는 김은정의 〈뉴미디어 시대의 팬덤과 문화매개자: 방탄소년단(BTS) 사례를 중심으로〉, 《한국콘텐츠학회논문지》 제20권 제1호, 2020을 참고하라.

[42] 피에르 레비의 집단지성과 코스모피디아 개념을 중심으로 팬덤이 그러한 공동체가 될 수 있는가에 대한 연구는 한유희, 〈BTS 팬덤 콘텐츠로서 아미피디아 연구: 아이돌 팬덤에서 코스모피디아는 존재하는가〉, 《인문콘텐츠》 제54호, 2019에서 수행된 바 있다. 이 논문은 아미피디아라는 팬덤-아티스트-소속사가 함께 서로의 이야기들과 기억들을 집단적으로 아카이빙하

는 활동을 중심으로 팬덤의 가능성에 대해 탐구하고 있다.

43 피에르 레비, 권수경 옮김, 《집단지성―사이버 공간의 인류학을 위하여》, 문학과 지성사, 2002, 38쪽.

44 김윤재, 〈사이버 공간과 레비의 집단지성에 대한 철학적 해명〉, 《동서철학 연구》 제76호, 한국동서철학회, 2015. 6쪽.

45 한유희의 논문 148쪽에는 레비의 '집단지성' 개념에 대해 검토하면서 '사이버 공간'이 SNS를 중심으로 하는 온라인 공간과 동의어가 아닐 수 있음이 지적되고 있다. SNS로의 공간의 이동이 가져올 수 있는 변화들에 대해서는 해당 논문을 참고하라.

46 이런 적극적인 수용자들의 참여 속에서 작품의 범위와 단위는 이전 예술의 분류에 따른 범위 및 단위를 벗어난다. 팬들의 다양하고 상세한 해석들이 방탄소년단의 영상들과 더불어 의미의 계열을 이루게 될 경우 이는 거의 공동창작 예술 활동에 가까운 형태로 발전한다. 네트워크에 기반한 이러한 새로운 참여 예술의 출현의 예술사적 의미를 분명히 밝히기 위하여, 필자는 본 저서에서 '네트워크―이미지'라는 개념을 제안한다. 이는 예술생산자/소비자의 경계, 작품/해석의 경계가 점차 흐려지는 경향성을 보이며, 예술 소비자의 생산물들과의 관계 속에서 방탄소년단의 작품 세계 전체를 매번 새롭게 연결함으로써 의미를 생산해내는 새로운 예술형식을 의미한다. 이 책의 2부에서 팬덤의 집단적 예술 활동의 의미에 대해볼 수 있다.

47 Lévy, P., "Le jeu de l'intelligence collective", *Sociétés* 79(1), 2003, 125.

48 헨리 젠킨스, 김동신 옮김, 《컨버전스 컬처》, 김정희원, 비즈앤비즈, 2008, 50쪽.

49 피에르 레비, 앞의 책, 43쪽

50 김윤재, 앞의 글, 311쪽

51 Benjamin, Jeff, "The Business Behind BTS Bringing More Music & Physical CDs to US Fans", *Billboard*, 2017년 9월 1일, (검색일자: 2021년 10월 1일)

52 Jin Ha Lee & Anh Thu Nguyen, "HOW MUSIC FANS SHAPE COMMERCIAL MUSIC SERVICES: A CASE STUDY OF BTS AND

ARMY", *21st International Society for Music Information Retrieval Conference*, Montréal, Canada, 2020. 840쪽.

53 https://whitepaperproject.com/ (검색일자: 2021년 9월 30일)

54 이지행, 〈방탄소년단 티셔츠 논란과 쟁점〉, 《문화과학》 통권 제97호, 문화과학사, 2019, 227쪽.

55 조성은·조원석, 〈방탄소년단 팬덤 '아미(ARMY)'와 팬번역〉, 《번역학연구》 제22권 1호, 한국번역학회, 2021, 265쪽.

56 Aditi Bhandari, "How the South Korean band's fanbase – known as ARMY – raised over \$1 million for the Black Lives Matter movement, mostly in just one day", *Reuters*, 2020년 07월 14일. (검색일자: 2021년 10월 8일)

57 Davey Winder, "Meet The New Anonymous—100 Million BTS ARMY And K-Pop Stans, A Cyber Force To Be Reckoned With?", *Forbes*, 2020년 9월 6일. (검색일자: 2021년 10월 8일)

58 Justin McCurry, "How US K-pop fans became a political force to be reckoned with", *The Guardian*, 2020년 6월 24일, (검색일자: 2021년 10월 8일)

59 아미는 일상적이고 체계적이고 광범위한 기부활동으로도 유명하다. 그 중 대표적인 기부 전문 팬계정인 트위터의 @OneInAnARMY의 경우 매달 기부를 조직하는 것 외에도 그때그때의 사안에 따라서도 기부를 조직하곤 한다. 그들의 웹사이트 https://www.oneinanarmy.org/에서 그 동안의 기부 규모 및 범위 등 자세한 내용들을 확인할 수 있다. (검색일자: 2021년 10월 10일)

60 아미들 스스로를 얼마나 조직화된 집단으로 보는지, 어떤 기술 및 전략들을 가지고 있었는지 등의 내용들에 대한 질문들을 통해 BLM 기부 및 활동에 대해 아미들이 스스로를 어떻게 바라보고 있는지를 설문조사를 바탕으로 다음 논문에서 구체적으로 논의하고 있다. Park et al. Ibid.,

61 Emma Madden, "The BTS Army and the Transformative Power of Fandom As Activism", *The Ringer*, 2020년 6월 11일. (검색일자: 2021년 12월 14일)

62 《BTS 예술혁명》의 1부 3장에서 아미들의 연결 방식은 특정한 중심도, 주변도 존재하지 않는 탈중심적인 체계이자 끊임없이 생성 변화하고 있는 과정

으로서 리좀적이라 기술되고 있다.

[63] Frith, S., "Towards an Aesthetic of Popular Music", Popular Music, Vol. 4, *Routledge*, 2004, p. 273. 김소영, 〈디지털 네트워크 세계의 팬덤에 나타난 포스트모던적 특성: '방탄소년단'과 '양준일'의 사례를 중심으로〉, 《인문콘텐츠》 제56호, 인문콘텐츠학회, 2020, 73쪽에서 재인용

[64] 본 저서 1부 1장에서는 방탄소년단의 사회비판적 메시지의 의미를 '사회적 차원의 부친 살해'로 분석하고 있다. 더불어 방탄소년단이 전하는 공감은 정신건강과 같은 문제들을 공론화하고 자신들의 경험을 나누는 다양한 과정을 통해서 전달되는데, 이러한 공감이 바탕이 되었기에 팬들의 연대가 가능했을 것이다. 이동배 역시 "사랑과 이별 등 소소한 개인감정에 소구하는 것보다는 연약한 개인 차원을 뛰어넘어 '공감'이라는 힘을 모아 사회의 구조적 모순을 지적하는 데에 힘을 썼다. 이러한 공감 메시지는 팬들에게 일시적인 감정동화 차원을 넘어 위로와 용기, 삶과 사회의 모순에 맞설 수 있는 단합된 힘을 제공해준다."고 밝히고 있다. (이동배, 위의 글, 33쪽)

[65] 방탄소년단의 유니세프(UNICEF)의 아동청소년 대상 폭력 근절 캠페인에서 제시된 메시지들이다. 이 메시지는 그들의 2018년 UN연설로 이어진다. "No matter who you are, where you are from, your skin color, your gender identity, speak yourself."에서 알 수 있듯, 그들의 이 연설은 피부색이나 성정체성으로 인해 우리가 자기 자신을 침묵시켜서는 안 됨을 말하고 있다.

[66] 헨리 젠킨스, 《컨버전스 컬처》, 김정희원·김동신 옮김, 비즈앤비즈, 2008, 50쪽.

[67] 소속사의 지원으로 TV 프로그램들을 통해 인지도를 쌓고, 그 인지도를 바탕으로 스타가 되고, 미디어에서 좋은 기사나 언급 등을 통해 더욱 스타가 되는 방식이다. 소속사의 자본과 미디어 권력의 결합은 아이돌의 성공 공식으로 받아들여졌다.

[68] 구체적인 예를 들어 2018년 그들의 글로벌한 대성공에도 불구하고 국내 음악 방송 무대에서의 황당한 수준의 홀대 등은 그들의 성공이 명백히 미디어 및 자본의 권력의 바깥에서 이루어져 왔다는 점을 증명한다. (이정수, 〈SM으로 시작해서 SM으로 끝난 '2018 MBC 가요대제전〉, 《서울신문》, 2019년 1월 1일,

(검색일자: 2021년 10월 11일)) 또한 그들이 한국인이라는 이유가 현재까지도 방탄소년단에게 끊임없는 배제, 차별을 겪게 하고 있다는 사실 역시 팬들은 분명하게 인지하고 있다.

69 대체로 아미 역시 정치적인 문제에 결부되는 것을 좋아하지 않는다. 하지만 아미들이 겪어온 편견과 차별의 경험들은 본인들의 구체적인 삶에서 비롯된 것이기 때문에, 인종문제는 정치 문제라기보다는 보편적인 인권문제라고 생각하는 경우가 많다. 이런 이유로 BLM이나 Stop Asian Hate에 발언을 하는 것이 거부감 없이 팬덤 안에서 이루어진 것으로 보인다.

70 Gilles Deleuze & Félix Guattari, Kafka. *Pour une littérature mineure*, Paris: Minuit, 1975, p. 25.

71 Gilles Deleuze & Claire Parnet, *Dialogues*, Paris: Flammarion, 1977/1996, pp. 8–55.

72 들뢰즈의 말을 직접 들어보자. 생성에는 "출발하는 항도, 도착하거나 도착해야 하는 항도 존재하지 않는다. '너는 무엇으로 생성하는가?'라는 물음은 특히 어리석다. 왜냐하면 누군가가 생성하는 한, 그가 생성해가는 것 역시 그것 못지않게 변화하니까 말이다." (Gilles Deleuze & Claire Parnet, Ibid., pp. 8–55.)

73 Gilles Deleuze & Claire Parnet, Ibid., pp. 8–55.

74 "이질적인 방탄과 팬들의 연결접속은 단일한 중심적 주체도, 그 주체에 의해 규정되는 객체도 존재하지 않는 다양체를 형성한다. 이를 가리켜 '방탄-아미 다양체'라고 부를 수 있을 것이다." (이지영, 앞의 책, 96–97쪽)

75 한유희는 "거대한 팬덤일수록 공동 목표에 대한 합의점에 쉽게 도달하기 어려워지는 것도 그와 관련된다. 레비가 주장하는 지식의 창출과 연대감을 유지하는 균형점이 오히려 현실화되기 힘들어지는 것이다."라고 거대 팬덤의 이중적 결과에 대해 지적한 바 있다.(한유희, 위의 글, 147쪽) 이 입장은 젠킨스의 레비에 대한 다음의 지적에 근거하고 있다. "레비가 정확한 논증을 피한 또 다른 문제는 지식 커뮤니티가 긍정적으로 작동할 수 있는 규모와 수준이다. 그는 전 세계가 하나의 지식 문화로서 작동하고 지식의 교환과

숙고를 촉진하는 새로운 양식의 커뮤니케이션이 출현할 것으로 상상했다. 그러나 그러한 이상적 기대의 배면에서 측정 가능한 수준의 커뮤니티가 필요하다는 사실도 인식했던 것으로 보인다."(헨리 젠킨스, 《컨버전스 컬처》, 66-67쪽) 하지만 본 연구에서는 소수생성을 기반으로 한 아미의 정체성 형성과정이 팬덤의 이질적 연결접속을 통한 확장과 연결되어있다는 점을 기반으로 젠킨스의 레비에 대한 비판, 공동체의 적정한 크기에 대한 주장이 언제나 옳은 것은 아님을 주장한다.

76 이지행, 《BTS와 아미컬처》, 커뮤니케이션북스, 2019, 72-73쪽.

77 이지영, 〈팬덤의 정치참여와 사회적 연대: 방탄소년단 팬덤 '아미'는 어떻게 차별에 저항하게 되었는가?〉, 《한류스토리》 제55호, 한국국제문화교류진흥원, 2020, 10쪽.

78 피에르 레비, 위의 책, 38쪽.

79 한유희, 위의 글, 146쪽.

80 피에르 레비, 위의 책, 40쪽.

81 피에르 레비, 위의 책, 73쪽.

82 Park et al. op. cit., p. 12.

83 https://www.justicedesk.org/ (검색일자: 2021년 9월 15일)

84 https://www.youtube.com/watch?v=xVuHwszAQqk&t=23s (검색일자: 2021년 9월 15일)

2부

1장

1 물론 고전적인 형식의 영화 이외에도 다양한 형식의 영화들이 존재한다. 서사 구성이 느슨한 현대영화도 있고 아예 서사가 존재하지 않는 실험영화도 있다. 여기에서는 뮤직비디오와의 비교를 위해 일반 관객들에게 익숙한 고

전적인 형식의 영화만을 다루고 있다는 점을 밝혀둔다.

2 박영욱, 〈뮤직비디오 형식의 사회적 의미〉, 《시대와 철학》, 1997, 제 8권 2 호, 47쪽.

3 네 가지 특징 중 상호참조적 특성은 다른 특징들을 다룰 때 함께 이야기할 것이므로 따로 다루지 않을 것이다. 상호참조적 특성은 따로 논하기 힘들 만큼 나머지세 특성에 긴밀히 삼투해 있기 때문이다.

4 물론 이 외적 사건들로만 노래의 의미가 한정되는 것은 아니지만 그 연관성 을 부정할 수는 없어 보인다.

5 발터 벤야민, 〈기술복제시대의 예술 작품〉, 《발터 벤야민의 문예이론》, 반 성완 편역, 민음사, 1983, 226 – 227쪽.

2장

6 같은 책, 205쪽.

7 Anne Friedberg, *The Virtual Window: from Alberti to Microsoft*, The MIT Press; Cambridge, Massachusettes; London, England, 2009, p. 238.

8 ibid., pp.5~6 참고.

9 이지영, 〈모바일 네트워크 플랫폼 사회의 디지털 시네마에 대한 연구〉, 《시 대와 철학》, 2014, 135~136쪽.

10 Anne Friedberg, *The Virtual Window: from Alberti to Microsoft*, The MIT Press; Cambridge, Massachusettes; London, England, 2009, p. 203.

11 배치(agencement)란 많은 이질적 항들로 이루어져 있는 다양체이며, 이 다양 체는 이질적 항들 사이의 연결(liaisons), 관계들(relations)을 만든다. (Deleuze & Parnet, *Dialogues*, Athlone Press; London, 1987, p. 69.)

12 http://www.newswire.co.kr/newsRead.php?no=480159

13 http://www.newswire.co.kr/newsRead.php?no=480159

14 Tilman Baumgartel, *Net Art: Materialien Zur Netzkunst*, Verlag Fur Mododerne Kunst, 1999, p. 15.

15 발터 벤야민, 〈기술복제시대의 예술 작품〉, 《발터 벤야민의 문예이론》, 민

음사, 1983, 227쪽.

16 Abigail De Kosnik, *Rogue Archives: Digital Cultural Memory and Digital Fandom*, The MIT Press, 2016, p. 4 참고.

17 Abigail De Kosnik, *Rogue Archives: Digital Cultural Memory and Digital Fandom*, The MIT Press, 2016, p. 9.

부록1

1 이 글의 기본적인 논의틀과 몇몇 부분들은 이전에 발표했던 논문 〈모바일 네트워크 플랫폼 사회의 디지털 시네마에 대한 연구〉, 《시대와 철학》, 한국 철학사상연구회, 2014에 바탕을 두고 수정 확장되었음을 밝혀둔다.

2 Steven Shaviro, *Post Cinematic Affect, Winchester*, UK: Zero Books, 2010, p. 1.

3 ibid., p. 2.

4 D. N. Rodowick, *What Philosophy Wants from Images*, Chicago and London: The University of Chicago Press, 2017, p. 4.

5 ibid., p. 2.

6 물론 운동-이미지의 영화에는 지각-이미지, 정감-이미지, 충동-이미지, 관계-이미지 등 많은 이미지들이 포함된다. 그리고 그 모든 영화들이 미국 고전영화처럼 이루어지지는 않는다. 하지만 이 이미지들 모두 감각-운동 도식에 따라 분류된다는 점에서 운동-이미지에 속한다. 그래서 행위-이미지의 경우 감각-운동 도식에 종속되지만, 운동-이미지의 분류에 대해서는 '관련된다'는 표현을 사용했다. 운동-이미지의 영화들은 어찌 되었건 감각-운동 도식과 깊은 관련을 가지고 있다는 점에서 행위-이미지의 영화를 대표로 예를 든 이유이기도 하다. 운동-이미지 개념 역시 다층적 의미를 담고 있어서 쉽게 고전영화만을 운동-이미지의 경우로 생각하는 것도 위험하다. 고전영화와 현대영화의 구분을 운동-이미지의 영화와 시간-이미지의 영화와 거의 유사한 방식으로 설명하는 것 역시 단순화의 위험에 처해 있다. 하지만 단순화가 야기하는 위험에도 불구하고 그 모든 의미를 여기에서 설명할 수 없다는 점을 밝혀둔다. 들뢰즈의 영화철

학에 대한 전반적인 내용은 필자의 졸고 〈들뢰즈의 《시네마》에서 운동 – 이미지 개념에 대한 연구〉(서울대학교 철학과 박사학위논문, 2007)을 참고 바란다.

7 질 들뢰즈, 《시네마 II: 시간 – 이미지》, 시각과 언어, 2005, 521 – 522쪽.

8 같은 책, 520쪽.

9 같은 책, 520쪽.

10 같은 책, 522쪽.

11 Gilles Deleuze, *Cinema 1: The Movement – Image*, trans. by Hugh Tomlinson and Barbara Habberjam. Minneapolis: University of Minnesota. 1986. p. x.

12 Philip Rosen, *Change Mummified: Cinema, Historicity, Theory*, Minneapolis; London: University of Minnesota Press, 2001, (Chapter 8. Old and New: Image, Indexicality, and Historicity in the Digital Utopia 참고.)

13 Anne Friedberg, *The Virtual Window: from Alberti to Microsoft*, The MIT Press; Cambridge, Massachusettes; London, England, 2009, p. 238.

14 bid., pp.5 – 6 참고.

15 발터 벤야민, 〈기술복제시대의 예술 작품〉, 《발터 벤야민의 문예이론》, 반성완 편역, 민음사, 1983, 226 – 227쪽.

16 Anne Friedberg, *The Virtual Window: from Alberti to Microsoft*, The MIT Press; Cambridge, Massachusettes; London, England, 2009, p. 203.

17 발터 벤야민, 〈기술복제시대의 예술 작품〉, 《발터 벤야민의 문예이론》, 민음사, 1983, 220쪽.

18 로라 멀비, 《1초에 24번의 죽음》, 이기형 · 이찬욱 옮김, 현실문화, 2007, 34 – 35쪽.

19 Victor Burgin, *The Remembered Film*, Reaktion Books, London, England, 2004, p. 21.

20 로라 멀비, 《1초에 24번의 죽음》, 이기형 · 이찬욱 옮김, 현실문화, 2007, 37쪽.

21 Yvonne Spielmann, "Conceptual Synchronicity: Intermedial Encounters Between Film, Video and Computer" in *Expanded Cinema: Art, Performance, Film*, edited by A. L. Rees, Duncan White, Steven Ball and David Curtis, Tate

Publishing; London, 2011, p. 194.

[22] Paul Haynes, "Networks are Useful Description, Assemblages are Powerful", *Ingenio Working Paper Series N* 2010/01, Universidad Politecnica de Valencia, Valencia, 2010, p. 9.

[23] 배치(assemblage, agencement)란 많은 이질적 항들로 이루어져 있는 다양체이며, 이 다양체는 이질적 항들 사이의 연결(liaisons), 관계들(relations)을 만든다. (Deleuze & Parnet, *Dialogues*, Athlone Press; London, 1987, p. 69.)

[24] Deleuze, G. & Guattari, F., *A Thousand Plateaus: Capitalism and Schizophrenia*, translated by B. Massumi, University of Minnesota Press, 1987, p. 406.

[25] J. Macgregor Wise, "Assemblage", in *Gilles Deleuze: Key Concepts*, edited by Charles J. Stivale, McGill-Queen's University Press: Montreal & Kingston Ithaca, 2005, p. 77.

[26] Graham Livesey, "Assemblage" in *The Deleuze Dictionary*, edited by Adrian Parr, Edinburgh University Press: Edinburgh, 2010, p. 19.

[27] 같은 곳.

[28] Deleuze, G. & Guattari, F., *A Thousand Plateaus: Capitalism and Schizophrenia*, translated by B. Massumi, University of Minnesota Press, 1987, p. 254.

[29] J-D Dewsbury, "The Deleuze-Guattarian Assemblage: Plastic Habits", *Area* Vol. 43 No. 2, *Royal Geographical Society*, 2011, p. 150.

[30] 로라 멀비, 《1초에 24번의 죽음》, 현실문화, 2007, 34쪽.

[31] Andre Habib, "Ruin, Archive and the Time of Cinema: Peter Delpeut's Lyrical Nitrate", *Substance*, Vol 35, no. 2, 2006, p. 124.

[32] Isabelle McNeill, *Memory and the Moving Image: French Film in the Digital Era*, Edinburgh University Press, 2012, p. 15.

[33] 영화에서의 아카이브 푸티지와 집단적 기억의 관계에 대해서는 박찬경의 영화 〈만신〉의 영화적 형식을 통해 역사적 기억의 문제를 다루고 있는 다

음의 졸고를 참고하라. 이지영, 〈영화의 경계: 영화와 역사적 기억〉,《비교문학》, 2017, 참조.

34 발터 벤야민, 〈기술복제시대의 예술 작품〉,《발터 벤야민의 문예이론》, 반성완 편역, 민음사, 1983, 205쪽.

35 질 들뢰즈,《시네마 II: 시간−이미지》, 이정하 옮김, 시각과 언어, 2005, 523쪽.

36 발터 벤야민, 〈기술복제시대의 예술 작품〉,《발터 벤야민의 문예이론》, 반성완 편역, 민음사, 1983, 224−225쪽.

37 Victor Burgin, *The Remembered Film*, Reaktion Books, London, England, 2004, p. 8.

38 질 들뢰즈,《시네마 II: 시간−이미지》, 이정하 옮김, 시각과 언어, 2005, 522−528쪽 참조.

39 영화에서 집단적 발화의 이야기 꾸며대기의 구체적인 사례는 아피찻퐁 위라세타쿤의 〈정오의 낯선 물체〉(Mysterious Object at Noon)에서 두드러지게 나타난다. 이야기 꾸며대기가 영화의 주인공이라고 할 만한 이 영화에 대해서는 다음을 참고하라. 이지영, [아피찻퐁 위라세타쿤의 〈정오의 낯선 물체〉의 구조적 특징을 통한 현대 정치영화적 함의: 들뢰즈의 '이야기 꾸며대기' 개념과 '집단적 발화의 배치' 개념을 중심으로],《영상예술연구》, 2010, 참조.

40 이미지들의 계열 형성과 다양한 배치 속에서 계열들이 확대되는 방식과 그 시간적 차원에 대해서는 다음 졸고를 참고하라. 이지영, 〈몽타주 개념의 현대적 확장: 들뢰즈의 논의를 중심으로〉,《시대와 철학》, 한국철학사상연구회, 2011.

41 여기에서 충분히 설명하지 못하는 현대 정치 영화의 특징, 계열적 영화의 생성, 그리고 민중의 창조에 관해서는 다음의 졸고를 참고하라. 이지영, [아피찻퐁 위라세타쿤의 〈정오의 낯선 물체〉의 구조적 특징을 통한 현대 정치영화적 함의: 들뢰즈의 '이야기 꾸며대기' 개념과 '집단적 발화의 배치' 개념을 중심으로],《영상예술연구》, 2010, 참조.

42 질 들뢰즈, 《시네마 II: 시간-이미지》, 이정하 옮김, 시각과 언어, 2005, 429쪽.

43 Jenkins, H. Convergence Culture: Where Old and New Media Collide. New York: NYU Press. 2006. p. 3.

44 ibid., p. 2.

45 심혜련, 〈매체공간의 혼종화와 지각의 확장에 관하여〉, 《시대와 철학》, 제28권 4호, 한국철학사상연구회, 2018, 60쪽.

참고 문헌

● **단행본**

로라 멀비, 《1초에 24번의 죽음》, 이기형·이찬욱 옮김, 현실문화, 2007.

발터 벤야민, 〈기술복제시대의 예술 작품〉, 《발터 벤야민의 문예이론》, 반성완 옮김, 민음사, 1983.

질 들뢰즈, 《시네마 II: 시간-이미지》, 이정하 옮김, 시각과 언어, 2005.

피에르 레비(Pierre Lévy), 《집단지성-사이버 공간의 인류학을 위하여》, 권수경 옮김, 문학과 지성사, 2002.

헨리 젠킨스(Henry Jenkins), 김정희원·김동신 옮김, 《컨버전스 컬처》, 비즈앤비즈, 2008.

헨리 젠킨스(Henry Jenkins), 《팬, 블로거, 게이머》, 정현진 옮김, 비즈앤비즈, 2008.

Anne Friedberg, *The Virtual Window: from Alberti to Microsoft*, The MIT Press; Cambridge, Massachusettes; London, England, 2009.

D. N. Rodowick, *What Philosophy Wants from Images*, Chicago and London: The University of Chicago Press, 2017.

Deleuze & Parnet, *Dialogues*, Athlone Press; London, 1987.

Deleuze, G. & Guattari, F., *A Thousand Plateaus: Capitalism and Schizophrenia*, translated by B. Massumi, University of Minnesota Press, 1987.

Gilles Deleuze & Claire Parnet, *Dialogues*, Paris: Flammarion, 1977/1996.

Gilles Deleuze & Félix Guattari, Kafka. *Pour une littérature mineure*, Paris: Minuit, 1975.

Gilles Deleuze, *Cinema 1: The Movement-Image*, trans. by Hugh Tomlinson and Barbara Habberjam. Minneapolis: University of Minnesota. 1986.

Isabelle McNeill, *Memory and the Moving Image: French Film in the Digital Era*, Edinburgh University Press, 2012.

Jenkins, H. *Convergence Culture: Where Old and New Media Collide*. New York: NYU Press. 2006.

Philip Rosen, *Change Mummified: Cinema, Historicity, Theory*, Minneapolis; London: University of Minnesota Press, 2001.

Steven Shaviro, *Post Cinematic Affect*, Winchester, UK: Zero Books, 2010.

Victor Burgin, *The Remembered Film*, Reaktion Books, 2004.

Expanded Cinema: Art, Performance, Film, edited by A. L. Rees, Duncan White, Steven Ball and David Curtis, Tate Publishing; London, 2011.

Gilles Deleuze: Key Concepts, edited by Charles J. Stivale, McGill-Queen's University Press: Montreal & Kingston Ithaca, 2005.

The Deleuze Dictionary, edited by Adrian Parr, Edinburgh University Press: Edinburgh, 2010.

● 참고 논문

심혜련, 〈매체공간의 혼종화와 지각의 확장에 관하여〉, 《시대와 철학》, 제 28 권 4호, 한국철학사상연구회, 2018.

이지영, 〈들뢰즈의 《시네마》에서 운동-이미지 개념에 대한 연구〉, 서울대 학교 철학과 박사학위논문, 2007.

이지영, 〈모바일 네트워크 플랫폼 사회의 디지털 시네마에 대한 연구〉, 《시대와 철학》, 한국철학사상연구회, 2014.

이지영, 〈몽타주 개념의 현대적 확장: 들뢰즈의 논의를 중심으로〉, 《시대와 철학》, 한국철학사상연구회, 2011.

이지영, 〈아피찻퐁 위라세타쿤의 〈정오의 낯선 물체〉의 구조적 특징을 통한 현대 정치영화적 함의: 들뢰즈의 '이야기 꾸며대기' 개념과 '집단적 발화의 배치' 개념을 중심으로〉, 《영상예술연구》, 2010.

이지영, 〈영화의 경계: 영화와 역사적 기억〉, 《비교문학》, 2017.

김소영, 〈디지털 네트워크 세계의 팬덤에 나타난 포스트모던적 특성: '방탄소년단'과 '양준일'의 사례를 중심으로〉, 《인문콘텐츠》 제56호, 인문콘텐츠학회, 2020.

김윤재, 〈사이버 공간과 레비의 집단지성에 대한 철학적 해명〉, 《동서철학연구》 제76호, 한국동서철학회, 2015.

김은정, 〈뉴미디어 시대의 팬덤과 문화매개자: 방탄소년단(BTS) 사례를 중심으로〉, 《한국콘텐츠학회논문지》 제20권 제1호, 한국콘텐츠학회, 2020.

김현정, 〈취향공동체의 사회적 역할에 관한 논의: 방탄소년단 팬덤 사례를 중심으로〉, 《한국과 국제 사회》 제5권 1호, 한국정치사회연구소, 2021.

이동배, 〈피스크의 팬덤 논의를 바탕으로 하는 글로벌 팬덤의 공동체성 연구 : 방탄소년단(BTS)의 아미 (ARMY)를 중심으로〉, 《인문콘텐츠》 제55호, 인문콘텐츠학회, 2019.

이재원 〈소셜 미디어 사회연결성의 팬덤 공동체 형성에 관한 탐색적 연구 : 방탄소년단 사례를 중심으로〉, 《한국콘텐츠학회논문지》 제21권 제7호, 한국콘텐츠학회, 2021.

이지영, 〈팬덤의 정치참여와 사회적 연대: 방탄소년단 팬덤 '아미'는 어떻게 차별에 저항하게 되었는가?〉, 《한류스토리》 제55호, 한국국제문화교류진흥원, 2020.

이지원, 〈K팝 팬덤, 정서적 공동체의 이해: 방탄소년단 팬덤 아미를 중심으로〉, 고려대학교 언론대학원 방송영상학과 석사학위논문, 2020.

이지행, 〈방탄소년단 티셔츠 논란과 쟁점〉, 《문화과학》 통권 제97호, 문화과
학사, 2019.

이지행, 〈서구미디어의 지배담론에 대한 방탄소년단 글로벌 팬덤의 대항담론
적 실천 연구〉, 《여성문학연구》 제50호, 한국여성문학학회, 2020.

장현석, 〈디지털 미디어 환경에서 팬덤의 사회적 참여에 대한 연구〉, 《인문사
회 21》 제12권 3호, 사단법인 아시아문화학술원, 2021.

조성은·조원석, 〈방탄소년단 팬덤 '아미(ARMY)'와 팬번역〉, 《번역학연구》 제
22권 1호, 한국번역학회, 2021.

한유희, 〈BTS 팬덤 콘텐츠로서 아미피디아 연구: 아이돌 팬덤에서 코스모피
디아는 존재하는가〉, 《인문콘텐츠》 제54호, 인문콘텐츠학회, 2019.

André Habib, "Ruin, Archive and the Time of Cinema: Peter Delpeut's Lyrical
Nitrate", *Substance*, Vol 35, no. 2, 2006.

J-D Dewsbury, "The Deleuze-Guattarian Assemblage: Plastic Habits", *Area*
Vol. 43 No. 2, Royal Geographical Society, 2011.

Jin Ha Lee & Anh Thu Nguyen, "HOW MUSIC FANS SHAPE
COMMERCIAL MUSIC SERVICES: A CASE STUDY OF BTS AND
ARMY", *21st International Society for Music Information Retrieval Conference*,
Montréal, Canada, 2020.

Lévy, P., "Le jeu de l'intelligence collective", *Sociétés* 79(1), 2003.

Paul Haynes, "Networks are Useful Description, Assemblages are Powerful",
Ingenio Working Paper Series N' 2010/01, Universidad Politecnica de Valencia,
Valencia, 2010.

So Yeon Park & Blair Kaneshiro & Nicole Santero & Jin Ha Lee, "Armed in
ARMY: A Case Study of How BTS Fans Successfully Collaborated to
#MatchAMillion for Black Lives Matter", *Proceedings of the 2021 CHI
Conference on Human Factors in Computing Systems*, 2021.

• 기타 자료

신민정, "한심해 보여? 아이돌 팬들 오늘도 '스밍총공' 나선다", 《한겨레신문》, 2018년 11월 27일.

유경선, 〈BTSx콜드플레이 '마이 유니버스' 빌보드 핫 100 1위…BTS 6번째 1위곡〉, 《경향신문》, 2021년 10월 5일.

이정수, 〈SM으로 시작해서 SM으로 끝난 '2018 MBC 가요대제전〉, 《서울신문》, 2019년 1월 1일.

Bhandari, Aditi, "How the South Korean band's fanbase − known as ARMY − raised over $1 million for the Black Lives Matter movement, mostly in just one day", *Reuters*, 2020년 07월 14일.

Benjamin, Jeff, "The Business Behind BTS Bringing More Music & Physical CDs to US Fans", *Billboard*, 2017년 9월 1일.

Field, Sonya, "American Radio continues to expose themselves by largely ignoring BTS", *Hypable*, 2020년 3월 4일.

Chang, Dong−woo, "Catching fire: Grassroots campaign that sold BTS to mainstream America", *Yonhap News Agency*, 2017년 12월 22일.

Madden, Emma, "The BTS Army and the Transformative Power of Fandom As Activism", *The Ringer*, 2020년 6월 11일.

Winder, Davey, "Meet The New Anonymous—100 Million BTS ARMY And K−Pop Stans, A Cyber Force To Be Reckoned With?", *Forbes*, 2020년 9월 6일.

https://whitepaperproject.com/

https://www.oneinanarmy.org/

https://www.justicedesk.org/

https://www.youtube.com/watch?v=xVuHwszAQqk&t=23s